# 《新时代人文经济学的无锡实践》编写组

## 主　编

刘焕明

## 编　委

侯　勇　　潘加军　　陈爱萍　　巩建青　　林之豪

陈　功　　刘晓彤　　黎子琳　　周晨缘　　羊文兴

## 编写单位

中共无锡市委宣传部

江南大学

# 新时代人文经济学的无锡实践

《新时代人文经济学的无锡实践》编写组◎编著

人民日报出版社

北京

图书在版编目（CIP）数据

新时代人文经济学的无锡实践 /《新时代人文经济学的无锡实践》编写组编著 . -- 北京：人民日报出版社，2024. 12. -- ISBN 978-7-5115-8581-3

Ⅰ . F127.533

中国国家版本馆 CIP 数据核字第 2025JB8280 号

书　　名：新时代人文经济学的无锡实践
　　　　　XINSHIDAI RENWEN JINGJIXUE DE WUXI SHIJIAN
作　　者：《新时代人文经济学的无锡实践》编写组

出 版 人：刘华新
责任编辑：周海燕　孙　祺
封面设计：元泰书装

出版发行：人民日报出版社
社　　址：北京金台西路 2 号
邮政编码：100733
发行热线：（010）65369509　65369512　65363531　65363528
邮购热线：（010）65369530　65363527
编辑热线：（010）65369518
网　　址：www.peopledailypress.com
经　　销：新华书店
印　　刷：三河市嘉科万达彩色印刷有限公司
法律顾问：北京科宇律师事务所　　（010）83622312

开　　本：710mm×1000mm　1/16
字　　数：320 千字
印　　张：20.75
版　　次：2025 年 2 月第 1 版
印　　次：2025 年 2 月第 1 次印刷

书　　号：ISBN 978-7-5115-8581-3
定　　价：98.00 元

如有印装质量问题，请与本社调换，电话（010）65369463

# 新时代人文经济学是认识中国式现代化的钥匙

新时代人文经济学是深入理解中国式现代化的关键所在。习近平总书记指出："我们坚持和发展中国特色社会主义，推动物质文明、政治文明、精神文明、社会文明、生态文明协调发展，创造了中国式现代化新道路，创造了人类文明新形态。"①这一重要论述为新时代人文经济学的研究提供了理论指导和实践方向。新时代人文经济学关注的不只是物质财富的增长，更重视人的全面发展和社会整体进步。如何通过新时代人文经济学的视角，更准确地把握中国式现代化的内在逻辑和发展路径，成为当前理论界研究的一项任务。深入探究新时代人文经济学，对于深化对中国式现代化建设规律的认识，创新经济发展模式，以及促进社会公平正义、建设人与自然和谐共生的美好家园具有重要的理论意义和实践价值。这不仅有助于丰富和发展中国特色社会主义理论体系，也为全球范围内的现代化道路提供了中国智慧和中国方案。

---

① 《习近平著作选读》第二卷，人民出版社 2023 年版，第 483 页。

## 一、人文经济学在中国式现代化中的重要地位

新时代人文经济学在中国式现代化中的重要地位，不仅体现在对经济发展模式的深入思考，更在于其对如何在现代化进程中坚持以人民为中心的发展理念的积极探索。这种探索使得人文经济学成为认识中国式现代化的一把钥匙。习近平总书记指出："人民对美好生活的向往，就是我们的奋斗目标"①。新时代人文经济学以此为出发点，将人的全面发展置于经济发展的核心，强调经济活动的人文属性和价值维度，为深入理解中国式现代化提供了重要支撑。

### 1.新时代人文经济学的提出

新时代人文经济学秉持以人的主体性为主的发展模式，致力于将社会主义文化的发展成果融入经济系统之中，进而探究经济与文化之间相互渗透、相互促进的辩证关系。二者在交融与互动过程中共同走向高质量发展。新时代人文经济学不仅构成了剖析社会主义现代化进程内在驱动力的方法论工具，亦可作为一种认识论的解码器，旨在解码中国式现代化路径的特有密匙，彰显经济活动的人文属性与价值维度，为理解我国现代化进程提供深邃的学术视角。

党的二十大报告指出："高质量发展是全面建设社会主义现代化国家的首要任务。"②这一论断强调了发展质量的重要性，报告进一步阐释了这一目标的实现条件："没有坚实的物质技术基础，就不可能全面建成社会主义现代化强国。"③2023年全国两会期间，习近平总书记在参加江苏代表团审议时指出："文化很发达的地方，经济照样走在前面。可以研究一下这里面的人文经济学。"不仅指出了文化发展对经济发展的促进作用，也揭示了中国

---

① 习近平：《必须坚持人民至上》，《求是》2024年第7期。
② 《习近平著作选读》第一卷，人民出版社2023年版，第23页。
③ 《习近平著作选读》第一卷，人民出版社2023年版，第23页。

式现代化进程中文化繁荣与经济发展相辅相成的关系。这一观察为中国式现代化提供了重要的指导和实践路径，强调了在社会主义现代化建设中，对强大物质技术基础与文化繁荣的双重要求。

中国式现代化始终将提升人民群众的物质生活水平、精神状态、科学素养放在极其重要的位置。这种现代化模式不仅反映了世界现代化的一般特征，如产业体系的工业化与信息化、国家治理的民主化与法治化、公共服务的均等化与可及性等，也特别强调了中国式现代化的人民性，即以人民群众的人格现代化、生活方式现代化、教育科技现代化为典型特征的人文经济学发展范式。新时代人文经济学正是这一发展范式的体现，它既是高质量发展的内生要求，也是基于新质生产力的智慧性、质量型发展的必然选择。它强调在发展中保障和改善民生，以高质量发展满足人们多样化、多层次、多方面的美好生活需要，努力推动全体人民共同富裕取得更为明显的实质性进展，促进人的全面发展、社会全面进步。

中国坚持马克思主义中国化时代化的方向，深入推动中华优秀传统文化的创造性转化与创新性发展，将马克思主义思想精髓同中华优秀传统文化精华相互贯通，并将其与人民群众日常生活中潜移默化的价值观紧密结合。这种融合不仅促进了外来文化的本土化进程，也为经济发展理论的创新注入了源源不断的文化力量，助力新时代人文经济学发展。这与新时代人文经济学所强调的人的主体性和经济活动的人文属性相辅相成，进一步揭示了在社会主义现代化进程中，文化与经济相互促进、相互渗透的辩证关系。通过这样的理论创新和实践探索，更深刻地理解中国式现代化的要义，即在高质量发展中保障和改善民生，满足人民群众对美好生活的向往，努力实现全体人民共同富裕，以及人的全面发展和社会的全面进步。故此，新时代人文经济学不仅是一种方法论工具，也充当着推动中国式现代化建设的重要角色。

**2.人文经济学在认识中国式现代化中的重要性**

新时代人文经济学在中国式现代化进程中具有重要作用。中国式现代化的独特发展道路并非孤立存在，而是与人文经济学的理念紧密相通，形成了一种相互促进的关系。这种联系不仅体现在对高质量发展理念的深化上，而且在于如何将这一理念转化为具体的实践路径。在新时代的背景下，中国式现代化的发展路径融合了人文经济学理念的社会发展模式。这种模式，在党的坚强领导下，既吸收了现代化进程中的普遍性特征，又深刻体现了基于中国国情的独特性。中国式现代化秉承以人民为中心的人文经济学理念，将人民的利益和福祉置于至高无上的位置。在这一理念指导下，发展不仅仅是经济增长的单一维度，而是以人的全面发展为出发点和归宿，确保经济发展成果更多更公平惠及全体人民，体现了人文价值在经济活动中的核心地位。中国式现代化在人文经济学的框架下，强调经济与政治、文化、社会、生态文明的相互作用和协调发展。这种全面进步的追求，不仅体现在经济增长与物质财富的积累，更体现在社会主义核心价值观的培育、文化软实力的增强、社会公平正义的维护以及生态环境的可持续发展，从而构建起一个多维度的、和谐共生的社会经济发展格局。中国式现代化坚持独立自主、自力更生的人文经济学原则，这不仅是对我国历史传统和制度优势的深刻认识，也是对文化自信的坚定体现。在这一原则指导下，中国式现代化通过自主创新和制度创新，不断挖掘和利用本土文化资源，推动经济发展与民族文化传承相结合，形成了具有中国特色的发展道路。中国式现代化倡导和平发展的外交理念，强调与世界各国共享发展成果，推动构建人类命运共同体。这一理念不仅体现了中国对于全球治理体系改革的积极贡献，也展现了中华文化崇尚和平、包容互鉴的内在品质，为人类文明发展史提供了新的路径探索。

新时代人文经济学是解读中国式现代化的一把钥匙，其重要性在于为研究者提供了一种多维度的分析框架，从而深刻揭示了中国式现代化的复杂性和丰富性。人文经济学作为一种融合了经济学、社会学、文化研究等多学科理论的方法论，其在认识中国式现代化中的地位愈发凸显。人文经济学通过其跨学科的特性，深刻揭示了现代化不仅是经济层面的扩张，而且是一个涉及经济、政治、文化、社会和生态等多领域协同演进的复杂过程。在这一过程中，文化的引领作用被赋予了新的内涵。文化，在人文经济学的视角下，不仅是经济发展的背景和结果，更是经济发展的动力和方向。文化自信和文化创新，作为推动中国式现代化的力量，源自对传统文化的创造性转化和创新性发展。这种转化和发展，不仅为经济增长提供了新的动能，也为社会结构的变迁和文化价值的重塑提供了坚实的支撑。在这个过程中，人文经济学强调，文化的引领作用被赋予了新的内涵，它不仅仅是经济发展的伴随现象，而是经济发展的内在要求和方向指引。

人文经济学在认识中国式现代化中的重要性还体现在其对经济行为的人文关怀。在这一学科的视野中，经济发展的内涵远超出物质财富的简单积累，而是一个更为深刻的过程，它关乎人的全面发展和社会整体的进步。人文经济学强调，经济活动的最终目的不应仅仅是经济增长本身，而应当是以人为本，促进人的自由、平等和全面发展的手段。这种关怀使得人文经济学在解读中国式现代化时，具有了更加丰富和深远的意义。在追求共同富裕和社会公平的目标下，人文经济学关注如何通过经济制度的优化、经济政策的调整和经济结构的升级，来促进人的能力提升、机会均等和社会关系和谐。它认为，经济发展应当服务于人的需求，而非人成为经济发展的奴隶。在这一理念指导下，中国式现代化的路径选择更加注重人的主体地位，强调经济发展成果的共享性，以及发展过程的社会包容性。这种人文关怀不仅体现在提高人民生活水平的具体实践中，也体现在对于教育、健康、社会保障等民生领域的持续投入和改革中。

人文经济学的分析框架突出了文化因素在现代化进程中的核心地位，它不仅关注经济增长的数据指标，更重视文化价值观念的变迁对经济发展路径的影响。在这一框架下，中国式现代化的独特性得以凸显，即在坚持传统文化传承的同时，实现与现代市场经济的有机结合。人文经济学还强调经济发展的人文维度，将人的全面发展和社会的整体进步纳入现代化评价体系。它超越了单一的经济增长指标，更加注重经济行为背后的社会效应和文化意义，为衡量中国式现代化的质量和效益提供了更为全面的视角。这种评价体系将人的全面发展和社会的整体进步纳入考量，认为经济发展不仅仅是物质财富的积累，更是人的自由、平等和全面发展的体现。因此，人文经济学关注的是如何通过经济手段实现人的全面发展和社会的整体进步，这对于理解中国式现代化追求共同富裕和社会公平的目标具有深远的意义。

新时代人文经济学以其多维度的分析框架，为认识中国式现代化提供了理论支撑。在人文经济学的视角下，中国式现代化不再是单一的经济增长过程，而是一个涵盖了经济结构优化、政治体制改革、文化价值重塑、社会结构变迁以及生态环境保护的复合系统。新时代人文经济学强调文化因素在现代化进程中的驱动作用，从而揭示了文化自信和文化创新在推动中国式现代化中的核心地位。新时代人文经济学的跨学科特性、对经济行为的人文关怀以及对多元化评价标准的提出，能够更加准确地把握中国式现代化的内在逻辑，共同构成了其在中国式现代化研究中的重要地位，为深入认识和理解中国式现代化提供了不可或缺的思考路径。

## 二、新时代人文经济学的内涵与特征

文化与经济社会的发展密不可分。习近平同志在浙江工作期间指出："文化的力量，或者我们称之为构成综合竞争力的文化软实力，总是'润物细无声'地融入经济力量、政治力量、社会力量之中，成为经济发展的'助推器'、政治文明的'导航灯'、社会和谐的'黏合剂'。"[①]新时代人文经济学基于传统的经济学基础，将人文关怀与文化价值理念有机融合，重点强调经济发展与人的全面发展相结合之协调性与可持续性。回归至人的根本，关注围绕人本身展开的一系列涉及生产需求、生活价值和生命尊严等的

---

① 习近平：《之江新语》，浙江人民出版社 2007 年版，第 149 页。

现实话题，强调经济增长的归宿应是服务人的全面发展和提升社会的整体
福祉。

**1.新时代人文经济学的内涵解读**

中国共产党是坚定地以马克思主义理论为指导思想的政党，其领导下的文
化建设必须始终贯彻中国化和时代化的马克思主义文化理论。在新的起点上继
续推动文化繁荣、建设文化强国、建设中华民族现代文明，是我们在新时代新
的文化使命。新时代人文经济学认为，经济发展不仅是物质财富积累的手段，
更是促进社会公正、文化繁荣、丰富人的精神生活之重要途径，其倡导的是一
种以人为核心、可持续发展的经济模式，强调在经济发展中传承并弘扬优秀
文化以促进社会的和谐稳定，实现文化、经济、社会及生态的全面协调发展。

在文化层面，新时代人文经济学的核心内涵主要表现为对文化软实力的
重视以及对文化自信的培养，致力于推动文化产业的科学进步、促进多样
文化的融通发展，强调对文化传统的包容尊重以及对文化繁荣基础的悉心维
护。同时，为进一步增强国民的文化认同感和自豪感，提升国家的文化软实
力，鼓励各类推动社会进步和国家强盛的文化创新与跨文化交流活动，提倡
在全球化背景下通过文化交流与合作，增进不同国家和民族之间的相互理解
和尊重，共同构建人类命运共同体。

在经济层面，新时代人文经济学强调经济活动的核心不仅在于数字增长
和物质积累，更在于如何通过经济活动提升社会的整体福祉，应当在注重社
会公平正义的同时追求长期的可持续性进步，倡导在经济决策和实践中融入
伦理道德的考量，综合考虑不同群体的利益平衡，尤其是对弱势群体的权益
保护，避免贫富差距的扩大和社会矛盾的激化，反对只顾眼前利益、忽视长
远影响的短视行为，确保每个人都能公平分享到经济发展的红利。新时代人
文经济学倡导的是一种全面、平衡、道德的经济发展模式，它不仅仅关注经
济指标的增长，更关注经济活动对社会和环境的影响，以及这些影响对当前
和未来世代的长远意义，旨在推动构建一个更加公正、可持续的世界。

在社会层面，新时代人文经济学深入探讨了人的全面发展与社会进步之间的联系，强调一个成熟的社会体系应当致力于为每一位社会成员创造平等的发展机会，确保每个人的基本人权得到尊重和保障。社会福利和公共服务的完善是构建一个充满活力、公正和谐社会环境的关键，不仅能够激发个体的潜能，还能够促进社会整体的稳定与繁荣。新时代人文经济学倡导通过教育、文化、法律等多种途径，增进不同社会群体之间的相互理解与尊重，促进社会的多元融合与公平正义，确保每位个体均能在公正无偏的环境中充分发挥自身潜能，携手共享社会发展的丰硕成果。

在生态层面，新时代人文经济学深刻认识到人类福祉与自然环境之间的密切联系，特别强调生态文明建设与绿色发展理念的重要性，致力于推动人与自然的和谐共生。在经济活动与生态环境的双向互动中，积极寻求一种相对平衡的可持续状态，既要促进经济的平稳发展，又要保证自然环境得到妥善保护。新时代人文经济学提倡在追求经济增长的同时采取措施保护自然环境，运用绿色的生活方式和消费模式减少对自然资源的过度消耗和对环境的践踏破坏，通过绿色教育和文化引导增强公众的环保意识参与到生态文明建设中来，确保生态系统的完整性和稳定性不受影响，从而实现经济发展与环境保护的双赢局面。

**2.新时代人文经济学的主要特征**

作为以人民为中心的经济发展思想的创新性表达，新时代人文经济学是21世纪马克思主义政治经济学与时俱进发展的重要维度。习近平同志在浙江工作期间指出："从根本上说，文化是由经济决定的，经济力量为文化力量提供发挥效能的物质平台。然而，任何经济又离不开文化的支撑：文化赋予经济发展以深厚的人文价值，使人的经济活动与动物的谋生行为有质的区别；文化赋予经济发展以极高的组织效能，促进社会主体间的相互沟通和社会凝聚力的形成；文化赋予经济发展以更强的竞争力，先进文化与生产力中的最活跃的人的因素一旦结合，劳动力素质会得到极大提高，劳动对象的广度和深度会得到极大的拓展，人类改造自然、取得财富的能力与数量会成几何级数增加。"①新时代人文经济学不仅继承了传统经济学的合理内核，而且在理论和实践层面展现出鲜明的独创性与科学性，强调将人文关怀与经济发展相结合，注重经济增长与人的全面发展、社会整体福祉提升协同并进。新时代人文经济学以其创新性、融合性和可持续性等鲜明特征，为解决当代社会人文经济不协调问题提供了新的思路和方法，对于推动经济高质量发展、构建和谐社会具有重要的理论和实践意义。

新时代人文经济学以其独有的创新性，为构建更加公正、和谐、可持续发展的社会提供了理论支撑和实践指导。其一，强调人的全面发展和幸福最大化，将人的需求和福祉置于经济发展的核心位置。新时代人文经济学认为，经济增长的最终目的是提高人们的生活质量、实现个人潜能的最大限度发挥。因此，在制定经济政策时，应充分考虑教育、健康、文化等多方面因素，以促进人的全面发展。其二，强调社会公平与正义，致力于缩小贫富差距，提高社会福利水平。一个健康的社会应当为每个人提供平等的机会和公正的待遇，通过合理的收入分配和财富再分配机制，确保社会的和谐与稳定。其三，强调创新和科技发展，科技进步是推动经济持续增长的关键力量，科技发展应服务于人类的全面发展和社会的整体利益。新时代人文经济学倡导企业和研究机构加大研发投入，推动科技创新，同时确保科技成果能够惠及更广泛的人群，避免科技鸿沟的产生。

新时代人文经济学的融合性体现在将传统经济学的严谨分析与现代人文关怀需求相结合，从而为解决现代社会的复杂问题提供更为全面和深入的视角。其一，在理论基础上实现了人文科学与经济学科的交叉融合。传统经济学往往忽视了人的社会属性和文化背景，而新时代的人文经济学则强调在经济分析中融入社会学、心理学、哲学等多学科的视角，以更全面地理解经济行为背后的人文动因。其二，在研究方法上展现出更为科学多元的融合性。

---

① 习近平：《之江新语》，浙江人民出版社 2007 年版，第 149 页。

不仅采用传统的定量分析方法，还引入如案例研究、深度访谈等的定性研究方法，以捕捉经济现象的复杂性和多样性，有助于揭示经济活动中的深层次人文价值和社会影响。其三，在政策制定和实践应用中体现了新时代背景下特有的融合性。倡导在制定经济政策时，不仅要考虑经济效益，还要兼顾社会公平、文化传承和环境保护等人文因素，同时，在全球化的大背景下，倡导构建包容性的国际经济秩序，通过跨文化的对话与合作解决贫困、不平等、不协调等的全球性经济问题。

新时代人文经济学的可持续性体现在对环境、社会、文化和全球合作的全面关注，旨在构建一个更加公正、和谐和可持续的世界。其一，强调经济增长与环境保护的和谐共存。新时代人文经济学认为，经济发展不应以牺牲环境为代价，而应寻求一种既能促进经济繁荣又能保护自然生态的可持续模式。这意味着在制定经济政策时，必须将环境保护纳入考量，推动绿色技术和清洁能源的发展，减少对化石燃料的依赖。其二，倡导社会公平与包容性增长。新时代人文经济学强调经济增长的成果应惠及所有人，特别是弱势群体。通过提供教育、医疗和社会保障等公共服务，确保每个人都有平等的机会参与社会经济活动，实现自身价值，以减少社会不平等。其三，注重文化多样性和文化传承。在新时代人文经济学的理论框架下，文化被视为社会发展的核心要素，一种全面、均衡的发展策略被提出，旨在达成经济与文化的互利共赢。因此，经济活动的推进必须建立在尊重和维护文化多样性这一基础之上，经济行为应致力于促进文化的创新与传承，以实现文化与经济的和谐共生。

## 三、新时代人文经济学与中国式现代化的关系

新时代人文经济学，即在现代化道路中厚植人文底色，在人文与经济的良性互动中迈向高质量发展。这一发展新范式是习近平经济思想和习近平文化思想的实践运用，是认识中国式现代化的一把钥匙。近年来，习近平总书

记就人文经济相关重大主题作出一系列重要论述，指出"满足人民日益增长的美好生活需要，文化是重要因素"[①]，做好经济工作要"敬畏历史、敬畏文化、敬畏生态"[②]。新时代人文经济学，是马克思主义基本原理同中国具体实际相结合、同中华优秀传统文化相结合的智慧结晶，为推进中国式现代化提供了坚实的文明逻辑。中国式现代化内蕴的"人文逻辑"主张以全体人民共同富裕、人与自然和谐共生以及走和平发展的现代化道路来替代旧体系，弘扬人文对经济的价值引领，探索新型全球化道路，是以新人文价值引领全球发展走向美好未来的全新主张。

**1.新时代人文经济学赋能中国式现代化的独特价值**

人文经济学，顾名思义，是将"人"的因素置于经济活动的核心位置，强调经济发展的终极目标在于人的全面发展和社会福祉的最大化。在中国式现代化的语境下，这一理念被赋予了新的时代内涵，成为推动经济高质量发展的重要驱动力。新时代人文经济学强调以人民为中心的发展思想，将满足人民日益增长的美好生活需要作为出发点和落脚点。一方面，它倡导通过优化分配结构、提升教育水平、增强社会保障等方式，增进人民的幸福感与获得感；另一方面，它鼓励创新与变革，激发市场活力，促进经济结构的优化升级，从而构建更加公平、包容与可持续的发展模式。

在我国现代化进程的实践中，新时代人文经济学致力于推动我国经济从高速增长迈向高质量发展，将扩大内需与供给侧结构性改革有机结合，将增强国内大循环内生动力和可靠性同提升国际循环质量和水平相结合，将建设现代化经济体系和全要素生产率、产业链供应链韧性和安全、城乡融合与地区协调发展、经济质的有效提升与量的合理增长等系列要素相结合。通过文化与经济的深度融合，激活发展新动能，推动供给侧结构性改革。文化可以

---

① 《习近平谈治国理政》第四卷，外文出版社2022年版，第309页。
② 《习近平关于社会主义精神文明建设论述摘编》，中央文献出版社2022年版，第235页。

为经济发展提供动力和价值导向，而经济则为文化的传播和繁荣提供物质基础。这种融合不仅能够提升产品和服务的附加值，还能够促进产业升级和转型。

在新时代背景下，中国式现代化强调的是物质文明与精神文明协调发展，经济建设与社会建设并重。人文经济学在此过程中扮演着多重角色。首先，新时代人文经济学是推动发展成果共享的平衡器，面对全球化带来的区域发展不平衡、贫富差距扩大等问题，人文经济学倡导通过政策调节，缩小收入差距，提升低收入群体的福利水平，实现经济成果的共享。其次，新时代人文经济学是推动供给侧结构性改革的催化剂，在创新驱动发展战略的指引下，人文经济学激励企业与个人投身科技创新，培育增长新动能，加速产业结构向知识密集型、技术密集型转变，推动经济体系的整体升级。最后，新时代人文经济学是引领中国式现代化道路的导航仪，在追求高质量发展的道路上，人文经济学强调绿色低碳、生态优先的原则，引导经济活动与自然环境和谐共生，避免了传统工业化模式下的"先污染后治理"陷阱。

### 2.中国式现代化对新时代人文经济学的时代呼唤

中国式现代化呼唤走高质量发展之路，文化是重要支点，人文经济学引领是理解和把握高质量发展之路的必然选择。随着中国式现代化的深入，呼唤着理论与实践的双重革新，新时代人文经济学也被赋予了新的使命。一方面，需要深化对"人"的全面理解，将人的多元化需求纳入决策考量，打造更具包容性的经济体系；另一方面，应强化人文精神在经济活动中的引领作用，通过文化软实力的提升，促进国际交流与合作，塑造开放包容的国家形象。在社会治理层面，人文经济学要求政府与市场、社会三者形成合力，共同推进公共服务均等化，构建和谐社会。这不仅意味着改善民生，提高教育、医疗、养老等领域的服务质量与效率，还包括促进公民参与，增强社会凝聚力与创新力，使经济发展成果惠及全体人民。面对全球化、数字化、老龄化等多重挑战，中国式现代化要求人文经济学在理论上不断创新，在实践中不断探索。如何在全球竞争中保持优势，如何利用数字技术赋能社会管理，如何应对人口结构变化带来的压力，成为人文经济学需深入研究与解答的重大课题。同时，人文经济学的深化与发展也为解决这些挑战提供了新思路与工具，为实现中国式现代化开辟了更为广阔的前景。

新时代人文经济学与中国式现代化的关系是动态发展的，它们在相互影响中不断深化，在相互促进中不断前进，共同推动中国社会的全面进步和人类的共同发展。新时代人文经济学的发展为中国式现代化提供了理论支持和实践路径，而中国式现代化的实践又为新时代人文经济学的发展提供了广阔的舞台和丰富的经验。在这一过程中，文化与经济相互激荡、彼此生发，共同促进社会的进步和谐。新时代人文经济学与中国式现代化都面向未来，旨在实现中华民族的伟大复兴和人类的共同繁荣。它们共同探索适应新时代要求的发展道路，为解决人类共同面对的问题提供中国智慧和中国方案。通过文化与经济的深度融合、创新驱动、区域协调发展、绿色发展、开放合作等多方面的努力，新时代人文经济学为推动经济高质量发展提供了新的方法论依据，为实现全面建设社会主义现代化国家的目标奠定坚实基础。

## 四、新时代人文经济学的无锡实践意义

2024年1月，无锡将建设人文与经济、历史文脉与现代文明交融赋能的文化名城，打造新时代人文经济学的无锡实践样本写入政府工作报告，是对新时代人文经济学的高度重视和坚定实践。无锡作为人文经济的重要发源地之一，也是当代人文经济学的实践地和全国先导区，在人文经济学领域的探索和实践，不仅体现了其作为一座文化名城的独特魅力，也为全国各个地区奋进中国式现代化提供了宝贵经验和启示。

### 1.无锡推动人文经济学从理论到实践的跨越

人文经济学是经济增长、文化建设、社会发展的相互作用、相互转化和

相互促进，旨在实现物质文明与精神文明协调发展，全面提升人的文化素质，进而增强人民的获得感和幸福感。无锡地处江南腹地，拥有深厚的文化底蕴和发达的经济基础，是文化与经济融合发展的典范，推动了人文与经济交融共生。深厚的文化底蕴，如吴文化、运河文化等，在无锡的城市发展中得到了充分的体现和传承，而且经济基础也十分发达，制造业、服务业、文化创意产业等多个领域都取得了显著的成就。在文化与经济的融合发展中，无锡注重将传统文化与现代产业相结合，推动文化产业与制造业、服务业的深度融合。例如，无锡的文化创意产业在近年来得到了快速发展，涌现出一批具有无锡特色的文化创意企业和产品，这些企业和产品不仅在国内市场上取得了良好的销售业绩，还逐渐走向国际市场，提升了无锡文化的国际影响力。同时，无锡还注重将文化与旅游业相结合，通过打造具有无锡特色的旅游项目和文化活动，吸引了大量游客前来参观和旅游。这些游客的到来不仅为无锡的旅游业带来了可观的收入，还促进了餐饮、住宿、购物等产业的发展，为无锡的经济增长注入了新的活力。人文资源成为经济发展的重要支撑，而经济发展又进一步丰富了人文内涵，形成了良性循环。

无锡自古以来便是商业繁华之地，这座工商之城不断弘扬企业家文化，造就了一批勇于承担社会责任、具有家国情怀的中国企业家。从古代的商圣范蠡，到近现代的荣氏家族，无锡企业家以他们的智慧和勇气，开创了无锡的商业传奇。荣宗敬、荣德生兄弟创办的茂新面粉厂，不仅拉开了荣氏家族实业救国、实业报国的序幕，更为无锡的商业发展注入了强大的动力。他们的企业家精神，激励着一代又一代锡商不断前行。进入新时代，无锡企业家更是勇立潮头，敢为人先。他们不仅注重企业的经济效益，更关注企业的社会责任和家国情怀，积极投身公益事业，回馈社会，为无锡的和谐发展贡献自己的力量。这些企业不断推动产业升级和创新发展，引领无锡经济走向更加繁荣的未来。无锡市政府高度重视企业家群体的成长和发展，致力于优化营商环境，提供高效政务服务。无锡坚持像尊重科学家一样尊重企业家，像尊重教育家一样尊重实业家，为企业家们提供广阔的发展空间和良好的创业环境。这也使得无锡成为企业家们创业的沃土，吸引了越来越多的优秀人才和企业前来投资兴业。

### 2.新时代人文经济学无锡实践的经验与启示

无锡作为江南文化的发源地之一，拥有悠久的历史和灿烂的文化，是吴文化的发源地之一，无锡始终坚定文化自信，积极挖掘和传承江南文化的精髓，这种深厚的人文底蕴为无锡的经济发展提供了强大的精神动力和智力支持。无锡的实践表明，人文与经济是相互融合、相互促进的。在经济发展中注入人文元素，可以提升城市的品质和内涵，增强城市的吸引力和竞争力。同时，人文的发展也需要经济的支持，只有经济繁荣了，才能为人文的发展提供更多的资源和机会。

发展新质生产力是推动高质量发展的内在要求和重要着力点，无锡在人文与经济的融合创新中，加快形成新质生产力，并展现出强劲的推动力。无锡注重将传统文化与现代科技相结合，推动文化产业与数字经济的深度融合。通过运用大数据、云计算、人工智能等先进技术，无锡的文化产业焕发新的生机，不仅提升了文化产品的质量和效率，还拓宽了文化传播的渠道和方式。同时，无锡还积极推动制造业与服务业的融合发展，打造了一批具有核心竞争力的产业集群。这些产业集群不仅提升了无锡的经济发展水平，也为市民提供了更多的就业机会和创业空间。在无锡，越来越多的企业家开始注重企业的社会责任和可持续发展，他们通过技术创新和产业升级，推动企业向更加绿色、环保、智能的方向发展。此外，无锡还注重培养市民的创新意识和创业精神。通过举办各类创新创业大赛、创业沙龙等活动，激发市民的创新热情，培育了一批具有创新精神和创业能力的人才。这些人才不仅为无锡的经济发展注入了新的活力，也为城市的可持续发展提供了有力的人才保障。

当前已进入基于大数据触摸、理解和逼近现实复杂系统的时代，无锡的数字产业体系与新时代经济学体系高度吻合，成为数字经济的原创地和新样板。无锡的数字产业体系以数据为核心要素，通过深度挖掘数据的价值，推动传统产业转型升级，催生出一系列新业态、新模式。在无锡，大数据、云计算、物联网、人工智能等前沿技术正被广泛应用于智能制造、智慧城市、数字金融等领域，不仅提升了产业效率，还优化了公共服务，增强了市民的获得感和幸福感。同时，无锡还注重构建开放合作的数字生态，积极引进和培育数字经济领域的龙头企业和高新技术企业，推动产业链上下游的协同创新。无锡的数字产业体系不仅为本地企业提供了广阔的发展空间，还吸引了众多国内外企业前来投资兴业，形成了良好的产业集聚效应。未来，无锡将继续深化数字经济领域的探索和创新，推动数字经济与实体经济的深度融合，打造更多具有核心竞争力的数字产业集群。无锡将以更加开放的姿态拥抱数字经济时代，为中国的数字经济发展贡献更多的智慧和力量。

在新时代人文经济学的指引下，无锡将以人民为中心的发展思想深植于城市发展的每一个环节。无锡市政府和企业界共同努力，通过一系列创新举措，实现了人文与经济的深度融合，为市民提供了更加丰富多样的生活选择和文化体验。在满足人民群众多样化、多层次、多方面需求方面，无锡注重提升公共服务水平，加强基础设施建设，优化城市环境。无论是教育、医疗、养老等民生领域，还是文化、体育、旅游等休闲领域，无锡都致力于提供更加优质、便捷的服务，让市民在享受经济发展的成果的同时，也能感受到城市的人文关怀。同时，无锡还注重培养市民的文化素养和审美能力，通过举办各类文化活动、展览、演出等，丰富市民的精神文化生活。这些活动不仅提升了市民的文化品位，也增强了市民的归属感和自豪感，为城市的可持续发展注入了强大的精神动力。无锡在实践过程中，通过人文与经济的交融发展，促进人的全面发展，这不仅提高了无锡市民的生活质量和幸福感，也为城市的可持续发展奠定了坚实的基础。

## 第二章 点亮人文经济的"太湖明珠"

## 第三章 无锡人文经济的交融共生与发展

## 第四章 新质生产力助推无锡人文经济发展

## 第五章　无锡人文经济发展的机遇与挑战

## 第六章　无锡现代化进程中的人文经济学路径探索

## 第七章 人文经济学的无锡经验及启示

# 无锡经济社会高质量
# 发展的先行探索

第一章

在江南地区的文化格局中，无锡以其悠久的历史文脉和独特的地域特色，成为经济社会高质量发展的先行城市。地区独有的文化传承，不仅构成了无锡社会经济发展的深厚文化底蕴，而且为其高质量的经济发展模式提供了不可或缺的精神支撑。在传承与创新中，将深厚的文化底蕴转化为推动经济发展的强大动力，为无锡经济社会高质量发展的先行探索提供理论支撑，展现了文化传承在经济发展中的重要作用。

# 第一节　绵延千年无锡文脉

自古以来，无锡地区即为文化荟萃之所，其文化底蕴深厚，历史源远流长。在这片富饶的土地上，无锡的文脉历经千年而不断，宛如一条光彩夺目的历史长河，将无锡的过往与文化传统紧密相连。源远流长的无锡文脉，不仅见证了该城市的兴起与演变，而且承载了无锡居民历代积累的智慧与精神财富。连绵运河的无锡水脉，不仅孕育了城市的繁荣与兴盛，同时也塑造了无锡特有的江南水乡风貌。清奇委婉的无锡艺脉，展示了民间艺术的瑰宝，承继着中华民族的宝贵文化遗产。叠山理水的无锡园脉，不仅体现了园林艺术的精湛，更映射了人与自然和谐共生的哲学理念。

## 一、源远流长的无锡文脉

无锡文脉演变过程融合了黄河与长江流域的文明精华，形成了独特的文化融合现象。从史前文化的积淀到黄河文明的引入，从惠山学术传统的形成到文史英才的涌现，无锡的文化历史展现了连续性与变革性的统一。在此，自然景观与人文精神交相辉映，传统与现代和谐共生，塑造了一个充满生机与活力的文化名城。分析无锡文化的多元背景、教育传统的深厚基础以及近现代文化转型的特征，追溯无锡的文化脉络，能更深入地领略其独特魅力与深远影响，为理解中国区域文化的丰富性和多样性提供一个新的视角。

无锡的文化源远流长，铸就了开放多元的文化特质。无锡，自四五千年前史前文化缓慢发展，至三千两百年前泰伯南迁带来的黄河文明，开启了文化融合之门。水系丰沛、土壤肥沃的地理优势，使得先民在此捕鱼、养蚕、种植水稻，并精通制陶、琢玉。泰伯南迁标志着无锡文化多元背景的起始，其后历史中的数次大规模人口迁徙，如南北朝、安史之乱、宋代等时期，进一步促进了无锡文化的吸收与创新，使其在历史长河中不断丰富发展，形成了独特的开放、多元文化模式。①

惠山自然景观与学术传统相得益彰，成为古代文人耕读生活的幽静之地，孕育了无锡独特的耕读文化意象。自南朝湛挺在惠山创立历山草堂起，历代的文人墨客如李豐、皇甫冉、李绅、尤袤、邵宝等，均在此读书讲学，留下了丰富的文化遗产。尤袤的《遂初堂书目》更是版本目录学的开创性著作。②惠山不仅见证了学者们的学术活动，还建立了众多文化名人的祠堂，如范仲淹祠、顾宪成祠等，激励着后学。清初词人顾贞观等亦在此读书，积书岩、贯华阁等成为学术交流的场所。惠山的自然风光与学术氛围的结合，象征着无锡文脉的生机与活力，使得无锡的文化传统因地而昌、因人而盛，延续至今。

无锡文史英才辈出，铸就深厚文化底蕴，影响历代学术发展。无锡地区自古以来文史英才绵延不绝，科举时期状元进士众多，专家学者亦不乏其人。东汉高彪以经学名世，明代安国以出版家著称，其铜活字印刷技术推动

---

① 庄申：《无锡市志》第一册，江苏人民出版社，第1—3页。
② 周少川：《古籍目录学》，中州古籍出版社1996年版，第155页。

了文化史的发展。明末清初，计六奇以《明季北略》等史作记录易代之际的变迁，顾祖禹凭借《读史方舆纪要》奠定历史地理学基础。[①]秦惠田继承家学，深入研究古代礼制，著有《五礼通考》。孙洙编撰《唐诗三百首》，影响深远。文献版本目录学领域，无锡更是人才济济，孙修、孙毓修等人均有卓越贡献。丁福保博学多才，涉猎医学、佛学、古钱币研究，堪称文化学术界的奇才。无锡文史英才的成就，不仅丰富了我国的文化遗产，也为后世学术研究提供了宝贵资料。

　　无锡历来重视文化教育，自北宋嘉祐三年建县学宫起，至清代共建13所书院，形成了坚实的教育基础。私塾教育在无锡亦蓬勃发展，强氏义塾等机构提供免费启蒙教育，至清末私塾数量达866所，展现了无锡对教育的重视和普及。科举制度下，无锡培养出五名状元，宜兴两名状元，这些成就不仅是学问的体现，也是文脉传承的标志。[②]东林书院作为无锡文脉的核心，由宋代程朱理学的关键人物杨时创立，成为东南地区理学传播的重要基地。杨时的讲学活动以及《锡山儒学先贤祠记碑》的记录，见证了理学对无锡的深远影响。文化精英的推广与教育实践相互促进，无锡因此人文荟萃，文化教育水平不断提高。无锡籍官员如唐代李绅、宋代李纲等，其治国理念融合了孟子的民本思想，体现了无锡文脉中学术与实践的紧密结合。这种结合不仅为无锡文化的继往开来提供了动力，也为后世文化的务实发展奠定了基础。无锡的文脉之路，从学塾到书院，是一条不断孕育文化精英、推动学术发展的道路。

　　东林书院与无锡国专作为无锡文脉的重要载体，见证了江南地区学术文化的繁荣与中国传统学术的现代转型。东林书院，始建于南宋，明代重兴，成为东南地区学术中心。东林书院不仅是无锡文化的重镇，也是中国书院文化的重要发源地。1920年，无锡国学专修学校创建，继承并创新传统文化教育。唐文治创办的无锡国专，融合传统书院与现代教育，致力于国学研究与

---

① 辛德勇：《汉武帝"广关"与西汉前期地域控制的变迁》，《中国历史地理论丛》2008年第2期。
② 严克勤主编：《无锡历史文化的源、脉、品》，上海三联书店2007年版，第39页。

教育，培养了众多文史专家，为继承和发扬民族文化遗产作出重大贡献。[①]
五四运动后，国专更是在传统文化面临冲击时，承担起文化传承与转型的重
任。对比东林书院与无锡国专，两者均肩负振兴时局、力挽狂澜的使命，体
现了无锡文化与中国学术文化的紧密联系。无锡的文脉，成为中国传统学术
生命的重要延续。

无锡近现代文脉的转型，揭示了教育变革与实学、实业思想相结合对城
市文化发展和社会进步的关键作用。无锡近现代文脉的转型，起始于19世纪
末新式教育的兴起，以"埃实学堂"为代表，标志着无锡教育的新阶段。[②]
随后，无锡涌现出多所新式学堂，并出版了全国首批小学教科书，展现了其
在教育领域的领先地位。20世纪20年代，无锡工商业的繁荣为教育提供了经
济支持，民族工商业家如荣德生等积极投身教育事业，推动了文化教育的普
及。无锡成为社会教育运动的策源地，培养了唐文治等教育家，引领文脉发
展。在实学、实业思想的影响下，无锡文脉由文理并重转向科学称雄，虽文
脉有所衰落，但为经济腾飞和文化素质提升奠定了基础。无锡国专的成立与
发展，以及民族工商业的实业思想，共同铸就了无锡近现代文脉的辉煌，为
国家输送了大量人才。

钱锺书与钱穆，作为现代无锡文脉的璀璨星辰，其学术成就与文化影响
深刻揭示了无锡文化传统的现代转型与持续发展。钱锺书，国学家钱基博
之子，以其深厚的文化批判精神和对中西文化的深入研究，被誉为"文化昆
仑"，其主要著作《管锥编》《谈艺录》等[③]，展现了对中国文化精神的深刻
洞察。钱穆，作为国学大师，其治史目标在于为中国文化寻找方向与归宿，
被尊为"中国最后一位士人"，其主要著作包括《两汉经学今古文平议》
《中国近三百年学术史》等。两位大师的学术生涯，不仅体现了无锡文脉的
深厚底蕴，也标志着中国文化传统的现代转型。

---

① 徐忠宪：《国学教育家唐文治》，上海交通大学出版社2022年版，第186页。

② 无锡市崇安区地方志办公室：《崇安区志》，1991年版，第313页。

③ 路新生：《"人性"：钱钟书史论中的"历史美学"要素》，《河北学刊》2012年第4期。

## 二、连绵运河的无锡水脉

无锡独特的水文化基因深深地烙印在城市的自然环境、历史底蕴和民风民俗之中。古称梁溪的无锡，因水而生，因水而兴，河流与湖泊如同城市的血脉，流淌着千年不息的文化传承。

水脉之源，运河的开凿奠定了无锡兴起的基础，成为城市发展的摇篮。无锡水文化的历史可追溯至远古时期，始于马家浜文化，历经崧泽文化、良渚文化和马桥文化等阶段，逐渐形成了鲜明的水文化特征。战国时期，春申君黄歇对无锡湖的治理，开启了无锡水文化的新篇章。黄歇的治水工程不仅为地区经济发展奠定了基础，更留下了丰富的地名文化遗产，如黄泥头、水墩等地名，这些地名成为古老水利故事的载体。[1]隋唐时期，大运河的南北贯通，为无锡带来了前所未有的繁荣。运河水脉的连绵，使得无锡成为南北货物交换的重要枢纽，经济和文化得到了飞速发展。运河两岸商铺林立，货物云集，无锡因此被誉为"小上海"，其商业地位可见一斑。[2]宋代，为保障江南运河漕运安全，采取筑堤修堤措施防止湖水漫泄，同时对中小湖泊进行围湖造田，既抑制了水害，又增加了耕地。北宋时期，锡澄运河的雏形逐渐形成。明代对大运河进行了多次整治和疏浚，锡澄运河成为运河入江的主要水道。清代至民国时期，无锡地区对运河进行了持续整治。政府出动河工浚深河道，拓宽运河，使之适应经济发展需求。这一时期，运河的整治不仅保障了水运畅通，还为无锡地区的经济发展提供了有力支撑。新中国成立后，随着经济的快速发展，水运货物数量急剧增加，无锡运河的部分河段已不能适应需求。政府决定开挖新河，拓宽河道，提高航道标准。经过多次整治，无锡运河的通航能力得到显著提升，为地区经济发展发挥了重要作用。

无锡的水文化源远流长，运河的开凿与整治是无锡城市发展的重要推动

---

① 陈璧显：《中国大运河史》，中华书局 2001 年版，第 55—57 页。
② 陈璧显：《中国大运河史》，中华书局 2001 年版，第 123—147 页。

力。从古至今，运河在无锡地区经济发展、交通运输、物资交流、生态调节等方面发挥着巨大作用。如今，无锡运河经过现代化改造，已成为一条集美化、绿化、亮化、文化于一体的"黄金航道、景观航道、生态航道"。千年大运河，历经疏浚、整治，永远古老而又年轻，为无锡地区的经济社会发展注入了新的活力。

水脉之韵，无锡的农耕文化与水乡风情在运河水系的浸润中展现出独特的韵味。无锡地处太湖之滨，享有"太湖明珠"的美誉。地势的低平、水网的密布和适宜的气候条件，为农耕文化的交融与发展提供了优越的自然地理环境。泰伯奔吴带来的先进农耕技术与本地古老文化的交融，推动了无锡文明的进程。水稻种植、渔猎活动、蚕桑养殖，这些与水紧密相关的生产方式，构成了无锡农耕文化的基础。在日常饮食中，湖鲜美食是无锡水文化的直接体现。白鱼、白虾、银鱼，这些太湖特产，经过巧手烹饪，成为无锡人餐桌上的美味佳肴。衣着装束上，无锡人的淡雅风格也与水乡的湿润气候息息相关。建筑交通方面，临水而建的特色民居、桥梁、码头，共同构成了江南特有的民俗民风民情。

水脉之魂，太湖与无锡百姓的生活交融，共同塑造了这座城市独特的水文化精神内核。太湖作为无锡的自然景观象征，其内涵远不止于此，它已渗入无锡民众的日常生活，成为不可或缺的一部分。在太湖水域，捕鱼、游湖、赛舟等水上活动已成为当地居民的生活方式①，这些活动不仅体现了人与自然的和谐共生，更是无锡水文化传承与发展的载体。每年举办的龙舟赛，不仅是一场体育竞技的盛宴，更是无锡水文化的集中展示。在这一传统赛事中，无锡百姓对水的敬畏与热爱得以淋漓尽致地展现。②此外，太湖边的渔村，承载着渔民们世代相传的捕鱼技艺，他们的生活简朴而真挚，与太湖的水脉紧密相连，形成了独特的渔村文化。这种文化不仅体现了人与自然的紧

---

① 徐杰舜：《汉族风俗志》，云南美术出版社 2022 年版，第 34 页。
② 庄若江：《悦行无锡》，九州出版社 2020 年版，第 102 页。

密关系，更映射出无锡水文化的历史底蕴与现实价值。在此过程中，太湖与无锡居民的生活紧密交织，孕育了城市水文化的独特精神，为后世留下了宝贵的文化遗产。

水脉之今，无锡的水城魅力得以在历史与现代的互动中焕发新的生机。历经千年的水文化积淀，无锡不仅继承了深厚的历史文脉，而且在现代都市发展中展现出独特的活力。当前的无锡，水脉纵横，尤其是古运河的持续流淌，为这座城市注入了源源不断的生命力。在历史与现实的交融中，古运河两岸的景观带已成为市民文化休闲的重要空间。这一地带不仅是城市历史的见证，也是现代生活的延伸。夜幕降临时，古运河边的灯光璀璨，映射出的是一种时空交错的审美体验。此时的古运河，不仅是物理空间上的连接，更是一种文化符号的传递，它将无锡的历史底蕴与现代都市风貌巧妙地融合在一起。在这种融合中，古运河的夜色景观成为一种文化现象，它不仅体现了无锡对传统水文化的尊重与传承，也展现了城市现代化进程中对于历史遗产的创新利用。这种创新与传承的平衡，使得无锡的水城特色在当代社会中得以延续和发扬，为城市的文化发展和居民的生活品质提升提供了新的动力和视角。因此，在现代语境下，无锡的水脉不仅是城市历史记忆的载体，更是城市文化创新与发展的象征。

无锡的水脉，不仅在地理上连接了南北，更在文化上融合了传统与现代。这座城市以其独特的魅力，在悠悠岁月中愈发璀璨夺目。无论是古老的运河，还是现代化的水景，都成为无锡水文化的重要组成部分，见证着这座江南水城的过去、现在与未来。

## 三、清奇委婉的无锡艺脉

宜兴紫砂陶艺和惠山泥人，作为江南地区传统民间工艺的杰出代表，不仅体现了民间艺人的智慧和才能，更是中华民族文化传承的重要载体。它们在历史的长河中不断发展，见证了我国陶瓷艺术和民间文化的繁荣与变迁。

从宋元时期的初步形成，到明代中叶的工艺成熟，再到清代后期的社会广泛欢迎，这两种艺术形式在不断的创新与传承中，逐渐成为中国文化的重要组成部分。特别是在新中国成立后，国家对传统紫砂陶艺和惠山泥人艺术的恢复、保护和发展给予高度重视，使得这些传统工艺得以在新的历史条件下焕发新的生机，不仅在国内赢得了崇高地位，也在国际舞台上展现了中国民间艺术的独特魅力。如今，宜兴紫砂陶艺和惠山泥人艺术不仅是国家级非物质文化遗产，更是世界了解中国陶瓷艺术和文化的重要窗口，其历史价值、艺术价值和文化价值得到了世界范围内的认可和赞誉。

宜兴得天独厚的地理环境孕育了独特的紫砂陶工艺，使其成为中国陶瓷艺术的重要发源地，被誉为"陶都"。宜兴紫砂陶工艺的历史可追溯至新石器时代，但其独特风格的形成始于宋元时期。此时，紫砂陶艺逐渐从日用陶瓷中脱颖而出，成为一种独立的艺术门类。至明代中叶，紫砂工艺已日臻成熟，其独特的材质、造型、装饰和工艺技术，使之成为中国陶瓷艺术的瑰宝。明代紫砂陶艺的发展，得益于紫砂茶具的普及。紫砂茶具因其良好的透气性、保温性以及与茶文化的高度契合，迅速在文人雅士中流行开来。明代中晚期，供春、时大彬等一批民间紫砂艺人脱颖而出，他们的作品不仅具有实用性，更具有极高的艺术价值，将紫砂陶艺推向一个新的高度。清代以后，紫砂工艺继续发展，深受民众喜爱。名家大师的作品更是受到宫廷青睐，成为皇家贡品。陈鸣远、陈鸿寿等艺人不断创新，将紫砂陶艺与中国传统文化相结合，使其更具文化内涵。他们擅长运用诗词、书画、篆刻等艺术形式，丰富了紫砂陶的装饰手法，提升了其艺术价值。清代后期，宜兴紫砂陶艺产量达到巅峰，年产量超过100万件，产品畅销海内外。[①]然而，在日本发动侵华战争期间，紫砂业遭受重创，传承数百年的紫砂陶工艺陷入危机。新中国成立后，国家对传统紫砂工艺的恢复与发展给予高度重视，采取一系列措施，如成立产销联营处、工艺合作社等，聚集老艺人，培养新一代紫砂

---

① 长北：《江苏手工艺史》，江苏人民出版社2020年版，第293页。

艺人，使紫砂陶艺得以传承。在七位著名紫砂艺人的精心传授下，新中国培养了一批手工紫砂艺人，他们在继承传统技艺的基础上，不断创新，使古老的宜兴紫砂陶艺焕发新的生机。宜兴紫砂陶制作技艺被列入国家级非物质文化遗产代表性项目名录，作品走出国门，被国际知名博物馆收藏，为宜兴赢得了"世界制壶之都"的美誉。

无锡惠山泥人作为无锡三大著名特产之一，也具有悠久的历史。惠山泥人，作为一种具有深厚文化底蕴的民间泥塑艺术形式，其发轫之地位于惠山脚下。该地区所特有的黏土资源，以其细腻的质地和鲜艳的色泽，为惠山泥人的创作提供了得天独厚的物质基础。历经数百载的传承与演变，惠山泥人业已成为我国民间艺术宝库中的瑰宝之一，亦为无锡三大知名特产之一。惠山泥人的艺术创作题材广泛，涵盖神祇、佛像、历史人物、戏剧脸谱以及各类动物形象等，展现出丰富的文化内涵。其中，以形象丰满、笑容可掬的男女儿童泥塑"大阿福"最具代表性，其寓意幸福美满，深受民众喜爱，并在民间传统中被视为吉祥物，普遍受到家庭摆放以祈求平安与幸福的青睐。[①]自清朝初期，惠山泥人的制作技艺逐渐走向成熟。特别是在乾隆年间，惠山地区涌现出专门从事泥人制作的小型作坊，虽规模有限，却为泥塑艺术的传承与发展奠定了基础。在这些作坊中，孕育出了如周阿生、丁阿金等20余位技艺精湛的知名艺人，他们的作品将惠山泥人艺术推向了新的艺术高度。周阿生的《蟠桃会》便是融合佛塑技巧的典范之作，被誉为惠山泥人艺术的精品。

20世纪初，惠山泥塑艺人胡春喜的作品在南洋劝业会上荣获银奖[②]，这不仅是对胡春喜个人技艺的极高赞誉，亦是对惠山泥人艺术价值的充分认可。胡春喜的作品被评价为精神形态，面面俱到，旁观近似，宛若生人，充分展现了惠山泥人艺术的独特魅力和精湛技艺。在此时期，惠山泥塑艺术与天津

---

① 严克勤主编：《无锡历史文化的源、脉、品》，上海三联书店 2007 年版，第 8 页。
② 顾一群、肖鹏：《江苏文史资料 第 120 辑 无锡文史资料 第 41 辑》，江苏文史资料编辑部，第 214-215 页。

粉塑艺术开始了深入的交流与融合。高标作为惠山泥塑艺术的杰出代表，成功地将天津粉塑技艺与惠山泥塑传统艺术相结合，开创性地推动了惠山泥塑艺术的发展，被誉为"惠山泥人的创新者"[1]。抗日战争的爆发对惠山泥人行业造成了严重破坏，泥人店铺和作坊损失惨重，艺人遭受迫害，惠山泥人艺术陷入历史低谷。新中国成立后，文化部门对惠山泥塑艺术进行了系统的抢救、挖掘、整理和研究，通过成立研究所、举办训练班、开设泥人厂等措施，确保了惠山泥塑艺术的传承与发展。在此过程中，柳家奎、王木东等一批中国工艺美术大师[2]崭露头角，他们不仅继承了惠山泥人的传统技艺，还致力于创新，为惠山泥人艺术注入了新的活力。1999年，无锡泥人博物馆正式开放，标志着惠山泥人艺术得到了更为全面的保护与传承。2005年，无锡荣获"中国泥人之乡"称号。2006年，惠山泥人被列入国家非物质文化遗产名录，成为我国民间艺术宝库中的璀璨明珠。

宜兴紫砂陶艺和惠山泥人艺术作为中国陶瓷艺术的重要组成部分，它们在历史长河中不断发展、创新，成为中华民族传统文化的瑰宝。在新时代，要继续传承和弘扬这些优秀传统工艺，使其在新的历史阶段绽放更加绚丽的光彩。这不仅是对传统文化的尊重，也是对民族精神的传承。通过深入研究、挖掘和推广，宜兴紫砂陶艺和惠山泥人艺术定能在世界舞台上展现出更加璀璨的艺术魅力。

## 四、叠山理水的无锡园脉

无锡园林艺术独树一帜，将叠山理水的技艺发挥得淋漓尽致，彰显出深厚的文化底蕴和独特的地域特色。在这片山水相依的土地上，园林建设者们巧妙地利用自然地形，将山水景观与人文精神完美融合，谱写出一曲曲动人

---

[1] 政协北塘区文史资料委员会：《北塘文史资料 第 5 辑》，第 151 页。
[2] 无锡市地方志编纂委员会办公室：《无锡年鉴（1986-1990）》，上海人民出版社 1992 年版，第 258 页。

的园林乐章。无锡园林，不仅仅是自然景观的堆砌，更是一种文化、一种精神的传承，它们在历史的长河中熠熠生辉，成为江南园林文化的瑰宝。

地处长江三角洲的无锡，北依长江，南濒太湖，得天独厚的地理环境为园林建设提供了丰富的素材。在这里，山峦起伏，水系纵横，造园家们因地制宜，将叠山理水的理念贯穿于园林布局之中。山因水而活，水因山而秀，形成了"山在城中，城在水中，人在园中"的和谐画卷。这种对自然景观的高度尊重和巧妙利用，体现了无锡园林艺术的独特韵味，也反映了我国古代园林建造的智慧与匠心。

无锡园林的叠山理水技艺，讲究"山贵有脉，水贵有源"。在园林建设中，山与水相互依托，形成了一个完整的生态系统。如寄畅园、惠山寺园等经典之作，无不展现出精湛的叠山理水技艺。寄畅园集江南园林建筑构景和借景的妙趣，明借惠山、锡山塔影入园，暗引"天下第二泉"伏流入池，形成"八音涧"，使山水景观与人文精神相互交融。[1]惠山寺园依托惠山和太湖的自然风光，将寺院与园林有机结合，呈现出宁静致远的禅意。这些园林不仅是游憩的胜地，更是文化的载体，传递着古人对自然、对生活的深刻理解。

20世纪上半叶，以近代民族工商业为背景的造园热潮在无锡悄然兴起，赋予了这座城市新的生态园林风貌。荣德生兄弟创建的梅园，杨翰西打造的横云山庄，王心如开辟的太湖别墅等，均以自然山水为基础，融合中西建筑风格，为太湖风景园林建设奠定了基础。太湖佳境鼋头渚、蠡湖畔的蠡园等，更是将自然美与人工美巧妙结合，展现了无锡园林的独特魅力。这些园林不仅为市民提供了休闲的场所，也成为无锡城市文化的重要组成部分。

新中国成立后，无锡园林建设进入新的发展阶段。锡惠公园、梅园、蠡园、鼋头渚风景区等古典园林和近代园林，经过整合、拓展，面积扩大，景观重生。特别是杜鹃园、吟苑、江南兰苑等专类园林，以其独特的主题和造

---

[1]　胡福明：《江苏省志·旅游业志》，江苏古籍出版社1996年版，第94页。

园艺术，成为新时期园林建设的亮点。这些园林在继承传统的基础上，不断创新，为无锡园林艺术的传承与发展注入了新的活力。

进入21世纪，无锡园林建设更加注重生态和谐与文化传承。中视影城、灵山胜境等景区，以其独特的文化内涵和景观特色，成为旅游胜地。这些景区在规划与建设中，充分挖掘无锡的历史文化，将传统文化与现代园林艺术相结合，为游客提供了丰富的文化体验。同时，无锡还积极推动园林文化的对外交流，通过举办各类园林展览、研讨会等活动，提升了无锡园林的知名度和影响力。

无锡致力于园林绿化建设，形成了"叠山理水"的园林脉络。2023年内市区新增绿地面积306公顷，人均公园绿地面积15.28平方米，建成区绿化覆盖率达到44.52%。这一数据背后，是无锡对园林城市建设的执着追求。绿地率和绿化覆盖率的提升，不仅改善了城市生态环境，还为市民提供了丰富的休闲空间。蠡湖新城的建设，更是无锡园林建设的典范，将蠡湖的水域和湖岸线作为造园对象，实现了造园与治水的紧密结合。

无锡的园林建设实践，充分体现了叠山理水的园林脉络。在这一过程中，无锡巧妙地将自然景观与人文精神相结合，打造了一幅幅富有诗意和生机的园林画卷。这些园林景观不仅美化了城市环境，提升了市民的生活品质，还为我国园林城市建设提供了宝贵的经验。在未来的发展中，无锡将继续深化园林城市建设，让这座湖滨城市焕发出更加璀璨的光彩。

无锡园林的建设与发展，离不开对传统园林文化的继承与创新。新时代，无锡在园林建设中，既要重视传统园林文化的保护与传承，又要积极探索现代园林艺术的发展路径。通过挖掘无锡丰富的历史文化资源，将园林建设同城市文化建设相结合，进一步提升无锡园林的文化内涵和艺术价值。此外，还应关注园林建设的可持续发展，充分考虑生态、环保、节能等因素，将园林建设与城市生态环境改善相结合。通过优化园林布局，提高园林建设质量，使无锡园林成为城市生态文明建设的典范。同时，加强园林教育与培训，提高园林建设者的专业素养，为无锡园林事业的持续发展积蓄力量。

## 第二节　历史文脉塑造独特经济形态

在历史演进的过程中，文化传承与创新构成了经济发展不可或缺的双翼。无锡，这座镶嵌在江南水网的古邑，凭借其丰厚的文化积淀与悠久的工商历史，绘制了一幅文化与经济互促共荣的壮丽图景。深入研究无锡地区传统文化向现代形态转化的轨迹、工商精神与现代产业结构的密切交织、传统手工艺产业的迭代更新及其市场扩张路径，以及古代文化遗产与现代旅游业的协同发展机制，揭示文化动能在经济转型中的关键地位，可为我国其他地区在文化经济融合路径上的探索与进步，提供理论参考与实践典范。

### 一、传统文化与现代经济互动发展

无锡传统文化底蕴深厚，是江南文化的重要发源地之一。从古至今，无锡的传统文化以其独特的吴文化和江南水乡文化为特色，孕育了丰富的非物质文化遗产和人文景观。在现代转型的过程中，无锡市政府高度重视文化传承与创新，据无锡市统计局数据，自2010年至2024年，无锡市文化营业收入大幅增长，这些资金用于传统文化的保护、传承和创新发展。例如，无锡的惠山古镇，通过修缮和保护古镇建筑，同时引入现代商业元素，成为游客体验传统文化与现代商业融合的热门景点，2024年春节假期前7天累计接待游客55万人次，比去年同期高出60%。

在传统文化的现代转型路径上，无锡走出了一条创新之路。以无锡惠山泥人为例，这一传统手工艺品通过与现代设计的结合，不仅在国内市场上重新获得青睐，更在国际市场上取得突破。2023年春节假期，江苏省无锡市惠山泥人厂销售额突破10万元[①]，远销欧美、东南亚等地区。为了进一步推广

---

① 苏雁、姬尊雨：《非遗传承该怎样创新》，《光明日报》2023 年 2 月 26 日。

惠山泥人，无锡举办了国际泥人艺术节，吸引了来自世界各地的艺术家和游客，使得这一传统艺术形式在当代社会重新获得了生命力。此外，无锡还建立了惠山泥人博物馆，通过展览和互动体验，让更多人了解和喜爱这一传统艺术。

经济融合的实践在无锡传统戏曲与现代传媒的结合中尤为明显。无锡通过将锡剧等传统戏曲与现代电影、电视、网络等传媒形式相结合，有效提升了传统戏曲的传播力和影响力。据无锡年鉴，2022年，无锡公共文化云平台推出"云上学习、梁溪艺谈、艺术展览、舞台艺术"等专栏。至年末，文化云平台发布信息754条，点击量474.86万次，累计关注用户60290人。[1]为了进一步推广锡剧，还推出"'艺'路同行·邀直播看舞剧"专栏、"'云赏锡韵'锡剧专场线上展播"项目，通过校园演出和锡剧课程，培养年轻一代对传统戏曲的兴趣。这些措施不仅宣传了传统文化，还吸引了大量年轻观众，实现了文化与经济的良性互动。

在探索传统文化现代转型与经济融合的策略方面，无锡采取了多项措施。政府设立了文化产业发展扶持资金，支持多个文化产业项目。这些项目涵盖文化创意、数字内容、文化旅游等多个领域，有力推动了文化产业的转型升级。例如，无锡的数字动漫产业，在政府的扶持下已经成为国内知名的动漫生产基地。全省动漫产业收入超过100亿元，为无锡经济发展贡献了新的增长点。无锡还积极打造文化产业园，如无锡国家数字电影产业园，吸引了众多影视企业和项目入驻，成为国内重要的影视制作基地。

在无锡，传统文化与现代经济的融合不仅仅局限于传统的艺术和节庆活动，还包括现代科技和数字经济的应用。以数字文化产业为例，近年来，无锡大力发展数字动漫、网络游戏、虚拟现实等新兴产业，吸引了大量国内外知名企业入驻。据统计，截至2022年，全市1333家数字经济核心产业规模以上企业营业收入6595.89亿元，比上年增长6.2%。数字经济核心产业增加值占

---

① 无锡市档案史志馆：《无锡年鉴（2023）》，方志出版社2023年版，第176页。

地区生产总值比重为11.7%。[①]无锡还积极推动传统文化与现代科技的融合，以提高传统文化的传播力和影响力。例如，无锡市文化广电和旅游局与阿里巴巴集团合作，推出"春雷计划"，通过虚拟现实技术，让用户在家中即可体验到无锡的历史文化。该项目自上线以来，吸引了超过100万用户体验，成为传统文化与现代科技融合的成功案例。

无锡还积极探索传统文化与现代商业的结合，以提升传统文化的市场价值和商业价值。例如，与京东集团合作，打造"京东（无锡）数字经济产业园"，将传统文化与现代电商相结合，打造了一个集文化展示、体验、交易于一体的综合性文化创意平台。[②]该项目自2022年开园以来，吸引了大量文化企业和创业者入驻，成为传统文化与现代商业相结合的典范。

此外，无锡还积极推动传统文化与现代教育的结合，以培养年轻一代对传统文化的兴趣和认同。例如，开展"实景课堂"项目，通过举办中华优秀传统文化教育进校园的启动仪式和各种文化活动，如诗词"比拼"、诗歌领诵等，为未成年人提供丰富的传统文化体验。无锡市公共文化艺术发展中心策划主办的"非遗进校园"系列活动，覆盖了从学龄前到高校的全年龄层学生群体，通过打造非遗公开课、加强国际交流和组织多元形式的活动，让广大师生近距离感受非遗文化，激发不同年龄段学生对非遗项目的兴趣和热情。[③]这些项目自实施以来，取得了显著成效，成为传统文化与现代教育相结合的成功案例。

综合来看，无锡在传统文化现代转型与经济融合上取得了丰硕成果。通过不断地创新和实践，无锡不仅保护了传统文化的精髓，还实现了文化与经济的同步发展，为其他城市提供了可借鉴的经验。然而，这一过程也面临着如何保持文化原真性和如何平衡商业开发的挑战，需要在未来的实践中继续

---

① 无锡市档案史志馆：《无锡年鉴（2023）》，方志出版社2023年版，第165页。

② 耿沐言：《数字经济与城市数字化转型主题论坛举行》，《无锡日报》2022年10月30日。

③ 无锡市文化广电和旅游局：《无锡"非遗进校园"双向赋能美育与传承》，https://wlt.jiangsu.gov.cn/art/2024/5/29/art_695_11257078.html。

探索和解决。例如，无锡正在尝试通过立法保护传统文化，同时鼓励企业和社会力量参与到文化保护与开发中来，以期实现文化与经济的和谐共生。此外，无锡持续增加对文化旅游体育与传媒的公共预算支出，以进一步推动文化产业的繁荣发展。

## 二、工商文化与现代产业同脉相连

在无锡这座历史悠久的江南城市，工商文化始终是其经济发展的重要文化基石。自明清时期起，无锡便是江南地区的商业中心之一，工商文化在这里生根发芽，形成了独特的商业传统。在现代产业的快速发展中，无锡的工商文化依然发挥着重要作用，与现代产业同脉相连，共同推动地方经济的繁荣。

无锡的工商文化具有浓厚的历史底蕴和地域特色，强调诚信、创新、务实、共赢等价值观，这些价值观在无锡的商业实践中得到广泛的体现和传承。在无锡的工商文化历史中，荣氏家族是一个重要的篇章，在无锡乃至全国工商界都有着举足轻重的地位。荣德生是无锡工商文化的代表人物之一，一生致力于商业创新，他创办的荣氏企业以纺织业为主，同时涉足房地产、金融等领域。荣氏企业不仅在无锡本地取得了巨大成功，还成功拓展到全国乃至海外市场，[①]为无锡的经济发展作出了巨大贡献。

荣氏家族的成功，不仅仅是家族企业的辉煌，更是无锡工商文化传承与创新的典范。这种文化基因，在无锡现代产业的发展中得到了延续和发扬。荣氏家族的企业精神，如创新、务实、诚信等，成为无锡现代产业发展的内在动力。无锡的现代产业，如高新技术产业、太阳能产业等，通过技术创新、市场拓展、政策扶持和产业链整合等手段，不断提升竞争力。这些产业的成功，正是无锡工商文化与现代产业同脉相连的生动体现。

---

① 无锡市史志办公室编：《荣德生文论存稿类选》，古吴轩出版社2015年版，第35-84页。

无锡市通过政策扶持和市场导向，成功培育了一批具有国际竞争力的现代产业。例如，2023年，无锡市高新技术产业产值达到13318.31亿元，占全市生产总值的比重为52.32%；[①]无锡高新区（新吴区）在高新技术产业产值方面也有显著成绩，2023年实现产值4813.67亿元。[②]此外，无锡还成功培育了一批具有国际竞争力的企业，如江苏长电科技股份有限公司。企业在技术创新、市场拓展等方面取得了显著成果，为无锡的产业发展作出了积极贡献。

无锡一直以来都高度重视半导体产业的发展，并为此制定了多项政策。这些政策不仅为企业提供了良好的发展环境，也促进了整个行业的繁荣，其中江苏长电科技股份有限公司表现突出。在全球半导体市场受到全球经济衰退影响，市场规模同比下降9.4%的背景下，长电科技通过技术创新和市场拓展，2024年前三季度实现营业收入249.78亿元，净利润10.71亿元。长电科技的主要业务涵盖集成电路、分立器件、光电子器件和传感器等多个领域，其产品在通信、高性能计算、消费电子、汽车和工业等重要行业中得到广泛应用。长电科技在技术创新方面不断引进先进技术和设备，与国内外科研机构合作，确保技术领先；在市场拓展方面，积极开拓国内外市场，加强与客户的沟通与合作，推动企业国际化。长电科技的发展，不仅为无锡的半导体产业注入了活力，也为整个行业的进步作出了贡献。长电科技在全球半导体市场中的地位日益巩固，成为我国半导体产业的一张亮丽名片，展示出无锡在高新技术产业领域的强大实力。

综合来看，无锡的工商文化与现代产业同脉相连，为无锡的经济发展提供了独特的竞争优势。通过传承和创新，无锡不仅保护了工商文化的精髓，还实现了文化与经济的同步发展，为现代产业提供了持续的动力为其他城市

---

① 无锡市科学技术局：《2023年1—12月全市高新技术产业产值情况》，https://wxkjj.wuxi.gov.cn/doc/2024/02/20/4179986.shtml。

② 无锡高新区管委会、无锡市新吴区人民政府：《2023年无锡高新区（新吴区）国民经济和社会发展统计公报》，https://www.wnd.gov.cn/doc/2024/04/07/4281329.shtml。

提供了可借鉴的经验。未来，无锡将继续探索工商文化与现代产业的融合路径，以实现经济的高质量发展。加大对传统产业的扶持力度，推动其转型升级，实现文化与经济的双赢。

## 三、传统工艺与现代市场融合创新

无锡传统工艺产业始终是其经济发展的重要支柱。从古代的陶瓷、丝绸，到现代的紫砂壶、刺绣，无锡的传统工艺产业不仅传承了丰富的文化底蕴，也为当地经济发展作出了重要贡献。从整体经济发展情况来看，2023年无锡市地区生产总值达到15456.19亿元，其中第二产业增加值占地区生产总值的比重为47.7%，工业企业数量超过8万家。[①]这反映出无锡市工业和制造业的强劲发展，传统工艺产业作为其中的一部分，面临着技术更新、市场需求变化等挑战。这些问题不仅影响着传统工艺产业的发展，也对其文化传承构成了挑战。

为了应对挑战，无锡市政府和企业积极采取措施，推动传统工艺产业的升级。以宜兴紫砂工艺为例，市政府支持紫砂工艺的创新发展，企业采用现代技术改进生产工艺，提高产品质量和附加值。例如，宜兴的卓易紫砂街项目通过采用数字化技术，实现了紫砂艺术品全生命周期追溯，推动了紫砂产业的数字化转型。该项目获得第十五届"全国文化企业30强"提名，展示了紫砂产业与科技结合的新方向。据统计，2023年，卓易紫砂街平台商品交易总额超过2亿元，带动紫砂从业人员8000余人。[②]又如，无锡丝绸产业。近年来，市政府通过政策扶持和市场引导，帮助企业进行品牌重塑，提升产品形象和市场竞争力。例如，无锡的太湖雪丝绸股份有限公司在2018年成功推出"太湖丝绸"品牌，产品销售至全国20多个省市，年销售额达到2亿元。

---

① 无锡市统计局、国家统计局无锡调查队：《2023年无锡市国民经济和社会发展统计公报》，https://www.wuxi.gov.cn/doc/2024/03/05/4191409.shtml。
② 《"数字+"助力紫砂"破圈"发展》，《无锡日报》2024年5月5日。

太湖雪蚕丝被产品的市场占有率在2018—2020年位居行业前三，其蚕丝被销售额及销售量均保持增长。2023年前三季度，太湖雪实现营业收入3.48亿元，同比增长58.66%；实现净利润2502万元，同比增长15.26%。[①]

为了进一步拓展传统工艺的市场，无锡市政府和企业利用新媒体和电子商务平台推广传统工艺，例如，通过举办传统工艺展览、文化节等活动，提升传统工艺的知名度和美誉度。2019年无锡博物院举办各类临特展35个，全年吸引70余万人次参观。[②]《吴风锡韵——无锡民间非遗艺术精品展》等展览，展示了无锡丰富的民间非遗艺术。这些展览活动不仅提升了传统工艺的知名度和美誉度，也促进了无锡非遗艺术的弘扬和发展。

为了保护这些珍贵的文化遗产，无锡市政府和企业采取了多种措施，以确保传统工艺的传承与发展。设立传统工艺保护基金，用于资助传统工艺的传承项目、开展传统工艺的培训和教育，以及支持传统工艺的研究与创新。通过这种方式，不仅确保了传统工艺的传承，而且为传统工艺的创新发展提供了资金支持。企业也在生产过程中注重对传统工艺的传承。许多企业聘请经验丰富的老艺人，这些老艺人通过手把手的方式，向年轻一代传授传统工艺的精湛技艺。通过这种方式，传统工艺得以在年轻一代中得到传承，同时也保证了传统工艺的技艺水平得到提升。此外，许多企业还积极开展传统工艺的培训和教育，与当地的教育机构合作，开设传统工艺课程，让更多的人有机会学习传统工艺。举办各种传统工艺的培训班和研讨会，吸引众多对传统工艺感兴趣的人士参加。通过这种方式，传统工艺得到了广泛的传播和传承。支持传统工艺的研究与创新。许多企业与科研机构合作，开展传统工艺的研究项目，探索传统工艺与现代科技的结合。通过这种方式，传统工艺得以在保持其独特性的同时，融入现代元素，从而适应现代社会的需求。

---

① 杨杨：《乡村振兴战略下农村职业教育发展与职业农民培育研究》，天津科学技术出版社2023年版，第160页。

② 无锡博物院：《无锡博物院2019年工作报告》，http://www.wxmuseum.com/News/Details/ba713d19-1b2e-43f3-97ca-669f4f3cb140。

通过这些措施，不仅保护了传统工艺的文化价值，也为传统工艺的创新发展提供了动力。未来，无锡将继续推动传统工艺的传承与发展，加大对传统产业的扶持力度，以实现传统工艺的可持续发展，实现文化与经济的双赢。

## 四、千年古韵与现代文旅共生共荣

从古代的运河、园林，到现代的影视城、文化创意园区，无锡的历史文化资源不仅传承了千年古韵，也为当地经济发展注入了新的活力。然而，在现代社会的发展中，如何平衡历史文化保护与开发，实现千年古韵与现代文旅的共生共荣，成为无锡面临的重要课题。

无锡通过一系列措施，实现了历史文化资源的保护与开发，将千年古韵与现代文旅产业相结合，实现了共生共荣。一方面，无锡高度重视历史文化的保护，通过立法、政策扶持等方式，确保历史文化资源的传承与发展。例如，无锡市政府制定《无锡市历史文化遗产保护条例》，明确了历史文化保护的范围、原则和措施。该条例规定了历史文化资源的分类、分级保护标准以及相应的法律责任。同时，市政府还设立了历史文化保护基金，用于支持历史文化资源的保护与开发。这些措施为无锡的历史文化保护提供了坚实的法律和资金保障。

另一方面，无锡市政府与企业合作，将古运河打造成一条集历史文化、旅游观光、休闲娱乐于一体的旅游线路。古运河沿线分布着许多历史文化景点，如古桥、古码头等，吸引了大量游客前来参观。古运河的开发不仅保护了历史文化遗产，也为当地经济发展注入了新的活力。同时，古运河还举办了一系列文化活动，如运河文化节、运河夜游等，进一步提升了古运河的知名度和美誉度。这些活动吸引了大量游客，促进了当地旅游业的繁荣。[1]

---

[1]　庄若江：《悦行无锡》，九州出版社 2020 年版，第 215-224 页。

　　除了古运河，无锡市政府和企业还积极探索其他历史文化资源的开发。例如，无锡市政府与相关企业合作，将古镇打造成集历史文化、旅游观光、休闲娱乐于一体的旅游目的地。古镇内有许多历史文化景点，如古建筑、古街道等，丰富了游客的旅游体验。置身于古建筑中，将传统文化与现代娱乐相结合，在游览之余体会到一种别样的感受。还有不少博物馆或纪念馆向市民免费开放，让更多人了解并参与其中，使人们能够更好地享受这段古老而又年轻的时光。无锡影视城是一个集影视拍摄、文化旅游、休闲娱乐于一体的综合性景区，它将传统文化与现代娱乐完美结合，为游客提供了一个体验历史与现代交织的绝佳场所。影视城内拥有众多仿古建筑，如皇宫、王府、园林等，这些建筑不仅再现了古代的建筑风格，也成为影视作品拍摄的理想场景。[①]这些建筑的修复和重建工作非常注重历史细节的还原，使得游客仿佛穿越时空，置身于古代的生活环境中。影视城的影视拍摄功能，为当地的文化产业发展提供了重要支撑，同时也为游客提供了一个近距离接触影视制作的机会。影视城还举办了一系列文化活动，如影视文化节、影视主题表演等，吸引众多游客前来参观。

　　在发展过程中，无锡市政府和企业也面临一些挑战。例如，如何在保护历史文化资源的同时，满足现代文旅产业的需求；如何平衡历史文化资源开发与环境保护的关系等。为了应对这些挑战，无锡市政府和企业采取了一系列措施。例如，制定严格的历史文化保护与开发政策，确保历史文化资源的可持续利用。加强历史文化资源的监测与评估，及时发现和解决问题。加强与相关利益方的沟通与协调，形成共同保护历史文化资源的良好氛围。

　　无锡市在千年古韵与现代文旅共生共荣的道路上取得了显著成果。通过加强历史文化资源的保护与开发，推动历史文化与现代文旅产业的深度融合，无锡不仅保护了千年古韵，还实现了文化与经济的同步发展。

---

① 刘菊湘、李学江：《旅游景区盈利模式》，三秦出版社 2010 版，第 219-221 页。

# 第三节　无锡经济社会的高质量发展

无锡以其前瞻性的发展战略和坚实的实践步伐，努力实现高质量发展。第一，在人才强市的理念引领下，无锡依托于教育基础的深厚积累，优先发展人才战略，构筑起一支能够支撑现代化建设的人才队伍。第二，科技创新作为驱动发展的核心引擎，无锡在这一领域的精耕细作，不仅加速了科技成果的转化，更为城市的核心竞争力注入了新的活力。第三，着力打造现代产业新高地，无锡通过产业链的延伸和产业集群的培育，推动了制造业的高端化和服务业的优质化。第四，以生态引领的发展模式，无锡在绿色能源产业的率先发展中，展现了可持续发展的坚定决心和实践路径。

## 一、教育为本：加强人才队伍建设

无锡近年来在科技人才队伍建设方面取得了令人瞩目的成绩。截至2021年底，无锡人才总量已突破183万人，其中研究与试验发展（R&D）人员近16万人，占全省的17%，这一数据充分展示了无锡在科技人才队伍建设上的突出地位。在这些人才中，领军科学家和高层次人才实现新突破，累计吸引17位诺贝尔奖得主、50多位中外院士来锡合作创新创业，107人入选国家重大人才工程A类，55人入选国家重大人才工程B类，610人入选江苏省"双创人才"，拥有江苏省"双创团队"58个，无锡级领军人才达2637人，人才创业企业上市达14家，2021年销售收入超亿元人才创业企业达66家。国际人才逐年增加，截至2021年底，无锡持有效外国人工作许可证的外国人3842人，其中，高端人才（A类）达1282人，占比33.3%；专业人才（B类）达2478人，占比64.5%；一般人才（C类）达82人，占比0.2%。在锡工作外国人数位列江苏省第三。①

---

① 无锡市科学技术局、无锡市新产业研究会组编：《无锡科技创新发展报告（2023）》，上海社会科学出版社2023年版，第137-138页。

无锡紧紧围绕人才强市战略，实施了一系列创新举措，为科技人才队伍建设注入新的活力。首先，无锡强化政策支撑，积极引育科技人才。2002年，无锡市政府印发《引进海外留学人才来锡创业服务的若干规定》，此后，无锡持续实施人才强市战略，出台"太湖人才计划"等一系列人才政策，更大力度集聚海内外高层次人才。出台《"太湖人才计划"人才分类认定实施办法》《"太湖人才计划"高层次人才服务保障实施办法》等一揽子实施办法，从项目支持、创业贷款风险补偿、住房、医疗、子女教育等方面全方位优化引才引智环境。

其次，无锡强化平台建设，加速集聚科技人才。2020年，无锡规划建设以"科产城人"融合为核心的太湖湾科创带，布局了无锡70%的科研院所、30%的创新实验室，为高端创新人才、创新企业、创新平台提供了空间和沃土。以太湖湾科创带建设为牵引，加速布局人才集聚核心区，梁溪科技城等一批科技城相继启动建设，形成"一带多城"的发展格局。

再次，无锡强化产才结合，深度融合科技人才。无锡立足自身优厚产业基础，完善引才用才机制，聚焦集成电路、生物医药、高端装备等重点产业领域，加强引资对接，完善配套服务，实现精准融合。大力打造"院士经济"，创新布局"一镇一院一产业"的发展模式，推动产业结构转型升级。此外，无锡强化以会聚才，大力集聚天下英才。通过举办人才恳谈会、人才推介会等形式，赴英国、美国、以色列等国家开展"太湖人才计划"政策推介、招才引智活动；举办高层人才交流会、太湖人才峰会、科技合作洽谈会等国际科技人才交流活动，面向海内外招才引智。

最后，无锡强化环境营造，激发科技人才活力。用一流环境服务一流人才，持续优化创新生态，打造八方英才近悦远来、扎根立业的热土。深化科技体制机制改革，探索实施"揭榜挂帅""以赛代评"等新型组织方式，修订科技计划项目跟踪管理办理办法和信用管理办法，制定出台江苏省首部设区市科技创新立法《无锡市科技创新促进条例》，营造鼓励创新、宽容失败的创新创业发展环境，激发科技人才的活力。

在科技人才体制机制改革方面，无锡深入贯彻落实江苏省"科技创新40条""科技改革30条"等政策，出台市级相关配套文件，破除束缚人才发展的体制机制障碍，持续向用人主体放权，为人才松绑。优化科技计划管理改革，赋予科研人员更大的人财物自主权和技术路线决定权。深化"项目评审、人才评价、机构评估"改革，以增加知识产权为导向，激发人才活力的收入分配政策不断完善。据2023年无锡统计年鉴数据，2022年规模以上工业企业科技活动企业数高达8089万元。①

在科技人才支撑引领高质量发展方面，2021年，无锡市全社会研发投入超过450亿元，占地区生产总值比重达3.21%；技术合同成交额达387.7亿元，万人发明专利拥有量达49.9件，高新技术企业数达4608家，高新技术产业产值占规模以上工业总产值比重达49.89%。这些数据充分表明科技人才在无锡经济社会发展中的重要地位和作用。②

面对新一轮经济全球化、产业技术革命和区域一体化，无锡在擘画未来发展的蓝图时，对科技人才的需求呈现出新的特点和趋势。未来科技人才需具备科学情怀、战略思想和原创能力，这是适应新时代高质量发展的必然要求。为显著提高无锡高层次人才集聚水平，无锡将紧紧依托产业发展特色优势，以实施区域创新驱动发展战略为主线，聚焦物联网、集成电路、高端装备、深海技术、超算技术等领域，加快建设国际先进、国内领先的高端人才集聚中心。在物联网领域，无锡将围绕智能传感、车联网、工业互联网等特色细分领域，集聚培育一批具有首创性、突破性和带动性原创成果的高端人才。在集成电路领域，无锡将依托国家"芯火"创新创业基地、国家集成电路特色工艺及封装测试创新中心等国家级高水平平台，集聚培养一批在芯片设计、制造、封测等关键环节具有核心技术攻关能力的高层次人才。在高端装备领域，无锡将发挥技术实力强、产业规模大、产业链优势环节突出的优

① 无锡市统计局：《无锡统计年鉴（2023）》，中国统计出版社2023年版，第303页。
② 无锡市科学技术局、无锡市新产业研究会组编：《无锡科技创新发展报告（2023）》，上海社会科学出版社2023年版，第138页。

势，重点打造航空航天装备、智能机器人、精密测控装备等高端装备及关键零部件。在深海技术领域，无锡将瞄准深海运载安全、深海通信导航、深海探测作业三个重点领域，培育一批具有顶层战略规划能力的高层次人才。在超算技术领域，无锡将依托国家超级计算无锡中心，建成国内领先、世界一流的超级计算中心，打造成高性能计算人才聚集地、大规模并行应用软件研发基地和超算产业创新服务平台。

## 二、创新引擎：科技打造核心竞争力

产业竞争力的全面提升，为无锡高质量发展注入强劲动力。2012—2021年间，高新技术产业产值大幅增长，不仅体现了无锡在科技创新领域的成果，也反映了其在产业结构调整中的前瞻性布局。从具体数据来看，高新技术产业产值从5649亿元增加到10514亿元，年均增长7.1%，增长速度远高于同期全国平均水平。特别是在物联网、集成电路、生物医药等领域，无锡已成为国内乃至国际上的重要产业基地。物联网产业规模达3563.9亿元，位居全省第一，全国前列；集成电路产业规模达1783.05亿元，综合实力全国第二；生物医药产业规模达1409亿元，近5年平均增长率超13%。这些产业的快速发展，为无锡经济结构的优化升级提供了强大支撑。[1]

企业创新主体的培育与发展，构建起无锡科技创新的坚实基础。无锡的企业创新主体地位日益巩固，这得益于市政府对创新型企业的大力培育和支持。截至2021年，无锡有效期内高新技术企业达4608家，科技型中小企业评价入库7136家，这些企业的快速发展，为无锡科技创新提供了源源不断的动力。在研发投入方面，无锡规模以上工业企业中有研发活动的企业数量实现翻倍，从2012年的1786家增加到2021年的3568家。这些企业在技术创新、产

---

① 无锡市科学技术局、无锡市新产业研究会组编：《无锡科技创新发展报告（2023）》，上海社会科学出版社2023年版，第32—33页。

品研发和市场开拓方面取得了显著成效，成为无锡科技创新的中坚力量。

科技创新生态环境的优化，为无锡高质量发展提供有力保障。无锡在科技创新生态环境建设方面取得了显著成果。科技进步贡献率的稳步提升，从2012年的59.1%提高到了2021年的67.6%，这一数据表明科技创新对无锡经济社会发展的贡献越来越大。在研发经费投入方面，无锡市全社会研发经费投入从200亿元提高到445亿元，年均增长9.4%，增长速度高于同期生产总值增速。在专利产出方面，无锡国家专利授权量从2512项提高到5764项，显示出科技创新产出的快速增长。

科技创新成果丰硕，推动无锡经济社会发展水平显著提升。无锡在科技创新成果方面取得了丰硕的成果。2012—2021年，无锡获国家科学技术奖71项、中国专利奖75项，主导参与制定修订国际标准66项、国家和行业标准2386项。这些成果的取得，不仅提升了无锡的科技创新能力，也为经济社会发展提供了有力支撑。无锡在万人发明专利拥有量、规模以上工业企业研发经费支出与营收比、万名就业人员中研发人员数等科技创新竞争力重要考量指标方面表现亮眼，科技创新和经济发展水平超出具有同等创新能力的其他城市。

科技创新平台建设，加速科技成果转化与应用。无锡高度重视科技创新平台的建设，为科技成果转化提供了有力支撑。近年来，无锡建立了多个国家级和省级高新技术产业化基地、科技企业孵化器、众创空间等，为科技创新提供了广阔的舞台。例如，无锡物联网创新中心、集成电路设计中心等平台，已成为推动相关产业技术创新的重要载体。截至2022年，无锡市新认定市级以上科创孵化载体92家，其中省级以上众创空间25家、省级科技企业孵化器4家[①]，有效促进了科技成果的转化和应用。政策环境的持续优化，为科技创新提供坚实保障。无锡不断优化科技创新政策环境，出台了一系列政策

---

[①] 无锡市科学技术局：《市科技局2022年工作总结及2023年工作计划》，https://wxkjj.wuxi.gov.cn/doc/2022/01/29/3592381.shtml。

措施，包括税收优惠、资金支持、人才引进等，为科技创新提供了全方位的保障。特别是《无锡市科技创新促进条例》的颁布实施，为科技创新活动提供了法治保障。[①]此外，无锡还建立了科技创新奖励制度，对在科技创新中作出突出贡献的企业和个人给予表彰和奖励，进一步激发了全社会创新活力。

区域协同创新，推动长三角一体化发展。无锡积极参与长三角区域协同创新，与上海、南京、杭州等城市共同构建科技创新共同体，推动区域内创新资源的共享和优化配置。通过加强区域间的科技合作，无锡在集成电路、生物医药、新能源等领域取得了一批重要创新成果。同时，无锡还推动了长三角城市经济协调会、长三角城市科技创新联盟等合作机制，为区域科技创新合作提供了新的平台。

民生科技创新，提升人民群众幸福感。无锡将科技创新成果广泛应用于民生领域，不断提升人民群众的幸福感。在教育、医疗、交通、城市管理等方面，无锡通过科技创新，提高了服务效率和质量。例如，智慧城市的建设让市民生活更加便捷，远程医疗服务让优质医疗资源惠及更多群众，这些都是科技创新为民生带来的实实在在的福祉。

总之，无锡在科技创新驱动经济社会高质量发展方面取得了显著成效，这些成绩的取得，离不开全市上下的共同努力和持续创新。面向未来，无锡将继续坚持以科技创新为核心，推动经济社会实现更高质量、更可持续的发展。通过深化产学研合作，强化科技创新政策支持，加强国际科技合作，无锡将不断提升科技创新能力，构建更加完善的科技创新体系。在新的发展阶段，无锡将以更加开放的姿态，拥抱科技创新，为实现全面建设社会主义现代化国家的目标作出新的更大贡献。

---

① 杨解君、黎浩田：《长三角一体化发展视域下的碳中和立法协同研究》，《南大法学》2023 年第 3 期。

## 三、发展壮大：打造现代产业高地

在推动经济社会高质量发展的征途上，无锡紧锣密鼓地布局着现代产业高地的宏伟蓝图，通过一系列精准而有力的创新举措，实现了产业的华丽转身和集群式发展。

第一，无锡聚焦地标产业，着力培育核心竞争力。在物联网领域，无锡不仅是国家传感网创新示范区的先行者，而且集聚了超过3000家相关企业，这些企业共同推出了千亿量级的智慧大产业，创新成果在国际舞台上崭露头角。集成电路产业迅速成长为我国集成电路产业的重要基地，拥有全球领先的半导体企业。生物医药产业在无锡形成了从研发到生产的完整产业链，研发能力不断增强，目前已有1278家企业入驻，其中不乏行业领军企业。软件与信息技术服务业在无锡的发展同样迅猛，无锡获得"中国软件特色名城"殊荣，软件业务收入超过1500亿元，为整个产业的发展提供了强有力的支撑。

第二，无锡在发展优势产业方面，不断提升整体竞争力。高端装备、高端纺织服装、节能环保、新材料、新能源、汽车及零部件（含新能源汽车）等六大优势产业在无锡得到了快速发展。高端装备产业依托锡山、滨湖等地区加快产业布局，其中"两机"智能装备产业为省领导挂钩的优势产业，拥有国家单项冠军企业7家。高端纺织服装产业营收超千亿元，海澜集团、阳光集团等龙头企业引领行业发展。节能环保产业有规模以上企业600多家，水污染治理和汽车尾气处理等领域市场份额位居全国前列。新材料产业规模超千亿元，特钢和高分子材料成为行业亮点。新能源产业拥有相对完备的产业链和供应链，光伏和风电领域竞争优势明显。汽车及零部件产业是无锡制造业的支柱产业之一，其中新能源汽车产业规模77.52亿元，为无锡经济社会发展注入了新的活力。[①]

---

① 无锡市科学技术局、无锡市新产业研究会组编：：《无锡科技创新发展报告（2023）》，上海社会科学出版社2023年版，第21—23页。

第三，无锡前瞻布局未来产业，抢占发展制高点。在人工智能和元宇宙、量子科技、第三代半导体、氢能和储能、深海装备等前沿领域，无锡加快布局，与国家未来技术学院全面合作，为未来产业发展奠定了坚实基础。目前，无锡已在这些领域取得多项重要科研成果，为产业转型升级提供了强大动力。在人工智能领域，无锡已集聚了超过200家企业，涵盖语音识别、图像识别、智能机器人、智能无人机、智能传感器、智能芯片等多个方向。其中，江南大学建设的江苏省模式识别与计算智能工程实验室在计算机视觉、模糊神经系统、群体智能等领域多次获得国际大赛冠军。无锡还与国家未来技术学院合作，共同推进人工智能技术的研发和应用，为产业发展提供强大的技术支持。在量子科技领域，无锡已建立多个国家级研发平台，如国家超级计算无锡中心、无锡量子感知研究所等。这些平台在量子计算、量子精密测量等领域取得了部分领先科研成果，如突破经典量子混合算法路线、成功研发完全国产化的量子扫描电镜、发布全球首款量子计算教学机等。这些成果为无锡在量子科技领域的产业发展提供了强有力的支撑。

第四，无锡强化创新驱动，不断提升产业竞争力。在产业发展过程中，无锡高度重视科技创新，搭建了国家级、省级研发平台200余个，吸引了包括院士、长江学者在内的高层次人才1000余人。这些创新资源为产业发展提供了强大动力，推动了无锡经济社会高质量发展。科技进步贡献率自2013年起连续9年位居全省第一。[1]无锡通过搭建国家级、省级研发平台，为科技创新提供了强有力的支撑。这些平台吸引了大量高层次人才，如院士、长江学者等，为产业发展提供了丰富的创新资源。无锡与中国科学院、清华大学等高校院所建立紧密的合作关系，共同开展关键技术研发和产业化，进一步推动了科技创新。

第五，无锡优化产业布局，促进区域协调发展。无锡充分发挥各区市特色，形成了各具特色、协同发展的产业新格局。目前，无锡拥有潜力强大的

---

[1]　《十年蝶变，用奋进之笔书写"无锡答卷"》，《无锡日报》2022年10月15日。

专业园区，重点部署未来产业园、特色产业园和现代服务业产业园，形成了良好的产业生态。无锡在产业布局方面进行了积极的探索和实践。通过建设专业园区，推动产业链上下游企业集聚，提升了产业链整体竞争力。例如，无锡在物联网、集成电路、生物医药、软件与信息技术服务等产业领域，建设了多个专业园区，吸引了大量企业入驻。这些园区不仅为产业发展提供了良好的物理空间，还为企业间的交流合作提供了便利。

此外，无锡还积极推动产业链与创新链的深度融合，促进创新资源与产业需求的紧密结合。例如，无锡与哈尔滨工业大学、清华大学等高校院所建立紧密的合作关系，共同开展关键技术研发和产业化。[①]同时，无锡还加强与长三角地区的产业协同，推动产业链上下游企业在区域内的集聚发展，形成优势互补、协同创新的良好格局。在产业政策方面，无锡出台了一系列政策措施，为企业发展提供有力支持。例如，对新兴产业企业给予税收优惠、融资支持等政策，鼓励企业加大研发投入，提升核心竞争力。同时，加强对产业发展的监测和评估，及时调整政策导向，确保产业政策的精准性和有效性。

综上所述，无锡在打造现代产业高地的过程中，紧紧围绕地标产业、优势产业和未来产业，强化创新驱动，优化产业布局，为经济社会高质量发展提供了有力支撑。在新的发展阶段，无锡将继续深化改革，扩大开放，推动产业向更高层次、更宽领域、更深程度发展，为实现全面建设社会主义现代化国家的目标贡献无锡力量。

## 四、生态引领：绿能产业率先发展

无锡作为新时代生态文明建设的排头兵，始终坚持生态引领的发展理念，将生态文明建设融入经济社会发展全局。面对2007年太湖水危机的严峻挑战，无锡痛定思痛，确立了以生态优先、绿色发展为核心的发展战略。通

---

① 无锡市档案史志馆：《无锡年鉴（2023）》，方志出版社2023年版，第336页。

过制定《关于深入推进"两型社会"建设率先建成国家生态文明建设示范市的意见》等政策文件，无锡将生态环境保护纳入干部考核体系，建立了生态环保倒逼发展转型的责任机制。在生态文明建设过程中，无锡市在过去16年总共投入1230亿元用于太湖治理，其中近三年每年的投入均超过100亿元，2024年计划投入113.6亿元，用于实施116项重点任务和204个工程项目。[①]此外，无锡还大力推进资源节约型、环境友好型社会建设，实现了生态环境质量的稳步提升，为全国生态文明建设提供了宝贵经验。

产业绿色转型，推动经济高质量发展。无锡在产业绿色转型方面取得了显著成效，通过淘汰高能耗、高污染企业，推动产业结构优化升级。自2008年以来，无锡累计关停"五小"和"三高两低"企业1996家，整改企业788家。在此基础上，90%以上的规模以上工业企业实施了技术改造，实现了资源高效和循环利用。在新兴产业培育方面，无锡大力发展物联网、新能源、生物医药等战略性新兴产业，形成了以特钢、高端纺织、汽车及零部件、高端装备为代表的产业集群。2020年，无锡高新技术产业完成产值8502.7亿元，占规模以上工业产值的48.3%，战略性新兴产业完成规模以上工业产值6140.5亿元，占规模以上工业总产值比重达34.9%。[②]

优化能源结构，发展绿能产业。无锡在优化能源结构、发展绿能产业方面取得了重要突破。通过实施多项能源发展项目，无锡电力装机煤电占比下降至55.4%，可再生能源发电装机占比上升至12.5%。[③]在光伏、风能、储能等领域，无锡形成了较为完整的产业链，成为中国新能源发展的领军城市。截至2020年底，无锡新能源产业集群完成总产值过千亿元，拥有新能源产业骨干企业超过150家。这些企业在减少碳排放、推动绿色经济发展方面发挥了积极作用。

---

① 无锡市政府办公室：《无锡计划投入 113.6 亿元推进新一轮太湖综合治理》，https://www.js.gov.cn/art/2024/6/21/art_64750_11281852.html。

② 无锡市新产业研究会：《无锡绿色低碳发展报告》，上海社会科学出版社 2022 年版，第 33—34 页。

③ 无锡市新产业研究会：《无锡绿色低碳发展报告》，上海社会科学出版社 2022 年版，第 35 页。

试点示范建设，打造绿色低碳引领者。无锡积极开展试点示范建设，推动绿色低碳发展。在循环经济示范试点建设方面，无锡实施"十三五"循环经济发展规划，推动12个开发区（园区）开展园区循环化改造。同时，开展各类循环经济示范试点和重点工程项目，如新三洲产业园获批省级城市矿产示范基地，光大环保（江阴）建成江苏省级循环经济教育示范基地等。在绿色低碳园区建设方面，无锡高新区、江阴高新区等成功创建国家级生态园区，惠山经济开发区、蠡园经济开发区、空港经济开发区等创建省级生态园区。2021年，无锡高新区、惠山经济开发区成为全国首批12个"绿色低碳示范园区"。[①]此外，无锡还在全省率先开展低碳社区试点工作，6家社区被确定为低碳社区试点单位。这些社区在低碳组织管理、低碳行为方式培养、建筑低碳化节能改造等方面开展了大量有益实践，为全市乃至全国社区绿色低碳发展提供了借鉴。无锡在生态文明引领下，通过产业绿色转型、优化能源结构、发展绿能产业以及试点示范建设，成功走出了一条具有无锡特色的绿色低碳发展之路。

低碳城市发展，提升市民生活品质。无锡在低碳城市建设方面取得了显著成效，致力于提升市民生活品质。通过实施绿色低碳发展战略，无锡不断改善城市环境，提升市民的幸福感。在交通领域，无锡大力发展公共交通，优化城市交通网络，推广新能源汽车，减少私家车使用，降低交通拥堵和空气污染。截至2020年底，无锡市公共交通系统拥有公交线路297条，线路总长度为5760公里，运营车辆总数为3036辆。2020年，无锡公交年客运量达到19118万人次。发布《无锡城市公共交通高质量发展三年行动计划（2020—2022年）》，旨在进一步推进城市公共交通的优先发展，提升服务品质，并满足市民绿色出行的需求。[②]该计划提出提升公交车辆和线路、推广新能源公交

---

① 无锡市新产业研究会：《无锡绿色低碳发展报告》，上海社会科学出版社 2022 年版，第36—37 页。
② 无锡市人民政府：《市政府办公室关于印发无锡城市公共交通高质量发展三年行动计划（2020—2022 年）的通知》，https://www.wuxi.gov.cn/doc/2020/07/17/3023244.shtml。

车、优化公交场站布局和提升公交专用道网络等多项措施。在建筑领域，无锡大力推进绿色建筑，提高建筑能效，推广可再生能源应用。无锡市的绿色建筑示范项目数量在全省中排名第一。这些绿色建筑采用大量的绿色建材，在建造过程中实现了低碳环保，具有很高的综合节能率。例如，无锡奥体中心一期项目主体采用装配式建造，预制率达45%以上，整个施工过程实现了信息协同管控。无锡市的新建建筑中，二星以上绿色建筑的比例达到了100%，许多新建的大型公建达到了绿建三星标准，从立项设计、施工建造到使用运维，全生命周期展现了绿色低碳的特色。[①]在生活领域，无锡倡导低碳生活方式，推广节能减排技术和产品，提高市民的环保意识。通过开展低碳生活宣传、节能减排技能培训等活动，引导市民积极参与低碳城市建设。此外，无锡还积极开展低碳社区建设，提升社区生态环境，改善居民生活品质。通过建设绿色公园、休闲广场、慢行系统等公共设施，打造宜居的社区环境。

城市生态修复，鼓励公民齐参与。无锡注重城市绿化与生态修复，努力打造生态宜居的城市环境。通过实施大规模的绿化工程，无锡在城市公园、绿地、林带等区域栽植了大量植物，提高了城市绿化率。[②]无锡还积极开展生态修复工作，对城市中的废弃地、污染地进行治理和修复，恢复生态环境。无锡积极鼓励公民参与，提高市民的环保意识和参与度。通过开展各类环保宣传教育活动，向市民普及环保知识，增强市民的环保意识。同时，无锡还鼓励市民参与环保行动，如垃圾分类、节能减排等，让市民成为生态文明建设的主体。

总之，无锡坚持生态文明引领，推动绿色发展。在产业转型、能源结构优化、城市绿化与生态修复、绿色教育与公民参与、国际合作与交流等方面，无锡将继续加大力度，为构建生态文明城市作出更大贡献。

---

① 孙倩茹：《我市绿色建筑示范项目数量蝉联全省第一》，《无锡日报》2024年7月18日。
② 无锡市档案史志馆：《无锡年鉴（2023）》，方志出版社2023年版，第317页。

# 点亮人文经济的
# "太湖明珠"

## 第二章

# 第一节 肩负孕育人文经济学苏南篇章的摇篮重任

太湖绝佳处，运河水弄堂，灵山吉祥地，百年工商城。无锡是吴文化和民族工商文化的发祥地，也是一座历经几千年的历史积淀、上百年的繁荣发展而崛起的新兴现代化城市。务实灵动、刚柔相济、动静相宜，彰显了无锡深厚的文化底蕴、强劲的经济实力、豁达的城市气质，成就了无锡孕育人文经济学苏南篇章的摇篮重任。

## 一、吴地风华：蕴藏江南文脉的源流

无锡历史悠久，是吴文化的重要发祥地。先吴时期，无锡地区先后经历三山岛旧石器文化、马家浜文化、崧泽文化、良渚文化和马桥文化的洗礼，为推动吴地这艘巨轮驶出千年航程提供重要的原始动力。春秋时期，周太王古公亶父长子泰伯为让王位，离开故土周原，驻足梅里（今无锡梅村），在此开荒拓土，筑城守民，理水垦殖，传播礼仪，建立勾吴国。泰伯的到来不仅打破了中原和江南地区的封闭隔绝，使得两地开始交融，而且标志着以尚德为核心的吴文化的形成。泰伯奔吴之时，正值春秋末年之际，中原诸侯为争权夺位兄弟阋墙的案例屡见不鲜，而泰伯的让位行为充满谦让和谐的道德色彩。孔子评价道："泰伯可谓至德也矣，三以天下让，民无得而称焉。"可以说，始于泰伯奔吴的吴文化是尚德文化的重要标识，对于后世无锡人崇文重教、讲求实业、关乎人文的精神传统产生了深远影响。

吴国立国之后的600多年，史书少有记载。直至第十九代君主寿梦继位，方有"寿梦立而吴始益大，称王"的评价。寿梦效仿楚国自行改侯为王，又远赴洛阳，朝见周天子获得身份认同，引进中原先进人才和技术，和鲁国等诸侯国在相地（今徐州邳县）进行会盟，盟誓互利互惠、互不侵犯。寿梦大大加深了吴国和中原地区的联系，提升了吴地政治军事实力，从此吴国开始活跃于历史舞台。吴王夫差在伍子胥的帮助下，通过刺客专诸成功刺杀吴王僚，夺得王位，对内改革政体，鼓励耕种养畜，提升国家实力，对外确立争霸目标，强兵利器，积极备战，最终实现称雄天下的梦想。夫差死后，吴国为越国所灭，吴越融为一体，形成吴越文化。楚灭越，春申君黄歇封吴，吴文化融入楚文化，进一步得到丰富和发展。西汉时期，无锡设县，成为侯国。西晋八王之乱，晋室南迁，中国政治经济文化中心首度南移，无锡因外来人口增多，经济和文化得到全面发展。隋唐时期大运河开通，无锡凭借地理优势，成为江南地区重要的粮食生产和转运中心。北宋靖康之乱，宋室南迁，中国政治经济文化中心再度南移，南迁士族的文化带动加之科举考试的刺激，无锡崇文重教蔚然成风。明清时期，工商业蓬勃发展，孕育出资本主义商品经济萌芽和新兴市民阶层。"风声雨声读书声，声声入耳；家事国事天下事，事事关心"，以无锡东林党为代表的知识分子超越传统知识分子坐而论道，强调经世思想，为清代以后实业报国提供重要理论铺垫。鸦片战争爆发后，中国开始沦为半殖民地半封建社会国家，以薛福成、荣德生等为代表的大批无锡实业家继承经世致用传统，走上实业报国道路，谱写无锡近代百年崛起华章。

吴文化不仅追求尚德向善，也是水文化的载体。江南美，美在江南水。白居易的《忆江南》曾感慨："江南好，风景旧曾谙；日出江花红胜火，春来江水绿如蓝。能不忆江南？"李绅的《过吴门二十四韵》中小桥流水人家的诗情画意溢于言表，"烟水吴都郭，闾门架碧流。绿杨深浅巷，青翰往来舟"；韦庄的《菩萨蛮·人人尽说江南好》更是一往情深，"人人尽说江南好，游人只合江南老。春水碧于天，画船听雨眠"。可见，江南总是浸润着水的氤氲。而无锡依山临水，通达江海，是名副其实的水城。滔滔不绝的长江在城市北面向东奔流入海；烟波浩渺的太湖在城市西面流光溢彩；绿色波光的梁溪河，宛若绿色腰带环绕在无锡的腰际；逶迤穿城的大运河，见证城市千年的沧桑变化；新运河、梁塘河、北兴塘河等纵横密布的水网系统，构成城市美学的新空间；太湖新城、运河风光带、梁溪风光带等描绘无锡的新轮廓。无锡因水而生，因水而兴，因水而荣，深深影响着百姓的生活。

无处不在的水，滋养着生于斯长于斯的人民，也孕育着无锡人民的聪明智慧。老子在《道德经》中说道："天下莫柔弱于水，而攻坚强者莫之能胜，以其无以易之。"水柔不弱，柔而克刚，刚柔相济；顺势而行，善于进退，自寻出路。由于水的滋养，无锡养育出包容灵活、务实进取的城市气质。这在无锡实业家身上得到淋漓尽致的体现。在创办和发展实业过程中，无锡实业家摒弃旧式管理和经营模式，积极引进国外先进管理方式，推行现代企业管理制度。在资金运营上，无锡实业家灵活调节，相互抯注，实现互惠互利。在企业管理上，无锡实业家广纳天下英才。正是因为水的孕育，无锡人灵活善变，敢于探索，从而总是能够在社会转型中快速抓到机遇，进而立于不败之地。简言之，始于泰伯奔吴的吴文化，既有德的稳健踏实，也有水的机智灵动，又有民性的本质彰显，相辅相成，浑然一体，并伴随着吴地发展不断丰富完善，在历史发展中形成优秀传统而绽放异彩，不断厚植无锡文化的底气，使得无锡这座城市在历史舞台上更加引人注目。

## 二、商道传承：点亮富庶江南的高光

一般而言，商业文化的根本特征是趋利性，而无锡工商文化超出纯粹的牟利性，表现出义利兼顾、开拓创新、务实进取等特征。学者汤可可指出："无锡工商文化并不仅仅是中国传统文化——儒家学说的延续传承，而更重要的是在近现代经济、社会发展的历史背景下，对于新的价值观的创造和建树。"[1]

---

① 庄若江主编：《创业华章——创业文化与地域经济发展》，江苏文艺出版社2013年版，第3页。

　　无锡重视工商业的传统可以追溯到范蠡。范蠡（公元前536-448），春秋楚国宛人（今河南南阳市），字少伯，号陶朱公，别名鸱夷子皮，被后世誉为商业圣祖。春秋时期，范蠡帮助越王勾践复国雪耻后，认识到勾践只能共患难不可共富贵，故而急流勇退，远离庙堂，白手起家，下海经商，成为天下富翁，世称"陶朱公"。在长期经商过程中，范蠡提出很多经商思想，如"重农不抑末、农末俱利""平粜齐物""与时逐利"等经济主张。更重要的是，范蠡没有独享荣华富贵，而是怀揣济世救民的理想，致力实现"富天下，利天下"的宏大愿望。不管是穷苦百姓还是王公贵族，范蠡都有求必应，倾囊相授。范蠡传授齐威王养鱼之术，教授穷学生猗顿饲养牲畜的致富方法，当他到达无锡时，授受当地百姓养鱼和加工竹子技术。无锡民谣"种竹养鱼千倍利，感谢西施和范蠡"，生动表达了无锡人民对范蠡无私传授致富之道的感恩。此外，范蠡还毫无保留地将致富经验整理成《陶朱公生意经》《卢氏本草经》《计然篇》等流布天下，希望实现天下共富的理想。司马迁高度评价范蠡，"忠以为国，智以保身，商以致富，成名天下"。总之，范蠡的经济思想与经营之道对吴地商品经济发展具有深远的影响。

　　明代中叶，长江中下游地区资本主义商品经济萌芽兴起，大量商业和手工业市镇如雨后春笋般涌现，士不如商的传统观念被打破，市民运动与知识分子党社运动开始结合。与江南经济生机勃勃的景象相呼应，无锡出现一股经世致用的实学思潮。万历二十二年，顾宪成与其弟顾允成修复无锡东林书院，与高攀龙、钱一本、薛敷教等人在此讲学，他们继承儒家的经世理念，反对阳明心学的空谈说玄，倡导实学救世。高攀龙提出："事即是学，学即是事，无事外之学，学外之事也……所以大学之道，先致知格物，后必归结为治国平天下，然后始为有用之学也。"[1]书院楹联更是明确书院办学宗旨："风声雨声读书声，声声入耳；家事国事天下事，事事关心。"东林学子还

---

[1]　高攀龙：《高景逸先生东林论学语（上）》，载于《东林书院志》（上册），中华书局2004年版，第89页。

积极顺应工商业发展趋势，放弃重农抑商的传统，主张工商皆本。赵南星认为："农之服田，工之饬材，商贾之牵牛车而四方，其本业然也。"[1]黄宗羲也认为："世儒不察，以工商为末，妄议抑之。夫工固圣王之所欲来，商又使其愿出于途者，盖皆本也。"[2]以上务实主张积淀成无锡人民独特的主流价值观念，成为近代以降无锡民族工商业迅猛发展的重要思想根源。

清朝末年，无锡凭借江运、漕运的地理优势，与长沙、芜湖、九江并称为中国四大米市，享有四大米市之首的美誉。所谓米市也称为米码头，指粮食贸易集散地，包括稻米、小麦面粉、黄豆、油饼以及其他杂粮交易。无锡米市的繁荣不仅依赖地利之便，也依托发达的粮油加工业。依托米市的大环境，无锡粮油加工业在运河沿线形成了生产、加工、仓储、交易一体化的经营模式，成为全国粮食加工业的基地，粮食堆栈容量为东南各省之冠。米市贸易的繁荣，不仅带动酒肆、茶楼、旅馆等行业繁荣，还有力促进布贸易、纺织业和缫丝业的发展。无锡作为布码头，和长江沿岸的汉口"船码头"以及镇江"银码头"齐名。继米市、布码头之后，无锡成为甲于东南的丝蚕市场，20世纪初有蚕行140家，蚕灶400多座，20世纪30年代缫丝厂出产的生丝出口额占全国丝厂出口总额的28%以上，荣获"丝都"美誉[3]。随着米、布、丝的兴盛，无锡银钱业随之兴旺。清末已有14家钱庄，20世纪30年代有13家银行，20世纪40年代钱庄和银行共42家，成为苏南的金融中心。四大码头的繁荣见证了无锡工商业的崛起，为近代无锡工商业腾飞创造了重要条件。

1840年鸦片战争之后，中国传统自然经济开始解体，逐渐被纳入世界资本主义体系。面对"三千年未有之大变局"（李鸿章语），以薛福成为代表的无锡实业家继承和发展范蠡、东林书院匡时济世的经世观念和林则徐、魏源师夷长技以制夷的变革思想，通过中西方对比，强调工商业于国家富强的重要性，提出诸多发展工商业的建议。薛福成认为，商业是衡量国家强弱

---

[1] 黄海涛：《明清实学经济伦理思想研究》，云南大学出版社2012年版，第210页。

[2] 黄宗羲：《黄宗羲全集》（第一卷），浙江古籍出版社1985年版，第41页。

[3] 无锡市政协学习文史委员会编：《文化无锡》，古吴轩出版社2006年版，第99页。

的重要标准，"商务盛则利来，如水之就下而不能止"，中国近现代发展需要大力发展交通运输业、传统农副产品出口、现代加工制造业三项事业；为了培育商业文化土壤，他拒斥传统"君子喻义，小人喻利"的伦理观，提出不讳言利的主张，"圣人正不讳言利。所谓生财有大道，生之者众，食之者寡，为之者疾，用之者舒，此治天下之常经也"[1]；类似的观点还有，把藏富于民发展为藏富于商民或藏富于商，主张实行奖励发明创造、成立商人公司等扶植商人的政策。薛福成关于发展资本主义工商业的阐述，一定程度上廓清了人们的思想迷雾，有利于无锡实业家投资办厂。

甲午中日战争之后，有识之士进一步意识到救亡图存刻不容缓，纷纷赞同薛福成的主张，积极践行"实业救国""设厂自救""振兴实业、挽回权利"等行动。杨宗廉、杨宗瀚兄弟办业勤纱厂，荣宗敬、荣德生兄弟办保兴面粉厂，周舜卿办裕昌丝厂，薛南溟办永泰丝厂，等等。列强入侵、国家贫弱的民族危机，激发了无锡实业家的社会责任感和使命感，实业救国、富民强国成为他们发奋创业的内在精神支撑。因此，在经营过程中，他们既追求经济利益，讲求"创业务须快""求利务须多"，又坚持"以义取财""诚信待人""不苟取"的道德底线，发家致富之后积极回报社会，实现趋利与向善互塑。1929年，荣德生联合当地实业家发起成立千桥会，建成宝界桥等近百座桥梁，修建开原路等40余里道路，开发梅园等园林胜景，修缮东林书院等名胜古迹。祝大椿创办大椿小学，杨翰西创办广勤小学，华经之创办鹅湖学校，由于实业家们的大力支持，无锡教育呈现出前所未有的发展态势，快速成为文化人才高地。

改革开放以来，崇德向善、崇文重商、温婉灵动、经世致用、实业报国等吴文化特质得到充分弘扬，展现"敢为天下先，敢吃天下苦，敢闯天下路，敢争天下强"的精神风貌，铸就"敢创人先，坚韧刚毅，崇德厚生，实

---

① 马忠文、任青编：《中国近代思想家文库·薛福成卷》，中国人民大学出版社2014年版，第418页。

业报国"锡商精神。具体而言，锡商不断围绕市场创新研发新产品，抢占产业和科技创新制高点，打造物联网、集成电路、生物医药等产业集群；以勇往直前的顽强意志推动无锡高质量发展；坚持以德治商，实现经济效益和社会效益相统一；积极把握国内国际资本、技术、人才、市场格局变化新动向，坚持新发展理念和新发展格局，坚持人才引领、科技自立自强和创新驱动，坚定不移走高质量发展之路，创造新一轮经济增长周期。新时代锡商坚持弘扬优秀企业家精神，争做爱国敬业、守法经营、创业创新、回报社会的典范，始终保持一颗澎湃进取之心，坚守实业、聚焦主业、做强产业，以勇争第一，敢创唯一创造更辉煌的发展业绩。

## 三、四千四万：人文经济的精神底蕴

人无精神则不立，国无精神则不强。地区发展同样如此。在滋养无锡大地的精神中，有一种精神是"四千四万"精神。改革开放初期，为改善人民贫穷落后的生活状况，以原无锡县堰桥乡为代表的苏南地区勇于突破计划经济体制，借助上海等大城市的经济技术，大力兴办乡镇企业，利用市场机制盘活农村各种资源要素，解决农民就业增收等根本问题，创造了举世瞩目的苏南模式。正是在无锡人民发展乡镇企业的过程中，孕育和诞生了"四千四万"精神。所谓"四千四万"精神是指踏遍千山万水、吃尽千辛万苦、说尽千言万语、历经千难万险。从本质上看，四千四万精神是敢于尝试、敢于吃苦、敢于拼搏的创业精神，体现了无锡人民向往和追求美好生活的愿望和行动。

"四千四万"精神在江苏很多地方也有体现。如在张家港，"四千四万"精神集中表现为创新求变。改革开放前，张家港叫沙洲县，沙洲县人凭着敢为天下先的干劲闯劲，打破传统农业经济束缚，以集体经济为主体，大力发展乡镇企业，积极开拓外向型经济，实现了从沙洲县到张家港、从苏南的边缘区到全国明星城市的跨越。在江阴华西村，面对早期的贫穷落后，华西人没有怨天尤人，而是勤于思考，勇于打破常规，大胆尝试，抢抓机遇，共同富裕后的华西，被誉为天下第一村。正是在"四千四万"精神的支撑下，江苏人在有限的土地上创造出巨大的财富，一跃成为经济大省。

2023年3月5日，习近平总书记在参加十四届全国人大一次会议江苏代表团审议时强调，希望江苏继续真抓实干、奋发进取，在高质量发展上继续走在前列，为谱写"强富美高"新江苏现代化建设新篇章实现良好开局，为全国大局作出新的更大贡献。[①]新时代发展"四千四万"精神，需要勇立潮头、敢为人先，从经济快速增长的领头羊，迈向高质量发展的排头兵；主动经受创新的千锤百炼，需要锐意创新、勇于突破，加快提升自主创新能力，打造创新型省份核心竞争力；在发展的前沿展现千姿万态，需要把握大众创业、万众创新的时代机遇，在各个方面各个领域展现风采、引领时代；在新的征程上奔腾千万，需要打造具有国际竞争力的人才发展环境，人尽其才、才尽其用，让江苏的人才迈向既有高原更有高峰的新境界。新时代的无锡人，必将在新"四千四万"精神感召下，迸发出强大前进动力，以经得起实践、人民和历史检验的实绩，把"强富美高"新江苏的答卷书写得更加厚实、更有分量！

## 四、德泽流芳：承载社会责任之重托

山水清润的吴国古地，自古就是江南人文的渊薮之地。无锡人文传统历史悠久，是山清水秀的生态文明、精耕细作的农业文明和包孕吴越的太湖文明相互交融产生的文化结晶。3000多年前，泰伯奔吴，驻足梅里，开辟教化，吴文化就此发祥。吴国第十九代君王梦寿之子季札，贤德高尚，多次让位，"后三让""季子挂剑"等典故使之美名远扬，司马迁称赞季札"见微

---

[①] 《习近平在参加江苏代表团审议时强调 牢牢把握高质量发展这个首要任务》，《人民日报》2023年3月6日。

而知清浊"，是南方礼乐文化的代表。隋唐时期，无锡人才开始崭露头角，如著名诗人李绅、小说家蒋防。两宋时期，宋室南渡，北方大批氏族落足无锡，崇文重教风气勃兴，县学、书院、学塾等纷纷涌现，教育发展带来科举鼎盛，据统计，两宋时期无锡地区进士及第者多达300人，其中喻樗、蒋捷、蒋重珍、李纲等皆是无锡人。至明代，无锡地区私塾普及化，科举考试人数递增，出现"一榜九进士""六科三解元"的科考佳话。经过明代的发展，清代无锡诞生231位进士，其中42人入职国家最高人文机构翰林院。

近代以来，伴随西学东渐、社会转型，无锡教育经历了曲折的发展过程。清末时期，新学兴起，杨模办俟实学堂，俞复、吴稚晖等办三等学堂，东林书院改为东林学堂，胡雨人办胡氏公学等，新学以中体西用为指导思想，教授经史子集、英文、算术等。随着新学的发展，女学和师范教育逐渐兴盛，侯鸿鉴办竞志女学，杨荫杭办锡金公学，官立江苏第三师范学堂。此外，无锡地方人士还成立锡金学务公所，裘廷梁为总董，薛南溟为经董，管理新办学堂，提供教育经费。民国时期，辛亥革命后，民国政府颁布《壬子学制》，确立新教育体制，无锡教育界迎来思想解放，产生各种流派，如黄炎培的职业教育、晏阳初的平民教育、陶行知的生活教育，其中实用主义教育影响最大。新中国成立后，无锡根据维持现状、逐步改造的方针，改造辅仁等私立中学，修改课程设置，增设政治课、时政讲座，主张教育服务于广大工农兵、革命斗争和经济建设，先后普及九年义务教育、高等教育，积极扫除青壮年文盲，参与全国高等院校院系调整，促进经济发展和社会主义发展相结合。

改革开放后，无锡深化教育改革，先后出台"关于加速智力开发、人才培养"等决议，在基础教育、职业教育和高等教育等方面取得重要突破。仅就高等教育而言，无锡人广泛参与中国高等教育建设，使无锡获得"教授之乡""校长之乡"美誉。蒋树声任南京大学校长期间，坚持多样化办学，认为"办大学应该有各种各样的模式和各种类型的大学，它们都有自己的个性和特点"，注重大学精神建设，强调大学要有"科学传统和人文精神，以及能够弘扬和传承这些传统的精神的人"[①]。许智宏任北京大学校长期间，以弘扬优秀传统文化为己任，促进文物和非物质文化遗产保护，推动文化典籍整理工作，如由袁行需等36位教授集体编撰的《中华文明史》，由季羡林担任总编纂的《儒藏》项目。这些教育家彰显了无锡深厚的教育传统，扩大了无锡影响力的地域辐射范围。

值得注意的是，无锡教育史上的兼顾实业家和教育家双重身份的实业教育家群体现象。如被毛泽东评价为"红色资本家"的荣德生，从甲午中日战争和自身办实业的艰难经历中，得出"我国数十年来……所以贫弱，所以无新事业发展，则缺乏人才启发之故耳"[②]的结论。出于对教育的深刻认识，荣德生不惜斥巨资兴办学校，先后建立10多所小学以及公益工商中学、私立江南大学。无锡旅沪民族工商业者在家乡杨墅园办匡村中学，资助殷芝龄创办上海工商大学。

无锡文化底蕴深厚，诗书继世的文明密码深深扎根，崇文尚学的基因久久传承，当前和今后一个时期，做好教育工作，需要树立前瞻思维、坚持系统观念、注重统筹资源、激发办学活力、尊重教育规律。重点抓好六个方面工作：更高水平强化铸魂和塑能，以"五育融合"促进学生全面发展；更大力度促进优质和均衡，以普惠共享回应群众热切期盼；更优布局协同科技和人才，以深度融合提高服务发展能力；更实举措做好引育与激励，以一流标准锻造教育人才队伍；更深层次拓宽格局和视野，以改革创新激发教育生机活力；更严要求规范治教和治校，以精管善治保障教育健康发展。[③]通过以上措施，推动教育高质量发展，办好人民满意的教育，为全面推进中国式现代化无锡新实践夯实教育基石。

---

① 张立勤：《大学应是理想化的所在——访南京大学校长蒋树声先生》，《南风窗》2002年第7期。
② 荣德生：《乐农自订行年纪事》，上海古籍出版社2001年版。
③ 《无锡市教育高质量发展大会召开》，《无锡日报》2023年11月24日。

## 第二节　肩负探索人文经济学先行城市的建设担当

　　人文经济学深刻体现了人民至上、为民造福的价值追求。在无锡的发展过程中，如何以人文之"暖"为起点，在城市发展的各个领域中贯穿这一理念，提高文化产业对经济发展的影响，提升城市经济发展的幸福指数，让城市烟火气息的生活温度更具人文关怀，将人文优势转化为强大的城市动能，构建起文化与经济共生共荣、相互促进的发展模式，这不仅是无锡城市发展的必答题，也是其在新时代实现高质量发展的关键路径。

### 一、产业领先：文化地位的经济影响

　　文化产业不仅是丰富人民群众精神文化生活的重要载体，更是实现社会效益和经济效益双效统一的重要力量。文化产业的兴起，为文化与经济的研究提供了新的视角和广阔的研究领域，有助于在文化与经济的交融中探索新的经济社会发展模式。当今社会，文化与经济的融合愈加紧密，形成了双向互动的关系，一方面经济要素渗透于文化生产与管理，使文化活动具备显著经济功能，另一方面文化要素在经济中的地位不断增强，文化理念在经济发展的各环节占据重要位置，物质消费与文化消费日益融合，经济力的竞争愈发依赖文化力的竞争。[①]在人文经济学的视域下，文化产业不仅在满足人民日益增长的精神文化需求中发挥关键作用，还被视为国民经济的一个重要支柱。文化产业因其高附加值、低能耗、优质结构的典型特征，能够在扩大消费和促进可持续发展中发挥独特作用。全球经验表明，文化自信依赖于强大的文化产业支撑。在当前全球经济面临巨大压力的背景下，文化产业的快速发展显示出其在经济结构调整和发展方式转型中的不可替代性。2024年全

---

① 胡坚：《在人文经济学视域下推进文化产业发展》，《浙江日报》2024年3月11日。

国两会明确提出培育新型消费和推动文化产业发展的具体政策，从国内整体发展以及无锡市的具体情况来看，文化消费无疑是未来经济发展的重要增长点。无锡市凭借持续壮大的文化产业和在国内保持领先的发展地位，彰显了文化对经济的深远影响。总体而言，无锡的文化产业在经济社会发展中发挥了不可忽视的作用，体现了其在产业结构优化和经济转型中的重要价值，通过持续推动文化产业的发展，不仅提升了城市的文化地位，更为其经济发展注入了强大的文化动力。

一是科技赋能，激发艺术生产创新活力。习近平总书记指出："文化和科技融合，既催生了新的文化业态、延伸了文化产业链，又集聚了大量创新人才，是朝阳产业，大有前途。"[1]在无锡，我们实实在在感受这一朝阳产业的澎湃脉搏，无锡经开区德必项目进展顺利，梁溪区"1+4"猪八戒网总部项目等快速推进，锡山区锡东T立方体育生活广场已经正式投入运营，这些项目代表着无锡在粤港澳大湾区、成渝双城经济圈等区域的文化产业招商成果，正在逐步从"施工图"变为"实景画"。红船厂等新的文化空间不断涌现，锡钢浜等工业遗址重新焕发出新的生命力，小娄巷、崇安寺等文旅消费新场景持续创新，58赶集、今日头条等平台型项目接连落地，无锡通过精准招商与培育相结合，积极借助"科技+"和"创新+"的双重驱动力，推动文化产业爬坡过坎，在各种挑战中不断突破、逆势上扬，不断跑出令人瞩目的"加速度"。[2]

二是紧跟风口，促进文化产业强筋健骨。文化产业的深化发展与经济社会的前沿发展与需求具有紧密联系，应紧抓市场发展风口，通过创新与政策支持，推动产业不断升级，实现社会效益与经济效益双赢。近年来，无锡抓住推动文化产业迭代升级的风口机遇，坚持政策引导与市场培育并举、规模

---

① 《习近平在湖南考察时强调 在推动高质量发展上闯出新路子 谱写新时代中国特色社会主义湖南新篇章》，《人民日报》2020年9月19日。
② 韩玲、张月：《蹄疾步稳方行远 无锡点燃文化产业高质量发展"加速器"》，《无锡日报》2024年1月19日。

集聚与特色发展并重，抢占文化产业"新赛道"，促进文化产业成为经济发展的新增长点。例如随着AI技术在全球的日益流行，无锡凭借自身技术优势，在北京举办网络微短剧暨影视新质生产力产业合作大会，启动以国家级非物质文化遗产无锡精微绣为背景的微短剧《锡绣》，通过AI技术展示锡绣艺术与无锡工商业的繁荣；凭借自身影视资源优势，迅速切入当前市场反应较热的微短剧领域，已落地近千个项目，并涌现出多部精品网剧；无锡文化艺术品跨境电商产业园开园，通过跨境电商平台推动文化艺术品品牌不断走向国际市场。为推动新时代文化强市建设，无锡推出一系列政策文件，健全文化产业规划，加快构建现代文化产业体系。此外，无锡还积极布局数字文化新业态，推进大模型、人工智能、元宇宙等技术在文化领域的应用，进一步优化产业结构，提升文化产业竞争力，取得了积极发展成效。

三是产业出海，既要"招进来"也要"走出去"。《"十四五"文化产业发展规划》指出，文化产业的高质量发展，要充分利用国内国际两个市场两种资源，以讲好中国故事为着力点，坚持经贸往来和人文交流协同推进、高水平"走出去"和高质量"引进来"并重，构筑互利共赢的文化产业合作体系，培育新形势下文化产业参与国际合作和竞争新优势。可见，文化产业的高质量发展不仅依赖于"引进来"引入优质国际资源，更需要"走出去"主动参与全球竞争，通过双向互动互通，推动无锡文化产业在全球舞台上持续壮大。人文经济学为无锡文化产业的发展提供了理论支持和实践指导，通过实施"引进来"和"走出去"的双向策略，无锡成功将本土文化产业与国际市场紧密连接起来，不仅扩大了文化产品的全球影响力，也在国际舞台上彰显了无锡的文化经济实力。近年来，无锡持续深化文化体制机制改革创新，加快建设现代文化产业体系，重塑城市发展的文化之魂，文化产业正呈现出"百家争鸣""春色满园"之势，让江南文脉在新时代绽放升华。在立足全国首批国家文化出口基地这一优势基础上，无锡坚持全域协同与特色品牌打造并重，"引进来"与"走出去"并举，推动优秀文化产品走向世界，文化贸易呈现快速发展之势。据统计，目前无锡登记在册的文化单位中，规上文化企业有近千家，初步形成以影视制作、动漫游戏、非遗文创、乐器生产等为重点的文化出口产业集群，2023年8家文化企业、2个文化项目入选2023—2024年度国家文化出口重点企业和重点项目名单，入围数量均位居江苏前列。

## 二、幸福密码：城市经济的幸福追求

幸福，是广大人民群众对城市品质的最高评价，而人文经济学正是成就这一追求的幸福密码。人文经济学将经济发展与人的全面发展紧密结合起来，强调经济活动的终极目标是提升人民的幸福感和获得感，它关注的不仅是经济增长本身，更重视经济增长如何转化为提高生活质量的具体成果，从而更好地促进社会和谐、实现个体幸福。在人文经济学视域下，城市不仅是人们开展经济活动的有机载体，更是人们实现美好生活的有效空间，这种以人为本的经济发展理念，使得城市的经济发展超越单纯的GDP增长，更多融入文化、教育、健康、环境等众多考量，促使城市在基础设施、环境保护、公共服务等众多领域持续进行优化，从而提升城市的宜居性和人民的生活品质。由此可见，人文经济学通过平衡经济发展与人文关怀，构建出一个既有物质繁荣又有精神富足的城市生态系统，这一系统让城市经济的每一步发展都紧扣人民的幸福需求，使得幸福成为衡量城市品质和经济成就的最终标准。在无锡这座"中国最具幸福感城市"之中，人文经济就是将经济发展的目标始终紧紧围绕人民对幸福生活的追求，落脚于提升人民物质和文化生活福祉之上。

一是优化城市更新，把幸福交给百姓。党的二十大报告提出，实施城市更新行动，加强城市基础设施建设，打造宜居、韧性、智慧城市。要想实现城市更新，不仅需要更新城市建筑，更需要更新城市发展理念。基于此，无锡在城市更新中摒弃急功近利、大拆大建的原有更新思路，更加注重在有序"留、改、拆"中重塑城市风貌、传承文化底蕴、焕新升级产业、补足民生短板，在城市加速蝶变的过程中，"更"出锡城新气派、发展新空间、民生新福祉、生态新改善。在此发展理念下，近年来无锡城市更新行动可谓变化显著，火车站南广场作为重点更新区域，正在打造具有无锡特色的门户形象、老东门片区的复兴项目则聚焦文化遗产保护和城市功能提升，体现了对历史文脉的传承与创新利用、梁溪区全面推进多个重点更新单元，连片开发，释放城市发展潜力、"两河"整治工程启动，标志着无锡城市"水名片"的更新行动开始。总体来看，无锡的城市更新不仅关注大规模基础设施改造，同时也注重社区层面的精微更新，通过连片改造和智能化社区建设，提升居民生活品质，实现"15分钟"社区生活圈，进一步增强市民的幸福感和获得感。通过在城市更新中兼顾传统与现代，推动经济与文化的融合，无锡努力营造了既有现代感又保有乡愁的城市空间，为广大市民创造出更加美好的生活环境。

二是加强环境保护，把健康带给百姓。环境保护不仅是为了改善生态环境，更是为了在保护中挖掘新的经济增长点，使得人与自然的关系更加紧密和融洽，而倡导人与自然的和谐共生，在保护中探寻新的发展动能，正是人文经济的内在要求。近年来，无锡市在推进环境保护和促进人与自然和谐共生方面，以提高市民的健康水平和幸福感为施政目标，通过全面贯彻绿色发展理念，以美丽无锡建设为牵引，协同推进降碳、减污、扩绿、增长，深入打好污染防治攻坚战，持续提升生态环境治理能力，不断厚植高质量发展的生态底色，奋力建设美丽中国先行区无锡样板，在建设人与自然和谐共生的现代化上走在前列、做出示范。为了实现绿色低碳转型目标，无锡市通过加大对高新技术产业、战略性新兴产业和现代服务业的支持力度，积极培育和发展绿色产业等措施，推动发展方式绿色低碳转型，通过积极响应实现国家"双碳"目标，以科技创新为引领，打造了一批零碳科技产业园和绿色制造示范企业，推动产业生态向绿色低碳转型。无锡市拥有130多公里的太湖岸线，为了应对长期以来的太湖蓝藻治理难题，无锡连续多年以"新春第一会"专题部署生态环境保护和太湖治理工作，采取一系列有力措施并取得较好成效，太湖水质藻情在2024年上半年达到2007年以来最高水平。此外，污染防治也是生态环境治理的重要一环，近年来无锡在污染防治方面全面发力，通过一系列举措推动环境质量持续改善；通过坚持源头治理，拓展重点行业企业深度治理范围，对铸造、汽修、水泥等行业实施提标整治，扎实推进挥发性有机物污染治理攻坚行动，空气质量指标取得阶段性成效；通过推进城镇生活污水处理提质增效，圆满完成工业企业整改、城镇污水处理厂整改、工业废水集中（预）处理设施建设"三项任务"，水污染防治工作取得重大进展。

三是提升公共服务，把安心送给百姓。人文经济学坚持以人民为中心的发展理念，抓改革、促发展，归根到底就是为了让老百姓过上更美好的生活，这也促使政府在施政过程中要履行好保基本、兜底线的职责，采取更多惠民生、暖民心的举措，努力提升公共服务质量，为百姓安居乐业提供必要公共环境，不断增强人民群众获得感、幸福感、安全感。从城市发展来看，增进民生福祉是城市建设和治理的出发点和落脚点，多年来，无锡一直把为民办实事项目作为开展各项民生工作的重要抓手。随着一件件民生实事的落地生根，各项工作在不断推进中取得成效，越来越清晰的民生图景温暖着无锡人民的心。2023年，十大类60项118个为民办实事项目全部顺利完成，多项民生实事跑出加速度，超额完成年度目标，每一项民生实事的暖心变化都见证着人民持续攀升的幸福指数。2024年，无锡继续紧贴民意，把握新需求新期待，注重扩大受益面，推出十大类50项112个为民办实事具体项目，重点在生态环境、宜居住区、城乡面貌、城市安全、教育资源、文体生活、交通出行、关爱帮扶、卫生养老、智慧城市等方面用心用情增进民生福祉。①

---

① 《聚焦群众需求，件件关乎民生》，《无锡日报》2024年1月21日。

## 三、人文关怀：烟火气息的生活温度

人文经济学语境下的文化经济，其本质说到底要突出一个"人"字，核心就是以文化为支点创造新需求，增强文化的体验价值和转化能力，这一理念也让城市烟火气息的生活温度更具人文关怀。由此，当现代社会城市从快速发展逐渐进入城市空间存量市场竞争的社会发展阶段，人文经济下的城市不再仅仅是进行经济活动的场所，更是文化传承与社会互动的空间。这种人文关怀通过关注人们的日常生活与文化体验，进而让人和人之间的连接在城市空间里重新扎下根来，不断增强城市的归属与温情。近年来，无锡注重开发和运用城市中升腾的"烟火气"为城市发展增添新活力，人们走上街区，走进景区，走向夜色，能够深切感受到"太湖明珠、江南盛地"展现的人文之美，感受到城市烟火气息蕴含的生活温度。

一是焕新历史街区，涌动商业活力。历史文化街区，是一座城市的回忆，一砖一瓦犹如枝叶根须，刻满了厚重的历史。以人民为中心，是老城区整体保护、活态保护的根本点，无论是基础设施改善，还是历史街区改造提升，让传统风貌与现代生活相融共生，都是为了满足人民对烟火气息的现实需求，对宜居生活的美好向往。当"文化味"遇见"烟火气"，无锡人文经济的密码就藏在不断调整角度、幅度、尺度、温度的街巷之中，一条条历史文化街区被唤醒，华丽转身为城市的"文化客厅"。[①]在无锡，不断"出圈"、持续"生长"的历史文化街区、老街巷，成为老城区践行人文经济学的新实践，一股"老街风"在无锡不断扩展，南方泉、周新里、大窑路、东亭老街、钱桥老街，穿越时光隧道，这些老街巷上演着人与城的双向奔赴，城与人的共同发展。未来，在无锡的各个区域，随着游客们的到来，必然会有更多历史街巷"活起来"，与城市烟火相融相生。

二是活化非遗文化，跃动文化印记。非物质文化遗产不仅展现了精湛的

---

① 张月、韩玲：《"老街"：文化厚度焕发经济热度》，《无锡日报》2024 年 5 月 8 日。

技艺和智慧，还承载着地域特色与城市的情感、记忆和文化。要想让这些古老的非遗在现代社会中的传承与发扬，必须融入当代生活的烟火气息，使其焕发新的活力、代代相传，同时也为城市生活带来人文关怀。作为吴文化、江南文化和民族工商文化的发源地，无锡拥有积淀深厚的运河文化，拥有紫砂、惠山泥人、精微绣、锡剧、留青竹刻等众多非物质文化遗产。近年来，无锡市围绕非遗的传承与创新，积极开展了一系列卓有成效的举措，持续推动非遗的活化与发展，通过"宜融则融、能融尽融"的基本理念，将非遗元素充分融入城市的各大重点景区，致力于深入发掘、保护、传承并充分利用传统文化资源，展现非遗独特的魅力，真正让古老的文化融入当代的烟火生活之中。为夯实非遗保护传承根基，无锡不断健全政策体系，在2023年推出《无锡市"百匠千品"非物质文化遗产传承创新工程三年行动计划（2023—2025）》，提升非物质文化遗产系统性保护水平。连续多年举办文化和自然遗产日非遗主题系列活动，通过非遗集市、非遗讲座、非遗展演展销等活动，营造家门口具有烟火气的非遗消费体验场景。通过"百宅百院"活化利用工程，无锡近年来共完成了83个"百宅百院"活化利用项目，游客成倍增长让这些沉睡的建筑真正"活"了起来，更加凸显了城市经济烟火气息的生活温度和内含的深厚人文关怀。[1]

三是升级夜间经济，点燃人间烟火。"夜经济"是现代城市经济的重要组成部分、夜间消费增长的核心。夜经济的兴起，有着深刻的人类学逻辑，随着社会的发展，人们的生活规律和生活习惯发生了巨大的变化，夜晚的休闲活动、文化娱乐、交际应酬、缓解压力成为现代城市人重要的生活选择，一些城市的夜生活之丰富多彩，也俨然形成城市名片，甚至成为城市文化的一部分。夜经济的蓬勃发展在承载着人们物质生活多元化的需求之余，也点燃了城市烟火气，让城市更富魅力、更添活力，是"人间烟火气"最直观的载体之一，更是一种人文情怀的追求。夜经济的繁荣程度，可以反映出一座

---

[1]   无锡市档案史志馆：《无锡年鉴（2023）》，方志出版社2023年版，第361页。

城市的活力、消费潜力和发展生命力。近年来，无锡围绕夜经济消费业态，在餐饮、购物、灯光秀等传统业态的基础上，充分结合本土江南文化，挖掘本地夜间休闲资源，将其与后街经济、小店经济、网红经济、场馆经济相结合，引入体验式、互动式、沉浸式等多元业态，着力打造多元化、有特色的夜市街区，精心培育沉浸式消费融合特色品牌，逐步形成了一个含夜游、夜娱、夜食、夜购、夜赏、夜读等多元化的夜间消费市场，在较大程度上实现了江南文化与夜间休闲消费的深度融合，在让城市商业焕发出新活力的同时，也让城市烟火气息更富有文化内涵。

## 四、文化动力：城市经济的活力引擎

文化与经济是推动人类社会不断向前发展的两大动力。面对全球共同的挑战，迈向美好未来不仅需要经济和科技的支撑，同时也离不开文化和文明的力量。推进中国式现代化，需要深入理解人文经济学的核心内涵，充分发挥文化在城市发展中的支点作用，将城市文化转化为经济发展的新力量、新区域和新动能，通过不断提升文化的体验价值，激发城市经济的增长潜力，为人文经济赋能，满足人民群众日益增长的精神文化需求。人文经济学的核心在于通过文化创造出新的需求，重点在于提升文化的体验价值和转化能力，创造出符合人文经济的商业模式。近年来，无锡市积极践行人文经济学发展理念，充分发挥文化驱动作用，激活城市发展的新动力，通过提升文化的体验价值，通过城市文化IP的打造和传播不断积蓄新经济能量，激活城市经济不断发展的新引擎。

一是赓续文脉，激发城市活力。城市文脉是在历史发展过程中，城市的自然环境、社会环境及其蕴含的历史文化背景之间有机联系的集合。城市文脉背后的历史演变反映着人类社会文化发展进程，凝结着一代又一代人不懈探索的智慧和心血，是城市特色和活力的重要体现。中华文明是世界上唯一绵延不断且以国家形态发展至今的伟大文明，城市是记录并延续中华文明的重要载体之一。在城市建设中，我们要保护弘扬中华优秀传统文化，赓续城市历史文脉，传承中华文化基因。[1]近年来，无锡以文化为支点创造新需求，一边努力挖掘历史文化潜力，不断丰富经济发展内涵，将人文优势转化为城市动能，一边以经济活动"活化"千年文脉，推动中华优秀传统文化创造性转化、创新性发展，着力提升城市人文经济的体验价值和转化能力。例如，在梅里遗址原址上建起的梅里遗址博物馆，已被正式纳入国有博物馆序列，成为无锡一张"古老而崭新"的城市名片，吸引着人们走进其中，探寻"泰伯奔吴"的传说与真相。宜兴丁埂遗址出土了5000年前良渚文化虎纹刻符石钺，无锡马鞍遗址发现了6000年前马家浜文化墓群，中国社科院考古研究所华东基地内的考古方舱中一场"开启6000年盲盒"的直播活动引发全网关注。[2]随着无锡"百宅百院"活化利用工程持续推进，不少老宅院正从文保单位向文化空间、文化环境转变，"活"出了新感觉。拥有900多年历史的东林书院，已成为无锡极具代表性的文化IP；钱锺书故居内，新书发布、主题讲座、书画展览等文化活动时常上新；文渊坊内，潮玩市集、潮玩艺术文化展、潮玩手作互动等系列活动吸引着"潮人"们前来打卡；东坡书院中，"东坡夜读""东坡奇妙夜""东坡书院开笔礼""东坡小课堂"等特色活动点亮宜兴。[3]数年间，一个个被赋予时代印记的文化地标带着新面容回归，既保有老无锡传统的城市文化精髓，又带着新无锡的开拓与创新精神，随着文化保护利用模式不断出新，文化资源也从"活起来"到"热起来"。

二是上新场景，赋能城市发展。人文经济学强调文化与经济的深度融合，通过引入各类创新场景，不仅可以推动城市展示本地的历史与文化底蕴，还可以在增强居民的归属感与认同感，激发出新型商业模式和产业链，避免过度依赖传统的工业和商业模式等方面发挥重要作用。近年来，在"体验式、参与式、社群式"和"个性化、多样化、品质化"的消费取向下，无

---

① 何镜堂：《突出地方特色 注重文明传承》，《人民日报》2024年2月9日。
② 张月、韩玲：《以文化为驱动，激活城市发展新引擎》，《无锡日报》2023年11月30日。
③ 李青青：《人文与经济共舞 江南福地上的"无锡密码"》，https://js.ifeng.com/c/8afyvVIhv0n。

锡通过积极推进创新和文化相结合，文旅融合正在不断深化中走进一个"场景化时代"。新场景、新业态在赋能城市发展过程中，不断推动经济、文化和社会的全面升级，为市民游客带来耳目一新、全面升级的都市文旅沉浸式新体验。例如，政府积极支持各类文化企业积极参与太湖消费季、太湖文化艺术季等重大节庆品牌活动，让更多企业参与到城市文化建设和发展之中；积极探索开展"文创合伙人"行动，通过数字虚拟人等信息技术，让小微企业能够更容易被市场发现；依托丰富的历史文化资源和现代科技手段，打造一系列独特的文化体验场景，如夜游博物馆、戏剧沉浸式体验、逛特色夜市等活动，这些场景不仅吸引了大量游客，还为本地居民提供了新的娱乐和消费选择，提升了城市的吸引力和活力。

三是提升能级，绽放城市精彩。随着经济社会的不断发展和教育水平的不断提升，人民群众的新需求、新期盼也随之相应出现，对精神文化和品质生活的需求也在显著提升，要想真正激发内在需求，需要有能够真正触及"痛点"的文化产品供给。要想进一步激活消费需求，必须打造有创新性、有品质的高质量文化产品来活跃消费市场，通过搭建人文经济融合共生的"小场景"，满足人民群众精神文化滋养的"大需求"。2023年，《无锡市文化事业高质量发展三年行动计划（2022—2024年）》等系列文件正式出台，明确提出要全面开展公共文化设施提档升级、公共文化服务水平提升等专项行动，要实施公共文化服务数字赋能工程，推进线上剧场、舞台、展厅建设，打造公共文化资源库群，丰富数字化供给。一方面，在政府政策引导与支持下，无锡不断加强公共文化载体建设，提升公共文化产品供给能力，推动城市文化综合实力出新出彩，无锡美术馆、无锡市文化艺术中心、无锡交响音乐厅等重大文化设施建设正在如火如荼推进，其后期落成将极大优化城市文化设施布局、补齐公共文化服务短板、进一步彰显城市软实力，满足人们对美好生活的新期待。另一方面，无锡积极鼓励文化内容建设上的创新创造，充分绽放城市精彩，向世界展现更好的无锡故事。近年来一大批无锡本土原创的舞台精品如舞剧《歌唱祖国》、锡剧《红豆》、滑稽剧《桃花朵朵开》、民乐交响史诗《光明行》《梦华江南》等，成为人们认识无锡、了解无锡的新通道①。

## 第三节　肩负铸就人文经济学现代化标杆的时代使命

无锡作为江南文化的重要发源地，承载着深厚绵长的人文底蕴与勇立潮头的创新精神。在新时代的浪潮中，无锡肩负起铸就人文经济学现代化标杆的时代使命，探索出一条文化与经济深度融合的创新之路。通过将丰富的历史文化资源与高新技术产业相结合，无锡不仅传承了中华优秀传统文化，还推动了现代化经济体系的建设，展示了人文经济学的强大生命力。无锡的实践深刻回答了新时代人文经济发展如何协调共进的重大命题，进一步推动人文经济学在各领域的实践创新，不断铸就新时代人文经济高地，为其他地区提供了宝贵经验。

### 一、思想引领：人文经济现代化灯塔

人文经济学作为一种综合性学术理论体系，以"以人为本、文经融合"的视角，为现代经济发展奠定了坚实的理论基础，该理论不仅聚焦于经济效率的提升，更深入探讨文化价值的传承、社会公平的实现以及环境可持续性的保障，体现出"体用合一、文经互融"的理论严谨性与实践指导性。在人文经济现代化进程中，人文经济学通过文化、社会与经济要素的有机整合，形成了内在逻辑一致且具有开放性的理论结构，指引社会的协调与可持续发展。在全球化与科技进步加速的背景下，人文经济学展现出强大的理论穿透

---

① 张月、韩玲：《以文化为驱动，激活城市发展新引擎》，《无锡日报》2023年11月30日。

力与现实适应性，为推进社会文明的进步提供了关键的理论支撑，成为中国式现代化进程中不可或缺的学术支柱与思想引领。多姿多彩的江南文化、百年积淀的工商文明，绘就了无锡的城市底色，无锡在不断夯实经济和社会发展内生动力的历史进程中，成为中国式现代化实践的生动注脚。

一是促进物质与精神相互转换以激发社会进步内驱动力。人文与经济之间的互动关系，折射出物质与精神的辩证关系这一马克思主义的重要理论基础，其内在蕴含的"物质决定精神，精神反作用于物质"的基本原理，揭示了社会发展中物质与精神的相互转换机制。作为推动社会进步的内在驱动力，物质与精神的辩证统一在实践中展现出其强大力量。首先，物质文明建设是社会进步的前提，不仅为社会提供了充足的物质资源，还为精神文化的繁荣创造了有利条件，是推动经济社会整体跃升的关键动力。其次，精神文明建设是社会进步的核心动力，先进的思想、科学的理论、健康的社会风尚，都为经济发展提供了强大的精神动力。再次，物质与精神相互促进，共同推动社会的全面进步，物质的丰富为精神的繁荣提供了保障，而精神的升华又为物质的发展注入了新的活力。经过千百年来的历史积淀，作为与优秀传统文化相承接、与现代文明相贯通的百年工商名城，无锡逐渐传承并融合了卓越的精神观念、文化思想和道德品质，形成了"敢创人先、坚韧刚毅、崇德厚生、实业报国"的锡商精神，为无锡的经济社会发展注入了深厚的养分和动力，支撑起实业兴邦这一无锡经济的底色。2023年，无锡市实现地区生产总值超1.5万亿元，同比增长6%，在万亿城市中居于前列；人均生产总值跨过20万元历史关口，连续四年荣登全国大中城市首位。深厚的实业基础，推动无锡物联网、集成电路、生物医药、软件与信息技术服务等产业加快发展，形成6个优势产业和5个未来产业为支撑的"465"现代产业集群。人文浸润经济的同时，经济也在融入人文的血脉，通过创新文化消费场景，无锡持续繁荣壮大文化产业。2023年，无锡文化产业增加值超过700亿元，增幅居于全省前列，"五经普"初步认定文化企业数4万多家，卓易信息科技首获"全国文化企业30强"提名，6家企业入围省民营文化企业30强，6家企业入围重点文化科技企业名单，实现了历史性的飞跃。

二是推进以人民为中心的范式转型。与西方经济学囿于"理性经济人"假设和"从投入到产出"资本逻辑存在差异，人文经济学破除西方经济学以资源配置为中心的冷酷逻辑，主张将人、文化、经济三个要素进行充分融合，在经济社会发展过程中呈现为兼顾人文与经济、效率与公平、技术与人性、经济与环境的经济形态，通过赋予经济发展以深厚的人文价值，进而将经济发展的最终目标落脚到提升人民群众物质和文化生活福祉之上。可见，新时代人文经济学是为人民谋幸福的思想体系与时代实践，是以人民为中心、文化与经济交融互动的发展新范式，是赋能中国式现代化的重要法宝。对于城市发展来说，要想在推进中国式现代化道路中厚植人文底色，将人与经济发展、文化繁荣较好地融合起来，需要在人文经济的各个赛道共同发力，打造人文与经济交融共生平台，推动产业变革、城市更新、乡村振兴等领域持续发展，进而将人文优势转化为城市动能。理论来源于实践，人文经济学的无锡实践在极大程度上展示了以人民为中心价值理念下的人文关怀。在产业变革方面，无锡通过积极推动科技创新和智能制造，在增强企业竞争能力的同时，也注重提高劳动者的收入水平，提升民众的就业机会与技能培训，实现经济发展与民生改善的双赢。在城市更新方面，无锡用显微镜体察民生细节，用绣花功夫推进城市管理，通过整治老旧小区、改善公共空间来提升居住环境和公共设施，通过整合资源、发展文化和艺术项目来提升城市文化氛围，2021年以来已滚动实施"微幸福"民生事项5718件、下发62批重点督办事项清单，群众满意率达到100%。在乡村振兴方面，坚持农业农村优先发展，深入实施集体经济相对薄弱村"五增行动"，以大力发展产业项目为抓手，扎实推进集体经济相对薄弱村发展提升和农民共同富裕，成效显著，2023年获江苏省推进乡村振兴战略实绩考核设区市综合排名第一等次，连续第四年获此殊荣。2021年至2023年，无锡市级安排项目资金1.2亿元、市（县）区及乡镇安排帮扶资金约1.9亿元，对全市100个相对薄弱村开展的经济发展类项目进行人才赋能、精准帮扶，3年来共扶持项目112个，总投资约

5.9亿元，项目覆盖率100%，直接带动经济相对薄弱村集体受益，乡村产业向"新质"提速前行。

三是推动经济与社会在实践上实现深度融合。实践向度是将理论付诸实践的具体路径，是实现思想引领的实际操作层面。人文经济学通过推动经济与社会的深度融合，为现代化进程的不断推进提供了相对具体的实施方案。在人文经济学的指导下，经济发展不仅仅是数字的增长，更是对人的关怀与社会和谐的共同追求，由此经济发展与社会进步二者之间更为融合，通过将经济活动纳入社会发展的整体框架之中，确保经济增长与社会福祉、文化传承、环境保护协调共进。无锡自古以来是人文经济的重要发源地，范蠡从商、荣氏实业，均蕴含着人文经济的理念和因子，至今仍具有时代价值。当前，无锡也成为人文经济的重要实践之地，纵观无锡文化产业的发展，可以感受到人文经济学指导下无锡人对经济发展的追求，也是以社会发展为目的的。在社会福祉方面，无锡聚焦更高水平民生保障，经济发展为社会福祉提供了更好的物质基础。2023年城镇新增就业16.4万人，新增就业困难人员再就业2.4万人，发放失业保险稳岗返还资金6.22亿元；新建及提升改建街道综合性养老服务中心11家，实现街道全覆盖，新建及改建提升助餐点80个，累计建成区域性助餐中心133家，助餐点近600个；新建义务教育学校、幼儿园31所，启动建设市盲聋学校。在文化传承方面，无锡注重保护和弘扬地方传统文化，推动文化产业与经济的深度融合。2023年，无锡文化艺术节吸引了超过20万游客积极参与，同时通过无锡工艺品博览会等活动，促进地方手工艺的展示与销售；通过设立文化创意产业园，扶持本地艺术家和创意团队，推动传统工艺与现代设计结合；推出"非遗传承人"扶持计划，为传统工艺师提供资金与培训支持，增强了市民的文化自信与认同感。在环境保护方面，无锡积极推进生态文明建设，致力于实现经济发展与环境保护的双赢。2023年，通过积极实施"碳达峰、碳中和"行动计划，推动清洁能源使用，市内风能和太阳能发电比例达到15%；通过建设"绿道系统"，连接城市公园与自然保护区，提高了居民的出行便利性与生态意识。2024年，无锡市内企业积极引入环保技术，减少了20%的工业废水排放，同时新增了10个城市绿地项目，增强了生态系统的稳定性，提升了居民的生活质量和幸福感。

## 二、政策先导：以文兴城的策略图谱

文化不仅是推动社会发展的重要手段，也是社会文明进步的重要指标。在中国式现代化道路上，物质文明和精神文明协调发展，文化的力量正在以"润物细无声"的方式融入经济社会的发展之中。无论是文旅融合的持续火爆，还是"国潮"文创的强势出圈，无不彰显着人文经济以文化为支点、推动高质量发展所展现的独特力量。实现人文经济的高质量发展，不仅需要市场主体的积极探索，也离不开政府通过政策提供良好的制度支撑。无锡作为中国经济最为活跃的城市之一，不仅是拥有丰富历史文化底蕴的历史文化名城，同时也是一座拥有多元化产业结构和独特经济特色的经济发达城市，这些特色使得无锡一直致力于发展人文经济，推动城市文化建设，提升城市软实力。2023年，《无锡市文化事业高质量发展三年行动计划（2022—2024年）》《无锡市文化产业高质量发展三年行动计划（2022—2024年）》《关于推动无锡市文化高质量发展的若干政策》《关于推动无锡市电影产业高质量发展的若干政策》等配套文件在全市文化高质量发展大会上正式出台，以文化高质量发展助力文化强市建设。为更好实施人文经济学，无锡市通过制定一系列实施方案，以进一步促进城市经济发展和人文建设，这些方案主要集中在以下几个领域。

一是加大对文化产业的投入和支持力度。作为人文经济的重要组成部分，文化产业可以通过塑造和传播城市文化符号，来促进文化资源的开发与价值转化，提升区域文化影响力与软实力，进而为经济发展注入新动力，促进就业、旅游和创新创业，为人们创造更多的文化消费场景和幸福感体验，推动社会经济的协调与可持续发展。文化产业的繁荣发展，离不开政府的资金投入和政策支持，尤其离不开产业政策的导向作用。无锡高度重视文化产业高质量发展，在持续深化文化体制机制改革创新的过程中，加快建设现代文化产业体系，推动全市文化产业高质量发展。近年来，无锡积极调整文化领域资金支出结构，创新扶持方式方法，每年安排文化产业扶持资金约1亿元，补助和支持文化企业引进培育、文化产业载体建设、原创文化作品制作、影视后期制作奖励等，促进文化产业高质量发展取得积极成效。[①]未来，无锡将进一步深化文化与科技、金融、旅游等领域的跨界融合，推动文化产业内容形式、载体渠道、业态模式创新重塑，推动结构升级、链条优化、价值拓展，健全现代文化产业体系和市场体系，培育更多高成长的数字文化业态，开发更多具有无锡符号、体现江南韵味的文化产品，以产业集聚带动人才集聚，不断提高无锡文化产业的竞争力、影响力。[②]

二是加强文化设施建设。文化设施是广大人民群众开展文化活动的重要载体，随着广大人民群众对精神文化生活的需求不断提高，相关文化设施的建设也日益受到重视。这些设施不仅是传播文化的重要载体，使人们浸润于文化的熏陶，有助于培养民众文化认同、塑造正确的价值观，更是优化社会治理、提高治理的精准性和有效性，提升治理效能的关键手段。《无锡市文化事业高质量发展三年行动计划（2022—2024年）》明确提出要对文化设施进行提档升级，积极开展公共文化服务水平提升等专项行动。一系列文件体现了无锡对文化设施建设的高度重视。在具体实践中，通过新建和提升一批高品质文化场馆，以满足市民多样化的文化需求；通过推进基层文化设施建设，完善街道、社区的文化服务网络，确保"15分钟文化服务圈"的全覆盖；通过着力推动数字文化设施建设，发展智慧图书馆、数字化展览等线上服务，提升市民的文化参与感和体验度。

三是加强人才培养和文化教育。人文经济学是文化、经济、哲学、历史、法律等多学科交叉融合的学科，是研究经济与文化相互交融从而促进经

---

① 《无锡：财政赋能支持文化产业高质量发展》，《江苏经济报》2023 年 8 月 17 日。

② 《提升文化软实力 增强城市竞争力》，《无锡日报》2023 年 4 月 3 日。

济社会协调发展、满足人民美好生活需要的学科。复合型的学科特色更凸显出人才的重要性，为此需要逐步建立完善人文经济学人才培养机制，培养具有文化、经济等学科背景的复合型人才，持续推动人文经济学向纵深领域拓展。近年来，无锡加大对复合型人文经济学人才培养的力度，一方面，通过推动构建文化、经济、哲学、历史、法律等多学科交叉融合的教育体系，建立校企合作与产学研融合人才培养模式，加强对各类人才引进的政策支持，推动文化创意、非遗传承、城市规划等领域文化人才专项培养计划等政策，为推动人文经济学发展注入了持续动力。另一方面，加强对文化教育的投入，不断提升人民群众的文化素质和文化修养，这是确保文化与经济深度融合、推动社会协调发展的关键。无锡通过开展文化展览、社区文化课堂、国际文化艺术节、非遗展演、校园文化周、数字图书馆、线上讲座等活动，提升人民群众的文化素质和文化修养，推动文化与经济的融合发展，为人文经济学的落地和实践奠定了坚实的社会基础。

## 三、实践探索：新经济发展范式开创

作为一门多学科交叉融合的学科，人文经济学要想在实践中真正落地，主要依赖于该地区所拥有的文化资源、经济实力、创新能力、政策引导等众多因素，这也使得那些拥有丰富文化底蕴、强大经济基础、前沿创新动力和深度政策支持等支撑要素的地区，在人文经济学的实践探索中能够处于领先地位。无锡是江南文化的重要发源地，拥有吴文化、太湖文化等丰富的历史文化资源，制造业基础强大且产业结构多元，科技创新领域具有显著优势，政府长期高度重视文化与经济融合发展，这些客观要素推动当地文化与经济不断深度融合发展。此外，无锡属于开放型城市，通过与全球多个国家和地区的广泛文化和经济交流，吸收了全球先进的文化创意理念和技术，这也为本地文化产业的发展注入了新活力。以上客观要素使得无锡发展成为践行人文经济的先锋城市，在人文经济学的实践探索中开创了具有前瞻性、引领性的新经济发展范式。

一是突破传统模式，探索新路径。传统经济模式受制于资源和低端制造，已难以适应现代科技驱动的全球经济，人文经济学能够整合文化、科技与经济，打破传统行业壁垒，开辟新的发展空间。无锡通过引入数字技术，将文化与科技深度融合，推动了高附加值新兴产业的崛起，这一创新实践打破了传统以制造业为主的经济结构，为文化产业和数字经济的深化发展提供了新思路。其中影视产业是无锡探索新路径的典型代表，无锡国家数字电影产业园"华莱坞"将昔日老厂房成功转型为电影时尚街，依靠本地丰富的传统文化资源，通过科技手段提升影视作品的制作水平，推动影视产业的数字化转型，重点打造高科技的数字拍摄平台及数字制作载体，构建文学、视听、动漫、游戏等多元数字IP产业链条，为影视剧生产提供专业化服务，推动影视产业与科技深度融合，形成新的经济增长点。

二是推动产业升级，形成新范式。产业升级是提升经济竞争力的关键，通过引入新技术和创新模式，文化产业与制造业、服务业等传统产业相结合，可以实现产品和服务的附加值提升，推动传统产业链向高端发展。无锡通过引入智能技术，优化传统制造业生产流程，同时结合文化创意与设计，促进文化产业、手工艺等传统行业融入现代制造体系，在多产业协同创新基础上推动文化产业与科技、旅游、制造等领域的深度融合，有效提升了产业的整体竞争力和创新能力。其中紫砂产业是无锡推动产业升级形成新范式的典型代表，近年来无锡宜兴以文化艺术为内涵、以产品创新为重点、以产业园区和专业市场为载体，通过以互联网、大数据、人工智能为代表的新业态、新技术与传统紫砂文化产业进行深度融合发展，主动淘汰行业落后产能，不断促进企业提档升级，打造出了相对完备的产业结构、规模化的产业集群、完整的企业梯队。

三是促进文化融合，培育新业态。无锡通过将文化元素融入经济活动，成功培育出文化旅游、数字文化等新业态，拓展了文化产业的市场空间，增强了经济的多样性和韧性。例如灵山拈花湾文旅即是无锡促进文化融合，培育新业态的鲜活例证，灵山拈花湾文旅注重以文铸景，以"禅"的文化内涵构建了灵山胜境、拈花湾等文旅精品；注重以文化人，如大拈花湾项目"芥子"，依据历史典故，通过视效特技化身为精神互动的意境空间；注重以文兴业，如鸿山数字科创谷搭建"IP内容创意+沉浸式体验"产业联动平台，发展数字科创产业；注重以文润城，力争将每个项目打造成文化精品、城市标志、历史记忆、时代遗产；注重以文造福，通过一个个项目的建设、运营，给乡村带去人气、财气，持续践行"造一片美景、富一方百姓"美好愿景。"五对关系"的统筹助力灵山拈花湾文旅持续成为中华优秀传统文化的笃信者、传承者、躬行者，其打造的灵山胜境也由此成为全国知名文化旅游目的地，带动了周边经济的发展，创造了大量就业机会，提升了无锡文化旅游业的整体竞争力。

## 四、经验提炼：先进典范的总结推广

近年来，江苏肩负着探索以人文经济推动高质量发展"走在前、做示范"的重大使命，在深入学习贯彻习近平文化思想，把握新时代人文经济学丰富内涵，积极践行无锡城市精神的基础上，找到了城市高质量发展的密码。作为吴文化发祥地和中国近代民族工商业以及乡镇企业的摇篮，无锡通过立足城市特色以文兴城的探索实践，活化"工商文化""创新文化"等文化基因，着力在推动文化和经济互促共进中下大功夫，探索赓续中华文脉、推动中华优秀传统文化创造性转化和创新性发展的新路径、好做法，让文化软实力源源不断地转化为城市高质量发展的新动能，打开了一扇展示中国式现代化建设的窗口，为以文化为支点推动高质量发展提供了新的实践样本，展示了一些可循的经验和启示。[①]

---

[①] 丁宏：《人文经济学的"无锡样本"及其启示》，《江南论坛》2024年第7期。

一是以文铸魂，厚植人文经济发展新沃土。作为江南地区的重要历史文化名城，无锡拥有深厚的文化底蕴和独特的发展经验，通过文化与经济的紧密结合，推动了城市的持续繁荣。首先，无锡自古崇文重教，培养了大批杰出人物。从南北朝时期的顾恺之，到明清时期的顾炎武、钱穆，无锡的文化传统源远流长，形成了重视教育和学术的浓厚氛围。清代以来，无锡逐渐成为江南地区的学术重镇，教育事业蓬勃发展。无锡的许多家族将文化传承和教育视为家族的基石，这种崇文重教的优良传统，使得无锡在现代化进程中依然保持了强大的文化软实力，为城市的发展提供了深厚的人文支持。其次，无锡历来具有崇德向善的社会风尚。早在宋代，义仓、义庄等慈善机构遍布城乡，展现了无锡人崇德向善的良好社会风尚，这种秉持家国一体的责任感和道德感的传统至今仍在延续，成为推动无锡社会和谐发展的重要道德力量。现代无锡在慈善和公益事业方面表现突出，各类社会主体秉持家国情怀和社会责任，逐步构建形成了完善的社会福利体系，提升了市民的生活质量和幸福感。再次，无锡历来具有开放性和包容性的文化传统。作为江南水乡，无锡自古以来就是南北文化交汇要地，通过吸收中原文化精华并融合本地特色，无锡形成了开放包容的文化底蕴，这种开放包容的文化精神，使无锡在现代化进程中既能保持传统文化的精髓，又能够积极融入全球化的潮流，推动城市不断创新和发展，形成了独具特色的城市精神和文化品质。

二是以文兴业，激发人文经济发展新动能。无锡有着深厚的历史文化积淀和工艺传承，紫砂、锡器、泥人等传统手工艺不仅是实用器具，更是艺术品，展现了无锡工匠们精益求精、追求卓越的精神。如今，无锡的"专精特新"产业即是工匠精神的传承和发展，将精湛的技艺和深厚的文化浸润到产业发展，助力无锡成为产业之城、创新之城和开放之城。首先，无锡产业基础扎实雄厚。作为中国制造业核心城市之一，无锡目前拥有超过1.2万家规模以上工业企业，涵盖机械制造、电子信息、新能源等多个工业门类，在全国乃至全球产业链中占据重要地位。无锡立足江苏省"1650"产业体系战略部署，全面推进产业结构优化升级，着力打造多个产业集群和产业链，形成了以物联网、智能制造为核心的"智造无锡"体系。通过重点聚焦传统产业提质升级、新兴产业巩固优势以及未来产业战略布局，进一步巩固了无锡在全球产业链中的关键地位。其次，无锡科技创新能力不断增强。无锡市政府大力实施科技创新"八大工程"，先后建立了包括无锡物联网创新中心、国家传感网创新示范区等在内的多个国家级创新平台。创新产业集群不断壮大，"465"现代产业集群中，物联网、集成电路等6个产业集群规模超过2000亿元，3个产业集群入选国家先进制造业集群；企业创新主体不断增加，2023年无锡科技型中小企业、高新技术企业数量分别达12453家、6310家，入选省独角兽、潜在独角兽企业39家；创新平台不断涌现，2023年无锡获批省工程技术研究中心74家、企业技术中心113家，布局建设市级重点实验室、创新联合体80家①，这些创新平台和高新技术企业在关键技术领域取得了重要突破，助力无锡产业结构从传统制造向智能制造和绿色制造方向转型升级。再次，无锡开放特征突出。无锡作为历史悠久的开放城市，近年来不断深化对外开放水平，吸引了大量国际资本和企业落户。2023年，无锡全年实际使用外资41.2亿美元，创历史新高，比上年增长7.7%，增速全省第一。②通过大力发展服务贸易、数字贸易等新兴业态，提供跨境支付、物流等领域的优质配套服务，无锡在对外合作领域不断拓展空间。通过将文化与经济、科技进行深度融合，无锡逐步形成一条以产业为基础，以创新为驱动，以开放为保障的高质量发展路径，成为长三角地区乃至全国经济发展和文化传承的标杆城市。

三是以文化人，彰显人文经济发展新目标。人文经济学的核心在于"人"，无锡通过文化传承与创新，在提升城市居民生活质量与幸福感这一城市发展目标上取得了良好成效。首先，对历史文化遗产进行有效保护、挖掘和运用。无锡拥有丰富的历史文化资源，如惠山古镇、蠡园、鼋头渚等，这些文化遗产不仅是无锡历史的见证，也是无锡文化活力的源泉。通过修缮

---

① 卞惠忠：《推动科技创新和产业创新深度融合发展》，《无锡日报》2023年9月2日。
② 祝雯隽：《创历史新高 去年无锡实际使用外资41.2亿美元》，《江苏经济报》2024年2月1日。

和保护这些文化古迹,使其在现代社会中焕发新的生机。例如,惠山古镇的保护项目不仅修复了大量古建筑,还通过引入文化创意产业,吸引了年轻人和游客参与其中,形成"城区即景区,生活即文化"的新模式。无锡还拥有上万名文化志愿者,他们积极参与文化遗产的保护和宣传工作,为无锡的文化传承贡献积极力量。其次,要以百姓安居乐业为核心目标。在保护文化遗产的同时,注重提升居民生活质量。例如通过"太湖新城"建设等城市更新项目,着力改善居民居住环境,提高公共空间的品质,这些努力不仅保留了城市的历史记忆,还通过现代化的城市管理和服务,提升了居民的获得感和幸福感。2023年,无锡市启动"梁溪老街"更新计划,对市区多条历史街区进行修缮和改造,使老城区焕发出新的活力。再次,高度重视人才的引进、培养和环境营造。成就事业靠人才,拓展事业靠智力。近年来无锡市通过建立高层次人才引进和培养机制,吸引了大量国内外优秀人才落户无锡。例如,通过设立"无锡创新奖",以表彰在科技创新领域做出突出贡献的科学家和创新人才;通过建设"科技人才交流中心",为各类人才提供良好的生活和工作环境,促进了人才的长久留驻和高效利用。此外,通过设立科技创新基金、举办国际创新创业大赛等多种方式,吸引全球人才到无锡创业,在支付便利、交通出行、子女教育等方面不断完善配套服务,力求为各类人才提供舒适的工作生活环境,使他们不仅愿意来无锡发展,而且愿意长期扎根在此,为城市的持续繁荣贡献力量。截至2023年8月,无锡全市人才总量达221.5万人,其中高层次人才18.4万名、留学归国人才2.58万名、高技能人才57.1万名,连续五年获评"全国最佳引才城市",连续四年获评"全国最佳促进就业城市"。2023年11月,无锡入选"中国最具幸福感城市",这是无锡连续第四年获此殊荣,且排名较去年上升两个位次,在教育、医疗健康、安全、生态环境、交通、就业、生活品质、居民收入、城市吸引力等9个单项评选中均榜上有名,其中交通幸福度排名第一、城市吸引力幸福度排名第二,这一荣誉充分体现了无锡在人文经济学发展中的卓越成就。

# 无锡人文经济的
# 交融共生与发展

第三章

人文是城市的灵魂，经济是城市的体格，人文与经济相互促进、融合发展，为城市的可持续发展奠定了坚实的基础，在现代化进程不断加速的今天，"不能不从理论与实践的结合上对文化因素与现代化经济发展的关系进行新的探讨"①。立足深厚的人文底蕴与发达的经济基础，无锡坚定文化自信，秉持开放包容，坚持守正创新，深入践行新时代人文经济学，实现了人文与经济的交融共生与发展，为奋力推进中国式现代化江苏新实践，谱写"强富美高"新江苏现代化建设新篇章贡献力量。

## 第一节　以文化经：传统人文优势激发无锡经济活力

无锡，这座历史悠久的江南名城，自古以来便以其深厚的文化底蕴和独特的人文景观闻名遐迩。在新时代的浪潮中，无锡不仅保留了其丰富的传统人文优势，更巧妙地将其与现代经济发展相融合，激发出了前所未有的经济活力与创造力。

### 一、"古典"无锡：村落保护与文旅现代展示

村落承载着丰富的历史信息和文化价值，保护村落是为了"让有形的乡村文化留得住"②，有助于促进文化多样性。深入挖掘村落的历史文化、民俗风情等，结合村落的特色资源，开发具有地方特色的旅游产品，鼓励村民参

---

① 罗荣渠：《现代化新论：中国的现代化之路》，华东师范大学出版社 2013 年版，第 407 页。
② 《习近平著作选读》第二卷，人民出版社 2023 年版，第 93 页。

与村落保护与旅游开发，在经济增收的同时确保村落的可持续发展。无锡高度重视传统村落的保护与传承，采取了一系列有效措施，让古老的村落焕发出新的生机与活力。无锡积极推进历史文化名村和传统村落的申报与保护，成功将多个村落列入中国传统村落名录，包括早期的惠山区玉祁镇礼社村、锡山区羊尖镇严家桥村，以及新增的锡山区东港镇黄土塘村、惠山区阳山镇阳山村等9个村落，这些村落因其丰富的文化与自然资源、独特的历史风貌和重要的社会价值而得到认定。

无锡市政府将村落保护工作纳入城市发展规划的重要组成部分，通过制定详细的村落保护规划，明确了保护的目标、原则、范围和措施，为村落保护提供了科学的指导和有力的保障。《无锡市和美乡村条例》为和美乡村工作提供了法律保障，其中明确了村庄规划与村落保护的重要性，要求保护村庄自然历史风貌，突出地域特色、文化特点和时代特征。《2024年无锡城乡历史文化遗产保护传承工作要点》围绕挖掘历史文化资源价值、优化历史文化遗产保护管理机制等方面，加快推动城乡历史文化保护传承工作高质量发展。这些规划不仅注重村落的整体风貌保护，还加强了对古建筑、古树名木、具有地域文化特色的建（构）筑物等历史文化遗产及非物质文化遗产的保护，力求做到"修旧如旧"，保留村落的原汁原味。

在保护村落过程中，无锡还注重改善村落的基础设施条件。通过投入大量资金，对村落的道路、供水、供电、排水等基础设施进行改造升级，提高了村民的生活质量。同时，还加强了村落的环境整治工作，如"三清三治"专项整治活动，清理垃圾、美化环境、绿化造林，使村落的面貌焕然一新，持续推动建设宜居宜业和美乡村。这些基础设施的改善不仅为村民提供了更加宜居的生活环境，也为村落的旅游开发打下了坚实的基础。同时，无锡还注重发挥村民的主体作用。通过召开村民大会、听取村民意见等方式，让村民参与到村落保护的各个环节。此外，还建立了社区共治机制，鼓励村民自发组织起来，共同维护村落的环境卫生和公共秩序，形成了良好的社区氛围和自治能力。

　　通过对传统村落的修缮与活化利用，无锡深度挖掘丰富多彩的村落文化，包括民俗风情、传统工艺、地方戏曲等，并传承和发展这些宝贵的文化遗产。首先，加强对非物质文化遗产的普查和认定工作，将具有代表性的非物质文化遗产项目列入保护名录。其次，鼓励和支持村民传承和发展传统工艺，如惠山泥人、精微绣等，通过举办培训班、展览会等活动，提高传统工艺的影响力和市场竞争力。再次，挖掘和整理村落的历史文化资源，编写村志、族谱等文献资料，为后人留下宝贵的历史记忆。

　　乡村旅游方面，无锡充分利用村落的自然风光和人文景观资源，打造了一批具有地方特色的乡村旅游景点和线路，吸引了大量游客前来观光旅游。西水市集作为市民假日生活的新期待，展示了无锡老城厢的新面貌。惠山古镇通过文物古迹保护修复及旅游景点建设项目，加速推进文旅融合发展，不仅恢复了历史风貌，还打造了文化活力街区，吸引了大量游客。生态农业方面，注重推广绿色、有机、生态的农业生产方式，提高农产品的品质和附加值，开发相关的文旅产业与产品，增加村民的收入来源。例如，阳山村通过打造葫芦谷街区、桃文化创客基地等，将桃元素结合非遗手作，为游客提供丰富的文化体验。黄土塘村计划打造整合科普、文创、旅游为一体的田园综合体，并计划形成村域内旅行方案，把特色亮点连成旅游线路。这些产业的发展不仅为村落带来了经济效益，也促进了村落的可持续发展。

　　保护与发展传统村落的同时，也推动村落经济的转型升级。礼社项目以"中国经济学名村"为主题，构筑家、国、江南三大特色功能区。薛家浜两岸打造水田村舍掩映、古今文化交融的经济学人文胜景区；东侧礼社老街塑造传统文化活态传承区；南侧水乡圩田建设江南水乡风物度假休闲区；锡西礼田展示吴越地区悠久的农耕文化。同时，抢救性修缮崇本堂、茧行、礼社师范堂等文保单位及历史建筑，创新转化为薛暮桥纪念馆、经济文化体验馆、诗礼学堂等空间，并新建经济会堂、孙冶方经济科学基金会文献馆、统计史馆等重要文化建筑，满足会议、研学培训和展览需要，为历史文化名村保护修缮、活化利用提供新实践。

　　无锡在村落保护与文旅现代展示方面取得了显著成效。通过加强传统村落的认定与保护、推动文旅融合项目的实施、举办各类文化节庆与活动以及运用数字化手段进行展示与传播等措施，无锡不仅有效地保护了珍贵的历史文化遗产，还成功地将这些资源转化为推动经济社会发展的重要动力。

## 二、"产业"无锡：江南文化与现代形象塑造

　　江南文化源远流长，具有深厚的历史底蕴、独特的文化元素、蓬勃的文化产业以及丰富的文化地标与景观，这些元素共同构成了无锡独特的江南文化风貌。深入挖掘江南文化丰富内涵，无锡在江南文化与现代形象塑造方面展现了独特的魅力和活力，通过文化产业的创新发展、现代产业的融合发展、现代形象塑造与传播、绿色发展与可持续发展等多方面的努力，无锡正逐步成为一个文化底蕴深厚、产业发展繁荣、城市形象鲜明的现代化城市。

　　历史文化底蕴方面，无锡是江南文明、吴文化的重要发源地，吴文化起源于古代吴国，在春秋战国时期逐渐形成，注重礼仪、崇尚智慧、追求和谐，有着悠久的历史和深厚的底蕴，对无锡地区的文化产生了深远的影响。特色文化元素方面，太湖是无锡地区的代表性湖泊，也是中国著名的淡水湖之一。太湖文化是以太湖山水为主题的文化，具有自然与人文的双重特点，注重人与自然的和谐相处。无锡地区的民俗文化丰富多彩，具有浓郁的地方特色。其中，锡剧和刺绣是最具代表性的民俗文化。锡剧是江南地区的重要地方剧种之一，以其婉转动人的唱腔和精湛的表演技巧而著名；刺绣则是中国传统的民间工艺，无锡的刺绣工艺精细、色彩鲜艳，具有很高的艺术价值。文化产业发展方面，近年来，无锡文化产业蓬勃发展，新增了多个文化产业项目，总投资额巨大，规上文化企业数量显著增加，文化产业增加值持续增长。截至2023年全市有文化及相关单位2万余家，其中，规模以上文化企

业932家、比上年净增103家，百亿级企业2家、十亿级企业26家。[①]2024年上半年，无锡市规模以上文化企业营业收入已达783.9亿元，同比增长15.7%，增速和增量均位居全省前列。[②] 无锡还积极策划重大文化消费节庆活动，持续打响"太湖艺术季"等文化消费品牌。这些活动不仅丰富了市民的文化生活，也吸引了大量游客前来体验无锡的文化魅力。文化地标与景观方面，无锡境内有众多著名景点，如鼋头渚、灵山大佛、惠山古镇、东林书院、南禅寺、清名桥历史文化街区等，还建设多个文化设施，如无锡美术馆、无锡市文化艺术中心、无锡交响音乐厅等，这些景点不仅为市民提供了更多元化的文化体验空间，也体现了无锡的江南文化特色。

无锡通过现代科技手段和创意产业，将传统文化元素进行现代化、数字化的呈现与传播。例如，利用虚拟现实（VR）、增强现实（AR）等技术，重现古代吴国的繁华景象，让游客在互动体验中感受江南文化的魅力。同时，无锡还积极推动文化创意产业的发展，鼓励设计师、艺术家等将江南文化元素融入现代设计、时尚产品中，打造具有无锡特色的文化品牌。无锡市属文艺院团不断创新，推出了一系列原创优秀文艺作品，如锡剧《太湖春早》、民乐《光明行》等，这些作品遵循"江南表达"，展现了无锡的文化底蕴和艺术魅力。同时，无锡交响乐团等新生力量的崛起，也为城市文化增添了新的活力。无锡实施"百匠千品"非物质文化遗产传承创新工程，引导企业、个人对无锡的文化资源进行再包装、再宣传，将二胡、泥人、紫砂等特色历史文化资源与现代生活相结合，形成了鲜明的文化标识。

无锡在发展现代产业的过程中，注重与江南文化的融合。一方面，通过引入高端制造业、现代服务业等新兴产业，提升城市的经济实力和国际竞争力；另一方面，将这些产业与江南文化相结合，形成独特的产业文化。例如，在无锡的产业园区中，可以看到具有江南特色的建筑设计、园林景观，

---

① 无锡市档案史志馆：《无锡年鉴（2023）》，方志出版社2023年版，第363页。
② 《以文绘新卷 繁花似锦开》，《无锡日报》2024年9月27日。

以及融入江南文化元素的企业文化和品牌形象。这种融合不仅提升了产业园区的文化内涵，也为企业发展注入了新的活力。无锡积极探索文旅融合新模式，如惠山古镇文旅综合开发项目的推进，深度挖掘古镇的历史文化底蕴，将文化地标串珠成链，打造特色文旅项目。无锡还通过举办各类文化旅游活动，如太湖文化艺术季、江南文脉论坛等，吸引游客前来体验无锡的文化魅力。无锡坚持创新和数字双轮驱动，积极抢抓数字文化风口，推动文化产业转型升级。无锡国家数字电影产业园作为国内领先的数字电影产业基地，已聚集了800余家规模影视文化类企业，产出了《中国机长》《人世间》等一批影视作品。

无锡在塑造现代城市形象的过程中，充分利用江南文化的独特魅力，打造具有无锡特色的城市品牌。通过举办各类文化旅游活动、节庆活动，以及加强城市宣传和推广工作，无锡向外界展示了其作为江南文化名城的独特魅力和发展活力。同时，无锡还注重提升城市的国际化水平，加强与国际城市的交流与合作，推动无锡文化走向世界，通过举办大型展会、文化活动等方式，不断提升城市的文化影响力和知名度。如成功举办中国上海国际艺术节无锡分会场、江南文脉论坛等大型活动，推出《似是故人来》等具有国际影响力的文化产品，向世界展示了无锡的文化自信和开放包容的城市形象。建设无锡国际传播融媒体中心、城市传播能力建设研究发展中心等平台，开通并常态化运营"魅力无锡"英文平台等渠道，积极扩大无锡文化的海外影响。通过多渠道、多层次的国际传播体系构建，无锡正努力打造一个具有国际影响力的文化名城。

无锡在产业发展过程中，始终坚持绿色发展和可持续发展的理念。通过推广清洁能源、节能减排、循环经济等绿色发展模式，无锡在保护生态环境的同时，也推动了产业的转型升级和高质量发展。这种绿色发展理念与江南文化中的和谐共生、尊重自然等思想相契合，为无锡的现代形象增添了更加鲜明的绿色底色。

## 三、"青绿"无锡：生态保护与美丽乡村建设

　　无锡在生态保护与美丽乡村建设方面取得了显著成就。从碧水蓝天的守护到宜居宜业乡村的打造，无锡以其独特的地理优势和深厚的文化底蕴，精心绘就了一幅幅生态文明与乡村振兴的壮美画卷。

　　无锡自古以来就与水有着不解之缘，太湖的浩渺、运河的悠长、蠡湖的秀美，构成了无锡独特的自然景观。为了守护这份宝贵的自然资源，无锡近年来在水生态环境保护方面下足了功夫。2024年上半年，无锡市有序推进一系列水生态环境保护项目。京杭大运河（无锡段）整治提升工程有序推进，南尖公园和北塘大街等区域的水利设施得到显著提升，不仅增强了防洪排涝能力，还极大地改善了区域生态环境。锡澄运河江阴段疏浚工程顺利推进，将进一步改善锡澄运河的水质和通航条件。太湖新城污水处理厂三期扩建工程取得重要进展，为太湖水质保护提供了有力支持。为了实现水质的持续改善，无锡制定了详细的水生态环境保护计划。无锡市生态环境局发布的《2024年全市生态环境质量"春夏攻坚"专项行动方案》明确提出，要通过一系列措施，确保国考、省考断面优Ⅲ比例分别达到88.0%和95.8%，较2023年显著提升。具体措施包括加强环境基础设施建设、推进农业面源污染治理、汛前隐患排查整治等，全方位保障水生态环境的健康稳定。

　　在蓝天白云的守护方面，无锡同样不遗余力。近年来，无锡市PM2.5年均浓度值和优良天数比率均保持在全省前列。为了实现更高的空气质量目标，无锡市制定了详细的大气污染防治工作计划，坚持源头治理，聚焦PM2.5和臭氧浓度"双控双减"。在"春夏攻坚"行动中，无锡市大气环境处围绕工程项目减排、全电工地建设、扬尘源污染治理等重点内容提出了多项具体要求。通过加快全电工地建设推广、强化渣土运输车辆全封闭运输管理、持续推进干散货港口码头全封闭料仓建设等措施，有效减少了扬尘污染。同时，在油品VOCs（挥发性有机物）方面，引导错峰开展装卸油作业，鼓励夜间加油，进一步降低了挥发性有机物的排放。

无锡在土壤和地下水环境保护方面取得显著成效。2023年，全市受污染耕地安全利用率达到99.07%，比上一年上升0.5个百分点，建设用地全部实现安全利用，安全利用率为100%，9个国考地下水点位水质全部达到省下达的考核要求。为了保持这一良好势头，无锡制定了详细的土壤和地下水污染防治工作计划，共排定8大类共947项工作任务，涉及重点污染地块管控和修复、土壤污染重点监管单位隐患排查、地下水污染防治等方面。特别值得一提的是，梁溪区作为全省唯一的国家级"十四五"土壤污染防治先行区，在土壤污染防治方面进行了大量探索和实践，为全市乃至全省的土壤污染防治工作提供了宝贵经验。

无锡美丽乡村建设成效显著，通过科学规划、环境整治、产业融合、文化传承、绿色发展、社会治理、村民参与以及科技支撑等多措并举，不仅改善了乡村面貌，提升了村民生活质量，还促进了乡村经济的繁荣与可持续发展。无锡的乡村正逐步成为宜居宜业、生态良好、文化丰富的美丽家园，成为乡村振兴战略的典范。

一是乡村规划的科学引领。根据江苏省绿美村庄211提升工程部署，无锡积极推进绿美村庄建设，新建和改造提升了一批绿美村庄。在规划过程中，充分考虑乡村的自然环境和人文特色，因地制宜地制定规划方案。注重规划的前瞻性和可操作性，确保规划能够落地实施并取得实效。

二是环境整治与美化并举。为了打造干净整洁、美丽宜居的乡村环境，无锡积极开展乡村环境整治与美化工作。通过实施农村人居环境整治提升"一推三治五化"专项行动，全面推进农村垃圾、污水、河塘整治工作。加强乡村绿化美化工作，建设了一批乡村公园、绿地和景观节点，使乡村环境得到显著提升。在鹅湖镇等地，通过新建石驳岸、透水混凝土园路、生态园路等基础设施，打造了美丽的河道景观和生态防护带。这些基础设施不仅提升了乡村的生态环境质量，还为村民提供了休闲娱乐的好去处。

三是产业融合与乡村振兴。通过发展现代农业、乡村旅游等产业，推动乡村经济转型升级。宜兴周铁镇的太湖湾蔬果产业园通过引进新技术、新装备和新模式，实现了蔬菜生产的农业机械化水平大幅提升，生产效率和质量显著提高。同时，该产业园还注重品牌建设和市场营销工作，成功地将产品打入市场并获得了良好口碑。除了现代农业外，无锡市还积极发展乡村旅游产业。通过挖掘乡村的自然景观和人文资源，打造了一批具有特色的乡村旅游景点和线路。这些景点和线路不仅吸引了大量游客前来观光旅游、休闲度假，还为当地村民提供了就业机会和增收渠道。

四是乡村治理与乡风文明。通过加强基层党组织建设、完善乡村治理体系、推动村民自治等措施，提升了乡村治理水平和社会治理效能。通过开展移风易俗、文化宣传等活动，引导村民树立正确的价值观和道德观，形成了良好的乡风文明氛围。值得一提的是，《无锡市和美乡村条例》从村庄规划与村落保护、环境提升与美丽家园、基础设施与公共服务等方面作出系统全面规范，为无锡加快建设宜居宜业和美乡村提供了有力的法治保障。

在生态保护工程如火如荼进展的同时，无锡美丽乡村建设成效显著，通过科学规划、环境整治、产业融合、文化传承、绿色发展、社会治理与村民参与以及科技支撑等多措并举，不仅改善了乡村面貌，提升了村民生活质量，还促进了乡村经济的繁荣与可持续发展。无锡的乡村正逐步成为宜居宜业、生态良好、文化丰富的美丽家园，为乡村振兴战略的实施树立了典范。

## 四、"诗书"无锡：文化传承与城市形象树立

无锡，这座坐落在太湖之滨、运河之畔的江南古城，自古以来便是文人墨客笔下的胜地，以其丰富的文化遗产、秀美的自然风光和繁荣的经济而著称。在现代化进程中，无锡不仅保留了深厚的江南文化底蕴，还不断展现出独特的现代形象，成为一座历史与现代交融、传统与创新并存的魅力之城。

无锡的历史可以追溯到3000多年前的商末周初，那时无锡就是吴文化的发源地之一，自3000多年前泰伯奔吴以来，吴文化逐步由武及文，崇文重

教，如荣氏先祖中的荣汝楫就提出"读书为族中第一要事"[1]，民间亦推崇耕读传家风气。历史上，无锡孕育了众多才华横溢的诗人、书法家、文学家和艺术家，他们的作品不仅展现了无锡的独特魅力，也为中国文化宝库增添了宝贵的财富。其诗书文化，犹如潺潺流水，滋养了一代又一代文人墨客的心田。如李绅的《悯农》道尽农人辛劳，秦观的《鹊桥仙》抒发深情厚谊，在民间广泛传承，深入人心。顾恺之不仅在绘画领域有着卓越的成就，其诗作也备受赞誉。梁代钟嵘在《诗品》中将顾恺之和陶渊明同列为"中品"，称赞其"文虽不多，气调劲拔"。《神情诗》等作品更是开启了无锡文学传统中文人创作的先声。从街头巷尾的吟诗作对，到家庭教育的诗书传家，无锡的诗书文化已深深融入城市的血脉之中。在这里，诗词歌赋不仅是文人雅士的专利，更是普通百姓生活的一部分。

此外，无锡还是中国古代四大米市之一，工商文化源远流长，孕育了独特的江南工商文明。自从1895年第一家近代企业——业勤纱厂创办开始，无锡进入了新的发展阶段。到1937年抗日战争前夕，无锡近代工商业迅速由发端进入黄金发展时期，在抗战前一跃而跻身中国六大工业都市（上海、天津、武汉、广州、青岛、无锡）之一，在非条约通商口岸城市中，无锡的轻工业发达程度居全国第一。[2]无锡成为中国自给自足的自然经济最早解体、城乡资本主义市场经济最早发展的地区之一，被誉为中国近代民族工商业的发源地，逐步形成儒商气质、尚德向善，务本务实、经世致用，精明灵动、善抓机遇，敢于创业、善于经营，崇文重教、热心办学，敢于开放、勇于竞争的工商文化。

无锡的民俗文化同样独具特色。春节、端午节、中秋节等传统节日里，无锡会举行各种庆祝活动，如舞龙舞狮、花船莲湘、马灯马叉等，这些活动不仅展现了无锡人的热情与活力，也传承了千年的民俗文化。无锡的美食文化同样令人称道。无锡菜，又称锡帮菜，以其甜糯清淡、花色精细的特点而

---

① 江庆柏：《明清苏南望族文化研究》，南京师范大学出版社2016年版，第74页。
② 江苏省文化厅：《文化遗产与社会发展》，南京出版社2007年版，第32页。

闻名遐迩。无锡排骨、梁溪脆鳝、镜箱豆腐等传统名菜，以其独特的口感和制作工艺，吸引了无数食客前来品尝。太湖船菜也是无锡的一大特色，泛舟游太湖，品尝船家精心烹制的湖鲜佳肴，别有一番风味。

随着时代的发展，无锡的城市建设日新月异。高楼大厦拔地而起，现代化基础设施不断完善，为市民提供了更加便捷的生活条件。在城市建设中，无锡注重将现代都市风貌与传统文化相融合，如无锡古运河东门段的提升改造工程，巧妙地将诗意与繁华融为一体，让人们在欣赏美景的同时，也能感受到江南文化的独特魅力。无锡高度重视文化产业的发展，通过建设一批重大公共文化设施、推动文艺创作多出精品、运营"钟书房"等文化场所等举措，不断提升城市的文化软实力。无锡交响乐团、无锡民族乐团等文化团体的成立和演出，不仅丰富了市民的文化生活，也提升了无锡在国内外的文化影响力。此外，无锡还成功举办一系列国际文化交流活动，如"丝竹的香颂——中国民乐无锡周"等，进一步扩大了无锡的朋友圈。

无锡的城市形象是一个集江南水乡特色、历史文化底蕴、经济繁荣与发展、绿色生态与宜居环境以及开放包容与国际化于一体的多元化形象。这种形象不仅展现了无锡的独特魅力，也为其未来的发展奠定了坚实的基础。无锡地处太湖流域，河网密布，水乡特色鲜明，古老的运河、桥梁、民居以及现代化的水城景观，共同构成了独特的城市风貌。从古代的吴文化到近现代的民族工业，无锡一直是中国文化和社会发展的一个重要节点。鼋头渚、寄畅园、清名桥等名胜古迹，以及吴文化博物馆等文化设施，都展示了无锡深厚的历史文化底蕴。无锡是中国重要的工业城市和商业中心之一，以制造业、高新技术产业和服务业为主要支柱。近年来，无锡积极推动经济转型升级，大力发展智能制造、新能源、生物医药等新兴产业，经济保持稳健增长。无锡注重生态环境保护，致力于打造绿色生态城市，太湖、梅园、蠡园等自然景观为无锡增添了无限的生机与活力。无锡是一座开放包容的城市，积极与世界各地开展交流与合作。无锡市新区、高新区等开发区的建设，吸引了大量国内外企业和人才前来投资兴业。同时，无锡还积极举办各类国际活动和展会，如太湖国际博览会等，提高了城市的国际知名度和影响力。

无锡通过一系列举措塑造了独特的城市形象，是一座历史与现代交融、传统与创新并存的魅力之城。在江南文化的滋养下，无锡展现出了独特的城市魅力和文化底蕴；在现代化进程的推动下，无锡不断焕发出新的生机与活力。未来，无锡将继续秉承"崇文厚德、和谐奋发"的城市精神，以更加开放的姿态迎接来自世界各地的朋友，共同书写无锡更加辉煌灿烂的篇章。

## 第二节　以经化文：经济发展焕发无锡传统文化新生

无锡，这座历史悠久的江南水乡，正以其独特的文化底蕴与现代经济的蓬勃发展交相辉映，焕发着传统文化的新生。随着经济的快速增长，无锡不仅保持了其"鱼米之乡"的美誉，更在科技创新、产业升级的浪潮中，为传统文化注入了新的活力。

### 一、"数字"无锡：技术创新驱动数字文化转型

在新时代的浪潮中，无锡深刻认识到数字文化转型的重要性和紧迫性，积极响应国家《关于推进实施国家文化数字化战略的意见》，以技术创新为驱动，积极推动数字文化转型，实现文化产业的创新发展与转型升级。出台了一系列政策措施，为数字文化转型提供坚实的政策保障。一方面，政策体系不断完善。无锡市政府先后发布了《无锡市"十四五"文化发展改革规划》《无锡市文化产业高质量发展三年行动计划（2022—2024年）》《关于推动无锡市文化产业高质量发展的若干政策》等文件，形成了涵盖企业培育、项目招引、产业集聚、平台载体建设、资金管理、税收优惠、人才支持等多方面的文化产业政策体系。这些政策为数字文化产业发展提供了全方位

的支持和保障。另一方面，资金投入不断加大。无锡市政府在数字文化转型方面投入了大量资金，支持文化项目的数字化改造、文化产业的数字化升级以及数字文化创新项目的研发和应用。

无锡在技术创新方面持续发力，以大数据、云计算、人工智能、物联网等先进技术为支撑，推动数字文化产品与服务的创新和发展。一方面，数字技术应用广泛。无锡在文化产业的各个环节广泛应用数字技术，实现了文化内容的数字化、传播渠道的网络化、文化体验的沉浸化。例如，利用VR/AR技术打造虚拟博物馆、数字图书馆等，让观众能够在虚拟环境中近距离观赏文物、阅读书籍；利用大数据和人工智能技术优化文化资源的配置和利用，提高文化产品的创作效率和质量；利用物联网技术实现文化场馆的智能化管理和服务等。另一方面，文化创意产业蓬勃发展。无锡积极引进和培育文化创意企业，推动文化产业与科技创新的深度融合，通过举办文化创意设计大赛、文化创意产业园区建设等方式，激发文化创意产业的创新活力。这些措施使得无锡文化创意产业呈现出蓬勃发展的态势，涌现出一批具有核心竞争力的文化创意企业和品牌。

无锡在数字文化转型过程中，注重产业升级和集群化发展，通过构建数字文化产业生态体系，推动文化产业向高端化、集聚化、特色化方向发展。一方面，产业园区转型升级。无锡对现有的文化产业园区进行转型升级，引入数字技术、智能设备等现代化元素，提升园区的科技含量和竞争力。例如，无锡创新创意产业园等园区实现了转型升级，吸引了大量数字文化企业和人才入驻；苏南（惠山）数字文化中心、1969创意工场等园区相继开放运营，为数字文化产业发展提供了良好的载体和平台。另一方面，数字文化产业集群形成。在产业园区的支撑下，无锡数字文化产业逐渐形成了集群化发展的态势。无锡依托自身在智能硬件、信息通信、应用服务等产业链条上的优势，积极构建数字文化产业生态体系，推动文化产业与数字经济、智能制造等产业的融合发展。目前，无锡已经初步形成了以影视产业、互联网广告、数字出版、创意设计等为特色的数字文化产业集群，为城市经济发展注入了新的动力。

在数字文化转型过程中，无锡还注重市场拓展和品牌建设，通过加强国际合作与交流，提升数字文化产业的国际竞争力。一方面，加强国际合作与交流。无锡积极与国际知名文化企业和机构开展合作与交流，引进国外先进的文化技术和管理经验，推动无锡数字文化产业的国际化发展。例如，无锡首次组织文化产业"走出去"，赴粤港澳大湾区开展文化产业专题招商活动；在深圳召开文化产业合作大会，集中签约一批数字文化类项目等等。这些举措为无锡数字文化产业的发展拓展了国际市场空间。另一方面，品牌建设与营销创新。无锡注重数字文化品牌的培育和建设，通过创新营销模式和手段，提升品牌知名度和美誉度。例如，利用数字技术打造了一系列具有地方特色的文化产品和品牌活动，如太湖音乐节、中鹰黑森林音乐会等。同时，通过线上线下相结合的方式开展营销活动，吸引了大量消费者的关注和参与。这些举措不仅提升了无锡数字文化产业的品牌影响力，也为城市文化的传播和推广作出了积极贡献。

在技术创新驱动数字文化转型的过程中，无锡涌现出一批典型案例和成功经验。一是无锡物联网创新中心有限公司：iSpin纺纱工业互联网协同制造管理。无锡物联网创新中心有限公司围绕传统纺纱行业智能化水平较低、用工密集、能源密集、数据不透明等痛点问题，突破了工业传感器组网、设备健康评估、碳足迹分析、边云协同智能等核心技术难点，形成了以新型通信技术为支撑的工业互联网与低碳化纺纱生产线解决方案。该方案已在国内外10多家纺纱工厂得到实际应用，为纺纱工厂智能化生产管理提供了科学决策和经济与社会效益显著的成果。二是无锡雪浪数制科技有限公司：基于设计制造协同与工业互联网的虚拟制造平台应用场景。无锡雪浪数制科技有限公司联合某国内著名车企和联通公司，整合多元异构数据及制造过程机理，利用离散事件仿真、数字孪生、AI等新技术，在极氪工厂率先建设了5G+工业互联网融合的虚拟制造平台应用场景。该平台实现了实时仿真、自主优化的数字孪生工厂建设，形成了可复制、可推广的智能制造解决方案。该案例展示了无锡在智能制造领域的创新能力和实践成果。三是江苏红豆互联网有限公司：5G柔性生产纺织服装工业互联网平台。江苏红豆互联网有限公司依托工业互联网平台，通过建设5G专网和构建5G+MEC云边协同能力，赋能纺织服装行业。该公司自主研发了5G量体仓、5G无轨柔性智造以及智能标识服务等解决方案，实现了个性化定制化量身裁衣、智能设计、柔性快捷生产和一站式服装溯源服务。该案例不仅推动了纺织服装行业的数字化转型和智能化升级，也为消费者带来了全新的消费体验和购物环境。

无锡在技术创新驱动下实现了数字文化的成功转型和产业升级，通过政策引领、技术创新、产业升级和市场拓展等多方面的努力，无锡数字文化产业取得了显著成效和突出成就。

## 二、"智造"无锡：智能技术提升泥塑留青艺术

2006年，惠山泥人被列入国家非物质文化遗产名录，成为我国民间艺术宝库中的璀璨明珠。[①]在无锡，泥塑与留青作为两项历史悠久的传统艺术形式，承载着深厚的文化底蕴与匠人精神。作为无锡乃至中国非物质文化遗产的重要组成部分，泥塑与留青面临着传承难、创新难、市场接受度不高等挑战。随着科技的飞速发展，智能技术正悄然渗透并深刻改变着这些传统艺术的创作、传播与保护方式。在数字化、智能化的时代背景下，这些传统艺术也迎来了前所未有的发展机遇。智能技术不仅能够为泥塑与留青的创作提供新的工具与手段，还能通过数字化手段实现艺术作品的广泛传播与永久保存，为传统艺术的传承与发展开辟新路径。

智能技术在泥塑艺术中的应用，一是3D打印技术：重塑泥塑创作流程。3D打印技术以其高精度、高效率的特点，为泥塑创作带来了革命性的变化。艺术家可以通过三维扫描技术将传统泥塑作品数字化，进而利用3D打印技术

---

① 徐国保：《吴文化的根基与文脉》，东南大学出版社2018年版，第185页。

快速复制出精确无误的模型。这不仅大大缩短了泥塑作品的制作周期，还降低了对原材料和人工的依赖，使得泥塑艺术更加易于传承和普及。此外，3D打印技术还允许艺术家在虚拟环境中进行创作尝试，通过不断调整和优化设计方案，最终呈现出更加完美的作品。二是人工智能辅助设计：激发创作灵感。人工智能在图像识别、深度学习等领域的应用，为泥塑艺术家提供了强大的辅助设计工具。艺术家可以通过输入关键词或描述，让AI生成一系列与主题相关的草图或模型，从而激发创作灵感。同时，AI还能对大量传统泥塑作品进行分析和学习，提取出其中的设计元素和风格特征，为艺术家提供创作参考和借鉴。这种人机协作的创作模式，不仅拓宽了艺术家的创作思路，还使得泥塑作品更加具有时代感和创新性。三是虚拟现实体验：沉浸式感受泥塑艺术。虚拟现实（VR）技术的引入，为观众提供了全新的泥塑艺术观赏体验。通过佩戴VR设备，观众可以身临其境地走进泥塑作品的世界，近距离观察作品的细节和纹理，感受艺术家的匠心独运。此外，VR技术还能模拟泥塑创作的全过程，让观众在虚拟环境中亲手体验泥塑制作的乐趣和挑战。这种沉浸式体验不仅增强了观众对泥塑艺术的兴趣和认知度，还促进了泥塑艺术的传播和普及。

智能技术在留青艺术中的应用，一是激光雕刻技术：精准呈现留青之美。激光雕刻技术以其高精度、高速度的特点，为留青艺术带来了全新的创作体验。传统留青需要艺术家凭借精湛的技艺和丰富的经验，在竹片上细心雕刻出图案和文字。而激光雕刻技术则可以在计算机控制下，精确地按照设计图案进行雕刻，大大提高了雕刻的精度和效率。同时，激光雕刻还能实现传统手工难以完成的复杂图案和细节处理，使得留青作品更加精美绝伦。二是数字化保护与修复：守护留青文化遗产。数字化技术为留青的保护与修复提供了有力支持。通过三维扫描和高清摄影等技术手段，可以将留青作品进行数字化采集和存储，实现对其形态、色彩、纹理等信息的全面记录。这些数字化信息不仅可以用于展览展示和学术研究，还可以为作品的修复提供精确的数据支持。在修复过程中，可以利用数字化技术模拟出修复前后的效果对比，确保修复工作的科学性和准确性。此外，数字化技术还能实现留青作品的远程传输和共享，为文化遗产的跨国界交流与合作提供便利。三是互联网+营销：拓宽留青市场。电商平台、社交媒体等新型营销渠道为留青艺术的市场拓展提供了广阔空间。艺术家和商家可以通过互联网平台展示和销售留青作品，吸引更多消费者的关注和购买。同时，利用大数据分析技术，可以精准定位目标消费群体，制定个性化的营销策略和推广方案。此外，互联网还促进了留青艺术的国际传播与交流，使得这一传统艺术形式能够跨越国界和文化的界限，赢得更多国际友人的喜爱和认可。

无锡智能技术在泥塑与留青艺术中的应用，不仅为传统艺术注入了新的活力与生命力，还推动了其与现代科技的深度融合与创新发展。一是科技与艺术的深度融合。随着科技的不断发展，智能技术在泥塑与留青艺术中扮演越来越重要的角色。未来，科技与艺术的深度融合将成为趋势，智能技术将不仅作为辅助工具存在，更将成为艺术创作不可或缺的一部分。艺术家将借助智能技术实现更多创意和想象，创作出具有时代感和创新性的作品。二是跨界合作的拓展。泥塑与留青艺术将与其他领域进行更广泛的跨界合作。例如，与时尚设计、家居装饰、文化创意产业等领域相结合，将传统艺术元素融入现代产品设计中，创造出具有独特韵味和文化内涵的产品。这种跨界合作不仅有助于传统艺术的传承与发展，还能为其带来新的市场机遇和增长点。三是国际化的传播与交流。随着全球化的深入发展，泥塑与留青艺术将更加注重国际化的传播与交流。通过参加国际展览、举办文化交流活动等方式，将传统艺术推向世界舞台，展示其独特的魅力和价值。同时，加强与国际同行的交流与合作，学习借鉴先进的创作理念和技术手段，共同推动传统艺术的创新与发展。四是可持续发展的路径探索。在智能技术的支持下，泥塑与留青艺术将探索可持续发展的路径。通过数字化保护、创新传播、跨界合作等方式，实现传统艺术的活态传承和可持续发展。同时，注重生态环保和可持续发展理念在艺术创作中的应用和推广，为传统艺术注入新的生命力和活力。

## 三、"市场"无锡：产业升级推动文化发展篇章

产业升级是经济社会发展的必然趋势，它不仅是经济结构优化、增长动力转换的过程，更是推动文化创新、提升文化软实力的重要途径。无锡位于中国经济最活跃的地区之一，其产业升级的步伐从未停歇。在这个过程中，无锡深刻认识到文化作为城市灵魂的重要性，将产业升级与文化发展紧密结合，形成了独具特色的"产业+文化"发展模式。

回顾无锡产业升级的历程与成果，无锡的工业基础雄厚，历史上曾以纺织、机械等传统产业闻名。面对全球经济一体化和科技进步的浪潮，无锡积极调整产业结构，大力发展高新技术产业和先进制造业。通过引进外资、培育本土企业、建设产业园区等措施，无锡成功实现了从传统工业向现代制造业的转型升级。如今，无锡已成为全国乃至全球重要的集成电路、物联网、生物医药等高新技术产业基地。在制造业快速发展的同时，无锡的服务业也迎来了前所未有的发展机遇。无锡注重发展现代服务业，特别是金融、物流、文化创意等生产性服务业，以及旅游、商贸、健康等生活性服务业。通过优化服务业发展环境、提升服务质量、拓展服务领域等措施，无锡的服务业实现了快速增长和多元化发展。这不仅为无锡的经济增长提供了新动力，也为文化产业的繁荣创造了有利条件。无锡深知创新是引领发展的第一动力。因此，无锡大力实施创新驱动发展战略，加强科技创新、产业创新、制度创新等各方面的创新。通过建立科技创新体系、培育创新型企业、搭建创新平台等措施，无锡不断激发创新活力，推动产业升级向更高水平迈进。这种创新驱动的发展模式不仅提升了无锡的产业竞争力，也为文化创新提供了强大的支撑。

随着无锡产业升级的深入推进，文化产业作为现代服务业的重要组成部分，得到了快速发展和壮大。无锡依托其丰富的文化资源和良好的产业基础，大力发展文化旅游、文化创意、数字文化等产业。通过打造文化产业园区、举办文化节庆活动、推动文化产品和服务创新等措施，无锡的文化产业

呈现出蓬勃发展的态势。这不仅丰富了人民群众的精神文化生活，也为无锡的经济发展注入了新的活力。无锡在产业升级过程中注重文化与科技的深度融合。通过运用数字技术、互联网技术等现代科技手段，无锡不断推动文化产业的数字化、网络化、智能化发展。例如，利用虚拟现实（VR）、增强现实（AR）等技术打造沉浸式文化体验项目；利用大数据分析技术精准推送文化产品和服务；利用人工智能技术提升文化创作的效率和质量等。这些科技手段的应用不仅为文化产业的发展提供了强大动力，也为文化创新提供了广阔空间。无锡在产业升级过程中注重文化品牌的打造与传播。通过深入挖掘和整理无锡的历史文化资源，提炼和弘扬无锡的文化精髓，无锡成功打造了一系列具有地方特色的文化品牌。这些文化品牌不仅提升了无锡的知名度和美誉度，也促进了无锡文化产业的国际化发展。同时，无锡还积极利用新媒体等传播手段扩大文化品牌的影响力，让更多的人了解和认识无锡的文化魅力。

产业升级与文化发展的互动效应，经济支撑与文化繁荣相互促进，无锡的产业升级为文化发展提供了坚实的经济基础。随着经济的快速发展和产业结构的优化升级，无锡的文化产业得到了更多的资金支持和市场机会。同时，文化产业的繁荣也促进了无锡经济的多元化发展，为经济增长提供了新的动力源泉。这种经济支撑与文化繁荣的相互促进关系构成了无锡产业升级与文化发展的良性循环。文化创新引领产业升级新方向，无锡的文化创新不仅丰富了人民群众的精神文化生活，也为产业升级提供了新方向和新动力。通过推动文化产业的创新发展，无锡不断培育新的经济增长点和竞争优势。同时，文化创新还促进了传统产业的转型升级和新兴产业的培育壮大。这种文化创新引领产业升级的新模式为无锡的可持续发展注入了新的活力。城市形象与文化软实力同步提升，无锡的产业升级与文化发展相互促进、相互支撑，共同提升了无锡的城市形象和文化软实力。通过打造具有国际影响力的文化品牌和举办高水平的文化活动，无锡不仅提升了自身的知名度和美誉度，也增强了自身的文化吸引力和竞争力。这种城市形象与文化软实力的同步提升为无锡的国际化发展奠定了坚实基础。

未来，无锡将继续深化产业与文化融合发展模式，推动文化产业与制造业、服务业等产业领域的深度融合。通过加强文化创意设计、文化科技研发等方面的合作与交流，促进文化产业与其他产业的相互促进和共同发展。这种深度融合的发展模式将为无锡的文化产业注入更多创新元素和市场活力，推动其实现更高质量的发展。积极打造具有国际影响力的文化品牌，提升无锡文化的国际知名度和竞争力。通过深入挖掘和整理无锡的历史文化资源，提炼和弘扬无锡的文化精髓，打造具有地方特色的文化品牌。同时，加强与国际文化机构的交流与合作，推动无锡文化品牌的国际化发展。这种品牌化的发展战略将为无锡的文化产业提供更强有力的市场支撑和发展动力。不断强化文化科技创新驱动推动文化产业与科技的深度融合。通过加强科技创新体系建设、培育创新型企业、搭建创新平台等措施，激发文化产业的创新活力。同时，加强数字技术、互联网技术等现代科技手段在文化领域的应用，推动文化产业向数字化、网络化、智能化方向发展。这种创新驱动的发展模式将为无锡的文化产业注入更多科技元素和创新动力，推动其实现更高水平的发展。积极促进文化产业的可持续发展，推动文化产业与生态环境保护、社会和谐发展等方面的有机结合。通过加强文化产业规划和管理，引导文化产业向绿色低碳、循环经济等方向发展；加强文化产业与旅游、教育等产业的融合发展，推动文化产业实现多元化发展；加强文化产业人才培养和引进，为文化产业提供强有力的人才支撑和智力保障。这种可持续发展的战略将为无锡的文化产业提供更加广阔的发展空间和更加坚实的发展基础。

综上所述，无锡通过产业升级推动文化发展的历程和成果，充分展示了这座城市在传统与现代、经济与文化之间的和谐共生与繁荣景象。未来，无锡将继续深化产业与文化融合发展，打造具有国际影响力的文化品牌，强化文化科技创新驱动，促进文化产业可持续发展，为无锡的文化产业注入新的活力和动力，推动其实现更高质量的发展。

## 四、"互联"无锡：网络经济激发传统文化活力

无锡文化遗产丰富多样，包括物质文化遗产如古运河、古街巷、古建筑等，以及非物质文化遗产如惠山泥人、锡剧、宜兴紫砂等。在数字化浪潮的推动下，无锡积极拥抱网络经济，将传统文化与现代科技相结合，探索出一条传统文化传承与创新发展的新路径。

一是数字化保护与传承。数字化采集与建档，无锡充分利用现代科技手段，对传统文化资源进行全面数字化采集与建档。通过高清摄影、三维扫描、虚拟现实（VR）等技术，将古建筑、文物、非物质文化遗产等传统文化资源转化为数字资源，实现永久保存和便捷传播。例如，无锡已完成馆藏3万多件套文物信息采集，实现全市464个文物单位数据档案建设全覆盖，初步形成无锡特色文化数据库。数字化展示与体验，无锡积极打造数字化展示平台，利用互联网、移动互联网等渠道，将传统文化资源以更加生动、直观的方式呈现给公众。通过数字化博物馆、虚拟展览、在线互动等方式，让公众足不出户就能感受到传统文化的魅力。同时，无锡还推出了"云上学习""梁溪艺谈""云上剧场"等云服务矩阵，为公众提供丰富的在线文化学习体验。

二是网络文化活动与传播。网络文化季与主题宣传，无锡定期举办网络文化季活动，通过线上线下的方式，开展丰富多彩的文化活动和主题宣传。例如，2024年无锡举办了第十二届网络文化季活动，以"龙腾虎跃齐奋进 实干当先挑大梁"为主题，分为"e路领航""e起传承""e呼百应""e气风发"四大篇章35项活动。这些活动不仅展示了无锡的传统文化魅力，还激发了公众对传统文化的兴趣和热爱。短视频与直播，无锡积极利用短视频和直播等新媒体形式，传播传统文化。通过制作精美的短视频和开展直播活动，将无锡的传统文化、风土人情、美食美景等展现给全国乃至全球的观众。这些短视频和直播活动不仅提高了无锡的知名度，还促进了传统文化的传播和普及。网络正能量传播，无锡注重通过网络传播正能量，弘扬社会主义核心

价值观。通过举办网络正能量精品评选、网络文明志愿者招募等活动，引导公众积极参与网络文化建设，共同营造清朗的网络空间。同时，无锡还通过"太湖讲习所"等青少年网上理论传播活动，加强青少年的思想政治教育和价值观引导。

三是文化创意产业发展。文化IP打造，无锡深入挖掘传统文化的内涵和价值，打造具有地方特色的文化IP。例如，通过挖掘惠山泥人、锡剧等非物质文化遗产的潜在价值，开发出一系列具有市场竞争力的文化产品和旅游纪念品。这些文化IP不仅丰富了无锡的文化产业体系，还带动了相关产业链的发展。文化创意园区建设，无锡注重文化创意园区的规划和建设，通过整合文化资源、引入创意人才和企业，打造集文化创意、研发设计、生产制造、展示交易等功能于一体的综合性文化创意园区。例如，无锡创新创意产业园等园区实现转型升级，苏南（惠山）数字文化中心、1969创意工场等园区开放运营。这些园区不仅为文化创意产业的发展提供了良好的平台和支持，还促进了传统文化与现代科技的深度融合。

四是数字经济赋能传统产业。传统产业数字化转型，无锡积极推动传统产业数字化转型，通过引入互联网、大数据、人工智能等先进技术，提升传统产业的智能化水平和竞争力。例如，在纺织行业，企业采用"格罗瑞纺织生产管理云平台"等智能生产解决方案，实现了生产效率的大幅提升和用工规模的降低。这些数字化转型的成功案例不仅为企业带来了经济效益的提升，还促进了传统文化的传承与创新。数字基础设施建设，无锡加强数字基础设施建设，为数字经济发展提供坚实保障。无锡建成投用雪浪算力中心等高性能计算设施，并出台相关政策文件加快推进算力发展和应用。同时，无锡还积极推进5G网络建设，实现主城区和重点区域的5G网络全覆盖。这些数字基础设施的建设为传统文化的数字化保护和传播提供了有力支持。

网络经济激发传统文化活力的成效，一是传统文化得到广泛传播，通过网络经济的推动，无锡的传统文化得到了更加广泛的传播和普及。无论是通过数字化展示平台，还是短视频、直播等新媒体形式，无锡的传统文化都以更加生动、直观的方式展现在公众面前。这不仅提高了无锡的知名度，还增强了公众对传统文化的认同感和自豪感。二是文化创意产业蓬勃发展，无锡的文化创意产业在网络经济的推动下蓬勃发展。通过打造文化IP、建设文化创意园区等措施，无锡的文化创意产业体系不断完善，产业规模不断扩大。这些文化创意产业的发展不仅为无锡的经济发展注入了新的动力，还促进了传统文化的传承与创新。三是数字经济与传统文化深度融合，无锡的数字经济与传统文化实现了深度融合。通过数字化保护与传承、网络文化活动与传播、文化创意产业发展等举措，无锡的传统文化在数字经济时代焕发出了新的活力。这种深度融合不仅促进了传统文化的传承与发展，还为无锡的数字经济发展提供了新的增长点。

未来，无锡将继续深化网络经济与传统文化的融合发展。其一，无锡将进一步加强数字化基础设施建设，为传统文化的数字化保护和传播提供更加坚实的支撑。其二，无锡将积极探索传统文化与现代科技深度融合的新模式、新路径，推动传统文化在数字经济时代实现更高质量的发展。其三，无锡还将加强与国际社会的交流合作，共同推动全球文化多样性的保护和传承。

总之，无锡通过网络经济的推动，成功激发了传统文化的活力。这种融合发展的模式不仅为无锡的经济发展注入了新的动力，还为传统文化的传承与创新提供了新的机遇。无锡将继续秉持开放包容、守正创新的精神，推动网络经济与传统文化的深度融合发展，为实现中华民族伟大复兴的中国梦贡献无锡力量。

## 第三节　科技人文共生：科技创新助力无锡全面繁荣

无锡，作为长三角地区的重要城市，正以前所未有的速度推进科技创新，同时不忘深厚的人文底蕴，实现了科技与人文的和谐共生。科技创新在这里不仅是经济发展的引擎，更是推动社会全面繁荣的关键力量。无锡依托强大的科研实力和产业基础，不断突破技术瓶颈，培育出了一批具有国际竞争力的科技企业和高新技术产业。这些创新成果不仅提升了无锡的经济实力，更为城市的可持续发展注入了强劲动力。与此同时，无锡深知人文精神的滋养对于城市发展的重要性。在科技创新的浪潮中，无锡始终坚守文化根脉，注重保护和传承传统文化，让古老的文化遗产在现代社会中焕发新生。"科技人文共生"的理念在无锡得到了充分实践，科技创新为无锡带来了经济繁荣和社会进步，而人文精神的滋养则让这座城市更加富有魅力和温度。

## 一、"交汇"无锡：产业科技化的新篇章启航

产业科技化是推动经济转型升级的重要途径。通过科技创新，无锡能够优化产业结构，提升产业附加值，实现从"无锡制造"向"无锡创造"的转变。在激烈的市场竞争中，无锡通过产业科技化，培育出一批具有自主知识产权和核心竞争力的创新型企业和产业集群，提升城市的综合竞争力，推动传统产业转型升级，发展新兴产业，促进资源节约和环境保护，实现经济、社会、环境的协调发展。

第一，构建科技创新体系。强化创新平台建设：积极引进和培育高水平的科研机构、高校和创新型企业，建设一批国家级和省级重点实验室、工程技术研究中心、企业技术中心等创新平台。这些平台为无锡的科技创新提供了强有力的支撑。完善创新服务体系，建立健全科技创新服务体系，包括科技咨询、技术转移、成果转化、风险投资等各个环节。通过优化创新服务流

程，降低创新成本，提高创新效率，为科技创新提供全方位、全链条的服务。深化产学研合作，积极推动企业与高校、科研机构的深度合作，建立产学研用紧密结合的创新机制。通过联合攻关、共建研发机构、共享科研成果等方式，促进科技创新与产业发展的深度融合。

第二，培育创新型企业。实施高新技术企业培育计划，制定一系列优惠政策，支持高新技术企业和科技型中小企业的发展。通过提供财政补贴、税收优惠、融资支持等措施，激励企业加大研发投入，提升自主创新能力。推动传统产业转型升级，积极引导传统产业通过技术改造、产品创新、品牌建设等方式实现转型升级。通过引入先进技术和管理模式，提升传统产业的技术含量和附加值，增强市场竞争力。发展新兴产业，紧跟全球科技发展趋势，大力发展物联网、集成电路、生物医药、新能源等新兴产业。通过政策扶持、资金投入、人才引进等措施，推动新兴产业快速发展壮大。

第三，优化创新生态。营造良好创新氛围，通过举办各类科技创新活动、建立创新文化示范区等方式，营造浓厚的创新氛围。鼓励社会各界积极参与科技创新活动，形成全民创新的良好风尚。完善人才政策：制定一系列吸引和留住人才的政策措施，包括提供住房补贴、子女教育优惠、创业扶持等。通过优化人才政策环境，吸引更多优秀人才来无锡创新创业。加强知识产权保护，无锡建立健全知识产权保护和维权机制。通过加强宣传教育、提高执法效率等方式，营造尊重知识、尊重创新的良好社会环境。

近年来，无锡在科技创新方面取得了显著成效。一批具有自主知识产权的核心技术和产品相继问世，如物联网技术、集成电路设计、生物医药研发等领域均取得了重大突破。这些创新成果不仅提升了无锡的科技实力和产业竞争力，还为经济社会发展注入了新的活力。通过产业科技化的推进，无锡的产业结构不断优化升级。传统产业通过技术改造和转型升级焕发出新的生机活力；新兴产业则迅速崛起成为经济增长的新引擎。无锡的产业结构呈现出高端化、智能化、绿色化的趋势。在无锡这片创新创业的热土上，创新型企业如雨后春笋般涌现。这些企业凭借自主创新能力和市场竞争力在各自领域内取得显著成绩。同时，无锡还培育出了一批具有国际影响力的创新型企业和产业集群，为无锡的经济发展注入了强劲动力。随着产业科技化的深入推进，无锡的创新生态日益完善。创新平台、创新服务、创新人才等要素不断集聚和优化配置，为科技创新提供了有力支撑。无锡还加强与国际社会的交流合作，积极融入全球科技创新网络，不断提升自身的创新能力和国际竞争力。

无锡产业科技化的深化路径与策略。一是深化科技体制改革。为了进一步激发科技创新的活力，无锡持续深化科技体制改革。这包括优化科研项目和经费管理，减少不必要的行政干预，赋予科研单位和科研人员更多自主权。同时，建立更加科学合理的科技评价机制，注重成果的质量、效益和社会影响，避免"唯论文、唯职称、唯学历、唯奖项"的单一评价体系。加强科研诚信建设，营造风清气正的科研环境。

二是强化企业创新主体地位。企业是科技创新的主体，也是科技成果转化的重要载体。无锡持续强化企业的创新主体地位，鼓励企业加大研发投入，建立自己的研发机构，培养自己的研发团队。支持企业参与国家和地方重大科技项目，引导企业开展前沿技术研究和关键共性技术攻关。推动产学研深度融合，促进科技成果向现实生产力转化。

三是培育壮大战略性新兴产业。战略性新兴产业是无锡未来经济发展的重要增长点。无锡将聚焦物联网、集成电路、生物医药、新能源等战略性新兴产业，加大政策扶持力度，吸引更多优质项目落户。同时，加强产业链上下游的协同合作，构建完整的产业链条和生态系统。积极培育新业态新模式，推动数字经济与实体经济深度融合，打造数字经济新优势。

四是加强国际科技合作与交流。在全球化的今天，科技创新的国际合作与交流显得尤为重要。无锡将积极参与国际科技合作与交流活动，加强与发达国家和发展中国家的科技合作，共同应对全球性挑战。通过引进国际先进技术和管理经验，提升无锡的科技创新能力和国际竞争力。同时，鼓励无锡的企业和科研机构"走出去"，在国际市场上寻求合作机会和发展空间。

　　五是构建绿色低碳的科技创新体系。面对全球气候变化和环境保护的严峻挑战，无锡将致力于构建绿色低碳的科技创新体系。这包括加强节能环保技术研发和应用推广，推动传统产业绿色化改造升级；发展新能源和可再生能源产业，降低对化石能源的依赖；加强生态环境监测和治理技术研发，提高生态环境保护和修复能力。同时，倡导绿色生活方式和消费模式，推动形成绿色低碳的社会风尚。

## 二、"创新"无锡：科技赋能的文化产业突破

　　近年来，无锡积极响应国家创新驱动发展战略，将科技创新作为推动文化产业转型升级的重要引擎，通过科技赋能实现了文化产业从内容到形式、从传播到消费的全面创新。

　　科技赋能下无锡产业创新发展具有众多优势。历史文化底蕴方面，无锡历史悠久、文化底蕴深厚，为文化产业的发展提供了丰富的素材和灵感。无锡的文化遗产保护有力，非物质文化遗产传承有序，这为文化产业的创新发展奠定了坚实的基础。例如，推出《无锡市"百匠千品"非遗传承创新工程三年行动计划（2023—2025）》，重点培养代表性传承人，打造具有地方特色的非遗产品，这些举措有助于推动传统文化的创造性转化和创新性发展。

　　数字文化产业方面，随着5G、云计算、物联网等互联网技术的发展，无锡积极拥抱数字经济，坚持打造智慧城市，加速工业互联，推动文化与科技深度融合，为数字文化产业的发展打下了良好基础。无锡物联网产业蓬勃发展，通过国家信息消费综合示范城市建设评估，排名全省第一。无锡还积极构建数字文化产业生态，推动文化资源数字化转型、场景化应用、产业化发展。

　　产业园区方面，无锡通过科学布局产业园区发展，推动文化产业集聚。无锡创新创意产业园等园区实现转型升级，苏南（惠山）数字文化中心、1969创意工场等园区开放运营。全市共建成国家级、省级挂牌园区18个，初

步形成了以影视产业、互联网广告、数字出版、创意设计等为特色的数字文化产业集群。这些园区的建设和发展，为文化产业的创新发展提供了重要的平台和载体。

市场主体方面，无锡文化产业市场主体持续丰富壮大，文旅企业总数超2万家，规模以上文旅单位1000余家，从业人员超10万人。这些企业涵盖影视传媒、创意设计、数字出版、文化旅游、广告会展、动漫网游、演艺娱乐等多个领域，为文化产业的创新发展提供了强大的动力和活力。

科技赋能给予文化产业创新的驱动力。一是数字技术的广泛应用。在无锡的文化产业中，数字技术已成为不可或缺的一部分。从数字内容创作到数字平台运营，从虚拟现实体验到增强现实互动，数字技术正以前所未有的方式改变着文化产品的生产、传播和消费模式。无锡的文化企业积极拥抱数字技术，利用大数据、云计算、人工智能等先进技术，提升文化产品的创意水平、制作效率和用户体验。

二是新媒体的崛起与融合。新媒体的快速发展为无锡文化产业带来了前所未有的机遇。无锡的文化企业充分利用互联网、移动互联网、社交媒体等新媒体平台，拓展文化传播渠道，增强文化产品的互动性和参与性。同时，无锡还积极推动传统媒体与新媒体的融合发展，通过跨界合作、资源共享等方式，打造了一批具有广泛影响力的文化品牌和产品。

三是科技创新平台的搭建。为了促进文化产业的创新发展，无锡积极搭建科技创新平台，为文化企业提供技术支撑和服务保障。无锡高新区、太湖新城等区域建设了一批高水平的科技创新园区和孵化器，吸引了大量文化科技企业和创业团队入驻。这些平台不仅为文化企业提供了良好的创新环境和资源条件，还促进了产学研用的深度融合和协同创新。

文化产业突破是科技赋能下的新生态。一是文化创意产业的蓬勃发展。在科技赋能下，无锡的文化创意产业呈现出蓬勃发展的态势。无锡的文化企业依托丰富的文化资源和创意人才优势，结合数字技术、新媒体等手段，开发出一系列具有鲜明地域特色和时代气息的文化创意产品。这些产品不仅满足了人民群众日益增长的精神文化需求，还推动了无锡文化产业的转型升级和高质量发展。

二是文化旅游产业的深度融合。无锡拥有丰富的旅游资源和深厚的文化底蕴，文化旅游产业一直是无锡的支柱产业之一。在科技赋能下，无锡的文化旅游产业实现了深度融合和创新发展。通过运用数字技术、虚拟现实等手段，打造了一批具有沉浸式体验的文化旅游项目和产品。这些项目和产品不仅提升了游客的参与度和满意度，还增强了无锡文化旅游品牌的吸引力和影响力。

三是文化教育与科技的紧密结合。在无锡的文化产业发展中，文化教育与科技的紧密结合成为一个亮点。无锡的教育机构和文化企业积极探索将科技元素融入文化教育的有效途径和方法。通过开发数字化教育资源、建设智慧教育平台等方式，无锡实现了文化教育的个性化和精准化。同时，无锡还注重培养具有创新意识和实践能力的文化人才，为文化产业的持续发展提供了有力的人才保障。

"创新"无锡坚持创新驱动发展战略不动摇，以科技赋能为引领推动文化产业的高质量发展，以其独特的文化底蕴和科技创新精神为动力源泉不断书写着文化产业的新篇章。

## 三、"关怀"无锡：科技创新的文化温度传递

在无锡的城市脉络中，"关怀"二字不仅仅是人与人之间温情的传递，更是科技创新与文化温度深度融合的生动体现。无锡将科技创新的力量转化为温暖人心的文化力量，编织出一幅幅细腻而丰富的社会织锦，巧妙地传递着文化的温度，让这座城市既拥有科技的"硬实力"，又散发出文化的"软实力"。

科技之光，照亮文化之路。一方面，数字技术赋能文化遗产保护。无锡拥有丰富的文化遗产，从古典园林到古运河，每一处都承载着厚重的历史与

文化。在科技创新的浪潮中，无锡积极运用数字技术为文化遗产保护插上翅膀。通过3D扫描、虚拟现实（VR）、增强现实（AR）等先进技术，不仅实现了对文化遗产的高精度数字化复原，还让观众能够身临其境地体验古建筑的魅力，让古老的文化在数字世界中焕发新生。另一方面，智慧文旅，提升游客体验。无锡的旅游业同样受益于科技创新的滋养。智慧旅游平台的建设，让游客可以轻松规划行程、预约门票、享受个性化服务。通过大数据分析，旅游部门能够精准掌握游客需求，提供更加贴心、便捷的服务。同时，无锡还积极探索"文化+科技"的融合发展模式，如利用光影秀、沉浸式剧场等形式，将传统文化与现代科技完美融合，为游客带来前所未有的文化体验。这种关怀，体现在每一个细节之中，让每一位游客都能感受到无锡的热情与温暖。无锡近年来已完成83个"百宅百院"活化利用项目，游客成倍增长让这些沉睡的建筑真正"活"了起来，更加凸显了城市经济烟火气息和生活温度内含的深厚人文关怀。①

　　文化温度，滋养科技创新土壤。一方面，文化底蕴激发创新灵感。无锡深厚的文化底蕴为科技创新提供了不竭的灵感源泉。无论是古代文人墨客的诗词歌赋，还是现代艺术家的创意作品，都蕴含着丰富的想象力和创造力。这些文化元素被巧妙地融入科技创新之中，不仅提升了科技产品的文化内涵，也让科技创新更加贴近人心、更具人文关怀。在无锡，我们可以看到许多将传统文化与现代科技完美结合的创新成果，它们不仅展现了无锡的科技实力，更彰显了这座城市的文化自信。另一方面，人文关怀引领科技发展方向。无论是政府还是企业，都注重将科技创新成果转化为服务社会的实际行动。在无锡的科技创新体系中，人文关怀被置于重要位置。从科研项目的选题到科技成果的转化应用，都充分考虑了社会需求和民众福祉。这种以人民为中心的发展思想，让无锡的科技创新之路更加坚实、更加宽广。

　　无锡文化底蕴深厚，从吴文化的发源地到近代工商业的兴起，历史的每

---

① 无锡市档案史志馆：《无锡年鉴（2023）》，方志出版社2023年版，第361页。

一页都书写着创新与变革的篇章。步入新时代，无锡没有忘记自己的文化根脉，而是将这份厚重的文化底蕴作为科技创新的土壤，让科技之花在文化的滋养下绚丽绽放。在无锡的科技创新园区，可以看到许多企业不仅致力于技术研发和产品创新，还积极挖掘和融合传统文化元素，将传统文化与现代科技紧密结合。比如，通过数字化手段复原古运河风貌，让市民和游客在体验高科技的同时，也能感受到无锡悠久的历史文化；又如，在智能制造领域，引入传统手工艺人的智慧和技艺，结合3D打印、智能机器人等现代技术，创造出既具有传统韵味又不失现代感的新产品，实现了传统文化的现代化传承。

　　无锡的科技创新始终坚持以人民为中心的发展思想，致力于将科技成果转化为实实在在的民生福祉。从智慧城市的建设到健康医疗的升级，从教育资源的均衡分布到环境质量的持续改善，无锡的科技创新成果处处体现着对人民群众的深切关怀。在智慧城市方面，无锡通过大数据、云计算、物联网等先进技术，实现了城市管理的精细化、智能化，有效提升了公共服务水平和居民生活质量。比如，智慧停车系统让找车位不再难，智慧医疗平台让看病就医更加便捷，智慧养老服务让老年人享受到更加贴心、全面的照护。在健康医疗领域，无锡积极引进和培育生物医药、医疗器械等高科技企业，推动医疗技术的创新与应用。同时，依托大数据和人工智能技术，建立起了完善的疾病预防、诊断、治疗、康复体系，为人民群众提供了更加精准、高效的健康服务。

　　无锡的科技创新不仅推动了经济社会的快速发展，还极大地促进了文化的繁荣与自信。在无锡，科技创新与文化创意的深度融合，催生出了一批批具有鲜明地域特色、时代气息和创新精神的文化产品和服务，让无锡的文化软实力得到了显著提升。在文化创意产业方面，无锡依托丰富的历史文化资源和现代科技手段，打造了一系列具有影响力的文化品牌。比如，无锡影视基地凭借先进的拍摄技术和制作团队，吸引了众多国内外影视作品前来取景拍摄，成为中国影视产业的重要基地之一；无锡的动漫游戏产业，通过引入先进的制作技术和设计理念，创作出了一系列深受观众喜爱的动漫游戏作品，展现了中国动漫游戏产业的创新实力和发展潜力。无锡还注重文化遗产的保护与传承，利用现代科技手段对古建筑、古遗址等进行数字化复原和展示，让更多人了解无锡的历史文化、感受无锡的文化魅力。同时，无锡还积极举办各类文化交流活动和文化节庆活动，搭建起文化交流与合作的桥梁，促进了不同文化之间的理解和尊重。

"关怀"无锡，不仅是对这座城市历史文化的深情回望，更是对科技创新与文化温度深度融合的美好展望。在这片充满活力的土地上，科技创新与文化传承相互交融、相互促进，共同绘制出一幅幅动人的社会画卷。

## 四、"现代"无锡：科技文化与人的全面发展

马克思和恩格斯早期的社会主义理论强调推进人的全面发展的思想，认为资本主义社会的"旧式分工"限制了个体的发展，抑制了人的自由全面发展的潜力。因此，他们把人的自由全面发展作为社会进步的价值追求和最高理想目标，并将其视为人类社会进步的目的本身。随着中国特色社会主义进入新时代，我国更加关注人的全面发展问题，中国式现代化的前提是关注人的现代化，这是全面建成社会主义现代化强国的重要前提和要素。

无锡不仅保留了其深厚的文化底蕴，更在时代的浪潮中勇立潮头，将科技的力量与文化的温度深度融合，通过提供丰富的教育资源、提升创新能力、改善生活质量以及丰富精神世界、促进社会和谐和提升城市形象等方式，为市民提供了更加全面、多元的发展机会和平台，促进了人的全面发展和社会的持续进步。

无锡的科技创新不仅推动了经济的快速增长，更在深层次上促进了人的发展。第一，科技创新促进人的能力提升。科技创新是推动人的能力提升的重要动力。无锡通过加强科技创新体系建设、推动高新技术产业发展等措施为市民提供了更多的学习机会和就业岗位；通过加强科技教育和培训等措施提高了市民的科技素养和创新能力；通过推动产学研用深度融合等措施促进

了科技成果向现实生产力转化让市民在参与科技创新的过程中不断提升自身的能力和素质。

第二，教育事业的优先发展。教育是人的全面发展的基础。无锡始终把教育放在优先发展的战略位置，加大教育投入力度，提升教育质量水平。无锡不仅拥有众多优质的基础教育学校和高等院校，还积极推进教育国际化、信息化进程。通过引入国际先进的教育理念和管理模式、推广数字化教学手段等措施，无锡的教育事业不断迈向新高度。至2022年，无锡籍中国科学院和中国工程院院士有96人。[①]这些努力为无锡培养了大量高素质的人才队伍，为城市的现代化建设和人的全面发展提供了有力的人才保障。

第三，健康医疗体系的不断完善。健康是人民幸福生活的基石。无锡在推动经济社会发展的同时，也高度重视医疗卫生事业的发展。无锡通过深化医药卫生体制改革、加强医疗卫生基础设施建设、提升医疗技术水平和服务质量等措施，不断完善健康医疗体系。同时，无锡还积极推进"健康无锡"建设行动计划，倡导健康生活方式、加强疾病预防控制、提升公共卫生应急能力等工作。这些努力为无锡市民提供了更加优质、便捷、高效的医疗卫生服务保障了市民的身心健康和生命安全。

第四，社会治理体系的现代化转型。社会治理体系的现代化转型是实现人的全面发展的重要保障。无锡在推进社会治理体系现代化方面进行了积极探索和实践。无锡通过构建"大数据+网格化+铁脚板"的社会治理新模式、推广"互联网+政务服务"等举措提高了社会治理的智能化、精细化水平；通过加强社会信用体系建设、推进法治无锡建设等措施营造了良好的社会环境；通过加强基层社会治理、推动社会组织发展等措施增强了社会自治能力。这些努力为无锡市民提供了更加安全、稳定、和谐的社会环境，促进了人的全面发展和社会进步。

无锡自古以来便是文化繁荣之地，其深厚的文化底蕴与独特的文化魅

---

① 无锡市档案史志馆：《无锡年鉴（2023）》，方志出版社2023年版，第20-21页。

力，为人的全面发展提供了肥沃的土壤和丰富的滋养。无锡的文化繁荣不仅体现在历史遗迹的保存与传承上，更在于其与时俱进的文化创新和对人的全面发展所起的积极作用。第一，传承和弘扬历史文化。通过挖掘和整理历史文化遗产，人们可以更好地了解过去的历史和文化传统，从而增强对文化的认同感和归属感，进而激发人们的文化自信和自豪感。

第二，滋养人的精神世界。文化繁荣是滋养人的精神世界的重要源泉。无锡通过传承和创新传统文化、推动现代文化多元共生等措施丰富了市民的精神文化生活；通过加强文化设施建设、举办各类文化活动等措施提升了市民的文化素养和审美能力；通过加强国际文化交流与合作等措施拓宽了市民的国际视野和跨文化交流能力。这些努力让无锡市民在享受文化盛宴的同时不断提升自身的精神境界和文化自信。

第三，促进社会和谐。无锡注重传承和弘扬中华优秀传统文化，通过举办传统文化讲座、节日庆典等活动，增强市民对中华文化的认同感和归属感。这些活动不仅促进了社会和谐稳定，还为市民提供了更多的交流机会，增强了市民的社交能力和团队协作能力。

第四，提升城市形象。无锡的文化发展还提升了城市的知名度和美誉度。通过举办国际性的文化活动和体育赛事，无锡向世界展示了其独特的文化魅力和城市形象。这些活动不仅吸引了更多的游客和投资者来无锡旅游和投资，还为市民提供了更多的就业机会和创业机会，促进了人的职业发展和社会进步。

"现代"无锡在科技文化的引领下正以前所未有的速度和规模推进着城市的现代化建设和人的全面发展。无锡的科技创新为城市的发展注入了强大动力，无锡的文化繁荣为市民的精神生活提供了丰富滋养，无锡的科技文化与人文关怀的深度融合为人的全面发展提供了更加全面、深入的支持和保障。

# 新质生产力助推
# 无锡人文经济发展

第四章

## 第一节　新时代无锡新质生产力的实践

### 一、无锡新质生产力从理念到实践演进

当今世界正处于百年未有之大变局，面对严峻复杂的国际环境和艰巨繁重的国内改革发展稳定任务，中国共产党创造性地提出新质生产力概念，将其作为面对新一轮科技革命和产业革命的突破方向。2023年9月，习近平总书记在黑龙江考察调研期间首次提出新质生产力。2024年3月5日，习近平总书记在参加十四届全国人大二次会议江苏代表团审议时指出："江苏发展新质生产力具备良好的条件和能力。要突出构建以先进制造业为骨干的现代化产业体系这个重点，以科技创新为引领，统筹推进传统产业升级、新兴产业壮大、未来产业培育，加强科技创新和产业创新深度融合，巩固传统产业领先地位，加快打造具有国际竞争力的战略性新兴产业集群，使江苏成为发展新质生产力的重要阵地。"①与传统的生产力不同，新质生产力追求更高科技的含量，强调在互联网的推动下实现产业之间的融合，增强产业发展的延伸性。无锡根据国家战略发展要求，主动承担起发展战略性新兴产业的需求，将"卡脖子"关键核心技术作为研发突破方向，发展新质生产力。

2024年8月，江苏省省长许昆林在无锡调研时提出，应该"以改革创新驱动生产力迭代升级，以新质生产力赋能产业深度转型升级，强化人文与经济、历史文脉与现代文明交融互动，持续形成高质量发展新动能新空间，

———————
①　《习近平在参加江苏代表团审议时强调 因地制宜发展新质生产力》，《人民日报》2024年3月6日。

为推进中国式现代化江苏新实践贡献更多力量。"①无锡拥有深厚的历史底蕴，在新质生产力的发展下提升人文经济，让经济发展更加具有韧性。

无锡很早就确定发展前沿技术的方向，注重将新质生产力从理念探讨应用至实践中，在多个领域都展现出了长远的眼光和率先发展前进的勇气。例如集成电路产业，早在1986年，无锡就成功生产出中国第一块超大规模集成电路，如今的无锡已经成为集成电路产业链最齐全的城市，2023年集成电路的产值突破2000亿元，无锡也因此被称为南方微电子基地。2009年，无锡率先发展物联网相关技术，入选中国首个"国家传感网创新示范区"，经过多年的探索，成为全国数一数二的物联网城市。这些都得益于无锡市委、市政府高度重视对前沿科技的研发探索，善于捕捉前沿技术信息，注重将其应用于场景应用中，从而使得无锡成为全国知名的科技之城。

为了能够加快生产力的变革，满足现实发展要求，无锡加快设备更新，2024年发布《无锡市推动大规模设备更新和消费品以旧换新实施方案》，大规模实现制造业生产的新型工业化，推动制造业更加智能化和数字化，保持无锡制造业发展的能级和竞争力。在无锡大力发展新质生产力的政策牵引推动下，大量前沿战略性新兴产业的技术得以研发和推广，生产力得到总体提升，带动其他领域共同进步，推动无锡的人文经济学发展。

## 二、无锡新质生产力发展态势分析

无锡提前布局新技术领域的发展，在制度的保障下推动技术的应用，战略性新兴产业保持在全国范围内的前沿水平，注重培育新质生产力的发展环境。无锡强化对新技术的投入，在产业安全方面实现自主研发，构建自主可控的现代产业体系，培育世界级先进制造业集群。以智能化、数字化和绿色化发展推动中国式现代化的无锡实践，打造新时代的人文经济。

---

① 《以全面深化改革推动新质生产力发展 持续形成高质量发展新动能新空间》，《无锡日报》2024年8月7日。

2021年12月，无锡市委十四届二次全会首次提出构建"465"现代产业体系。"4"指的是物联网、集成电路、生物医药、软件与信息技术服务等地标产业集群；"6"是指高端装备、高端纺织服装、节能环保、特色新材料、新能源、汽车及零部件（含新能源汽车）等优势产业集群；"5"是指人工智能和元宇宙、量子科技、第三代半导体、氢能和储能、深海装备等未来产业集群。除了以上产业，无锡还根据国内外环境的变化，不断调整产业的发展方向，对标最前沿的技术成果。无锡积极参与国家的重大项目建设，在多个产业领域均获得巨大成就，尤其是在深海探测以及超算领域保持了领先地位，注重将新的技术研发应用于国内外各种场景应用中，以扩大技术的战略和商业应用成果。

物联网产业是无锡的一张名片，承载了无锡新质生产力发展的历程。数字经济发展是全国各地都在重视和积极发展的方向，无锡走在了全国前列，这背后需要建立强大的信息工程的基础设施。无锡聚焦于物联网产业，形成了强大的物联网信息平台，建立了以雪浪工业大数据、南山车联网、慧海湾先进感知为特色的产业布局，抢占了数字经济发展的先机。无锡的物联网产业涵盖关联芯片、感知设备、网络通信、智能硬件、应用服务等全产业链条。在物联网应用领域，无锡将其赋能于各行业之中，展现了"物联网+"的产业发展新契机。例如中国南山无锡车联网小镇，就涵盖了汽车领域的智能驾驶、智能路测、商用测试等，在物联网的支撑下衍生出较高的附加值。无锡的各个物联网企业还承接了全国乃至于世界各国的重大物联网工程项目，成为全国重要的物联网城市。

无锡市大力发展新能源产业，提升新能源在全社会的应用。无锡重点发展能源供应、电动车、电池、电机等多个新能源领域的工业研发和制造，形成了完整的产业供应链条，在全国范围内培育出知名的高尖技术企业。锡山经济开发区在宛山湖生态科技城重点打造的"长三角新能源湖区"，聚集了数十家头部企业，形成了聚集效应，在"风光氢储"和"锂钠固氨"领域形成了绿色经济的增长极。除此之外，锡山区还深入发展电池和新能源电车，吸引头部企业落户，带动了产业全面发展。无锡市通过精准招商引资，高质量发展新能源产业，推出多个领域的新能源产品和优质项目。

在集成电路方面，无锡形成了网格式的产业培育基地，在全国范围内，集成电路发展位居前列。经过多年的发展与培育，无锡形成了多个产业园区，包括国家集成电路设计无锡产业化基地、无锡（国家）集成电路设计中心、江阴市集成电路产业园、宜兴市集成电路产业园、无锡锡山集成电路产业园、太湖湾信息技术产业园、惠山区集成电路产业园等特色园区。无锡市始终大力培育集成电路的政策环境，给予企业在土地、金融、技术和人才等方面的支撑，实现对集成电路产业供应链的全覆盖。多年来，无锡市成功培育和引进了如华润微电子、华虹、SK海力士、长电科技、卓胜微等一批世界级企业，支持企业实现上市目标，有多家企业完成上市以及培育成为国家级专精特新"小巨人"企业。随着对于AI等高新技术的需求，无锡的集成电路发展更是在全国范围内处于领先状态，产业的规模化效应明显。无锡集成电路产业规模占全省1/2、全国1/8，建立了包括芯片设计、晶圆制造、封装测试及装备材料在内的完整产业链，集聚包括14家上市企业和17家国家级专精特新"小巨人"企业在内的产业链企业超400家。2022年，无锡集成电路规上企业实现产值2091.5亿元。[①]在2024年中国（重庆）独角兽企业大会发布的《中国独角兽企业研究报告2024》中，无锡共有5家独角兽企业上榜，其中有4家研发生产与集成电路相关产业链的企业。

在生物医药领域，无锡通过联合高校、企业实验室等模式，积极打造合成生物产业集群。无锡创新医药领域的机制，在2020年建立"链长制"工作机制，从八个生物医药细分赛道中选出阿斯利康、药明生物、通用电气医疗、天江药业、费卡华瑞、臻和生物、知原药业、国药控股等8家"链主"企业，由头部企业发挥带头作用，引领产业链的上下游企业聚集。生物医药需要大量的投资才能开展研发，无锡积极引导资本参与研发，通过制度创新，

---

① 马薇：《"芯"潮澎湃，无锡探路国家创新示范区》，《新华日报》2023年7月17日。

帮助企业开展申报药品的手续，有利于生物医药从研发到应用的全生命周期培育管理。

在航空航天领域，无锡紧跟时代需求，积极发展空天产业经济，为未来新技术开辟产业发展土壤环境。作为一项较为新兴的产业领域，无锡聚集了包括大型航空龙头企业、高端行业智库、零部件配套制造企业在内的一大批市场主体，为空天产业发展汇聚能量。无锡多个区提前规划和布局，发展航空航天产业，围绕产业链建立了配套要素。惠山区在2022年6月开启建设无锡航空航天产业园，吸引了大批商业航天产业项目；梁溪区建立产业生态圈，吸引航空航天领域的头部企业进入，围绕航空航天产业链开展未来技术的研发与生产；在经开区布局航空航天的产业链的研发和应用，提升产业附加值，增强溢出效应；在新吴区临港打造临空产业集群，吸引了大量空天制造领域的企业加入，赋能空天产业，满足全国乃至于全球的航空航天领域的装备制造。

无锡的新质生产力发展在贯彻落实党中央决策部署下稳步推进，着力打造国内一流，具有国际影响力的产业科技创新高地。无锡在发展新质生产力的过程中，关注对各种资源的汲取，建立相关配套，通过打造各种特色产业园区，构建"一产一基金""一园一基金"的园区发展模式，助力引进企业的有效发展。

## 三、新质生产力与人文经济的互动关系

无锡在历史上是著名工商名城，也是"苏南模式"发源地，在发展新质生产力的过程中注重与人文的结合，展现无锡城市的魅力。无锡除了是一座拥有深厚历史底蕴的城市，也是一座赋能高科技的现代城市，集合了大量高新技术产业，这些都为人文经济的发展打下了基础。

**1.新质生产力促进人文经济的韧性发展**

新质生产力的核心在于创新发展，使其能够更加具有韧性地发展。新质生产力是信息技术革命的结果，科学技术是第一生产力，生产力的构成要素主要包括三个部分，即劳动者、劳动对象和劳动资料，在这三个要素中劳动者是具有主观能动性的，因而生产力的提高需要从增强劳动者的能动性角度出发，这就决定了提升新质生产力的发展本质上是需要尊重人的主体性，也是尊重人的创新性。每一次重大的改革，都会给生产力的系统，即劳动者、劳动对象和劳动资料带来巨大的调整和重塑，从而提高生产效率，带来生产关系的变革。新质生产力的发展是基于信息革命所引发的一系列信息技术革命和产业变革，其结果是带来了更具有高科技含量的劳动者、劳动对象和劳动资料，在各种要素的互动中形成高效的生产效率。

发展新质生产力关键在于创新，创新是一个民族进步的灵魂，创新包括理论创新、科技创新、文化创新、制度创新等，这也为人文经济的发展提供了驱动力。中华璀璨文明均来自劳动人民的创造，通过将新质生产力融入人文，能够有效增强人的创造性，从而带来生产关系的变革，引发人与人之间的经济关系转变，以更适应生产力发展。

在新质生产力的不断发展下，无锡的人文关怀得到了长足发展，在新质生产力中体现出了人文精神。无锡在承接国家战略的过程中，始终坚持将新质生产力的发展融入城市生活，在无锡的重点发展产业中，如物联网产业、信息技术产业等都积极融入城市，提升了居民生活的便捷性，增强了人与人之间关联度，在城市中利用新质生产力的高科技含量加速城市建设，提升城市的科技含量，使得人与人之间的关系在新质生产力的联系下更加紧密。在新质生产力的发展中，无锡也展现了开放度和包容度，积极利用自身的优势禀赋参与国家建设，增强了与外界的交流。

**2.人文经济纠正新质生产力发展的不足**

新质生产力的发展不同于以往的生产力模式，具有以下几个特征，一是数字化，二是绿色化，三是前沿性。随着分工的加深以及科技的细分，新质生产力的发展依靠一个人或者一个企业是远远不能完成的，人与人之间需要形成更加紧密的合作关系，才能有效促进新质生产力的发展。无锡大力培育实现新质生产力的发展环境，从教育、政府投入等方面注重调节，将资源投入到新质生产力的培育中。人文经济具有鲜明的人本导向，注重对于需求的满足，尤其是在解放生产力的过程中，强调通过各种资源禀赋的聚合实现生产力的提升。从无锡的实践来看，政府的政策引导和大力投入有效增强了新质生产力的科技含量，使其满足国家发展的需求，也满足了人民对美好生活的向往。

人文经济还表现为物质文明与精神文明有机互动。无锡的新质生产力发展中，其中一个重要的驱动表现为精神力量，各个高新技术产业均是从无到有，从有到强，这体现了无锡对于探索未知世界的精神追求。无锡的人文经济发展要求通过文化对人的精神进行引导，激发出了无锡这块土地始终求知若渴的探索精神，这也激发了人的研究积极性和创造性，在无锡产业政策的引导下，各项技术研发成果的数量和质量均走在全国前列。人文经济能够促使创新成为全社会的一种共识，对公众产生潜移默化的影响，形成创新文化的思想意识，从而反过来对生产力的研发产生实质性的作用。无锡通过有效实施教育、科技和人才的协同融合发展，在为新质生产力提供强有力人才储备的同时，也开展人文关怀，充分释放出劳动、研发、资本、知识等生产要素的潜能，凝聚更高质量的新质生产力生成。科技部发布的《国家创新型城市创新能力监测报告2022》和《国家创新型城市创新能力评价报告2022》显示，无锡创新能力位居全国第12位。2023年无锡科技进步贡献率超过69%，连续多年位居江苏省第一位，全社会研发投入占生产总值比重达到3.38%。这表明无锡作为地级城市，始终注重人才培养，从个体的角度出发，尊重人的创新性和自主性。

新质生产力具有高效率的特点，有可能诱发市场主体的不法行为，造成技术、资本和权力对于人的侵害，这就需要在人文经济中以人文关怀的经济伦理进行纠正。我国实行坚持公有制为主体、多种所有制经济共同发展的基本经济制度，决定了我国的分配制度是按劳分配为主体、多种分配方式并存，这其中就包含了中国传统的人文经济思想，追求公平的发展。发展新质生产力并不是为了满足少数人的利益，发展成果也不是被少数人所占有。与之相反，发展新质生产力是通过创新技术的科技含量，提升生产效率，使发展成果由人民共享，发展人文经济为物质文明建设夯实了精神文明基础。

人文经济是先进文化转变为聚合生产力发展的结果，其背后是由中国传统的人文资源所建立起的精神宝库。在中华优秀传统文化的熏陶下，每个人都是出于"公利"而非"私利"去推动新质生产力的发展，遵循实现共同富裕的价值伦理。人文经济还为市场经济的发展融入了更多的诚信，在人文经济的驱动下，精神建设为社会主义市场提供了强大的文化内涵，新质生产力的发展让蛋糕做得更大，而人文经济则能够让分配更加公正公平。

在中国式现代化实践中，无锡通过发展打造实践样本，具备了人文经济的社会环境。历史中无锡已经形成了具有人文关怀的家风家训，从而在社会中产生了普遍共同价值，这为发展新质生产力提供了精神文明驱动，有助于纠正市场经济中的无序行为。在人文经济的无锡实践中，形成共建共治共享的社会氛围，每个创新个体都是基于公共利益出发，为创新资源的获取开放了公开透明的渠道，聚合了新质生产力发展的各种要素。

## 第二节　新质生产力推动下的无锡人文经济发展

### 一、数字化激发文化产业新动能

数字化是新质生产力的主要特征之一，也是一个应用范围较为宽泛的领域，通过大数据能够有效提升城市产业升级。在"数据+"的赋能下，各个产业的附加值增加，尤其是针对传统产业来说，数字化能够帮助其提升产品的竞争力，让老品牌重新焕发新生命。

无锡作为中国重要的信息网络产业城市，在数据建设方面始终保持着较强的优势。无锡不断提升信息工程的基础设施，为数据的收集和应用夯实了基础。数据是构成新质生产力的核心要素，已经成为与土地、资本、劳动力等相比肩的生产要素之一，能够嵌入生产、流通、消费、分配等各个领域之中，形成全方位的数据支撑，提升各环节的生产效率。无锡大力发展大数据产业，在物联网和集成电路产业的帮助下，提高商业经营效率，将大数据融入一些传统产业之中，增强产业生命力。

无锡各区积极加快落实大数据的相关产业发展，将其作为重点发展对象，实现城市文化产业转型升级。如梁溪区在2024年8月开展了"百度智能云千帆AI加速器无锡专场"活动。无锡对传统产业进行数字化改造，在人工智能AI技术的高性能赋能下再现传统文化的魅力，也让老城厢在新质生产力的帮助下实现了数字化的转型，改善了文化再生产的难题。

无锡作为中国古代重要的江南城镇，具有悠久的历史，留下了许多传统文化的印记，许多著名影视剧都在无锡拍摄，为无锡发展文化影视产业打下了深厚的基础。无锡拥有传统的影视文化基地，如三国城和水浒城等影视外景拍摄基地，但随着影视产业对文化作品要求越来越高，无锡如何转型传统文化影视也成为急需面对的问题。重视高科技影视技术是无锡开展文化产业数字化改革的方向，2009年启动建设无锡国家数字电影产业园，2012年国家广电总局与江苏省人民政府签订战略合作协议，重点瞄准未来产业方向，将数字化应用于影视文化产业之中，建立现代影视科技定位，参与了《长津湖》《中国医生》《流浪地球》《飞驰人生2》等影视剧制作。除了影视剧文化产业，无锡还积极布局动漫、游戏等后期数字制作，得益于无锡本土强大的互联网工程技术以及政策的配套实施，使得大量的行业人才愿意落户无锡，参与到数字产业之中。在许多优秀的动漫和游戏作品之中都能够找到无锡本土企业的身影，例如在2024年上线的国产3A游戏《黑神话：悟空》，该游戏在上线前发布的PV动画是由立足于无锡国家数字电影产业园的MOREVFX墨境天合制作而成，通过数字化的方式让视频更具特效性，满足人们对高水平的文化娱乐的追求。

无锡的大数据技术赋能文化产业还表现为提升传统产品检测、鉴定等，通过大量数据的总结，更好地挖掘和传承无锡的文化遗产，以改变传统文化遗产难以认定和再生产困难的情况。无锡通过建立实验室，建立数据库提升对古陶瓷研究和鉴定真伪的工作，降低对于人主观判断的依赖，成为现代科技手段与传统文化融合的典范。在陶瓷检测的技术手段上基于大数据的共享联通，能够真实地减少错误率，发挥出对于传统文化的再生产能力。无锡通过数字化的技术创新推动中国传统文化，打造了文化与科技融合的文化产业之路。

扩大数据化应用在文化产业的范围，能够为文化再生产提供较为宽广的可操作空间，实现这一系列成果需要政府在人才、资金等方面的大力支持和基础设施硬件的建设才能够完成，无锡市政府整合不同的文化资源，提升无锡本土文化和无锡数字制造能力，为新质生产力的文化产业应用开创了可复制推广的无锡经验。

## 二、管理创新塑造城市品牌形象

随着战略性新兴产业的兴起以及城镇化的不断推进，各城市都在扩大城市基础设施建设中的科技含量。无锡作为率先发展前沿技术的地级城市，始终注重为最新的科研成果提供应用场景，扩大其商业价值，一方面提升了城市的科技含量，为公众的生活带来了便利，另一方面也为城市的行政带来了管理经验。

在城市建设中，无锡将环保理念融入城市生活中，为公众提供一个干净卫生的居住环境，打造示范性海绵城市。海绵城市是指城市的雨洪和应急管理能够像海绵一样具有弹性，以有效应对雨水过度等自然灾害对城市带来的破坏。无锡作为典型的江南城市，降雨量相对较大，每年都会经历台风等恶劣天气，这对城市的抗风险管理带来了巨大的挑战。为了应对下雨后出现的排涝积水的问题，无锡市积极响应国务院发布的《国务院办公厅关于推进海绵城市建设的指导意见》，利用最新的排水处理系统对新旧小区实施改造。2022年4月发布《无锡市系统化全域推进海绵示范城市建设行动计划的通知》，确立开展多项海绵城市建设项目，利用城市水体、绿地、建筑、道路等对雨水的渗透、吸纳和净化作用，增强城市应对洪涝的能力。2024年5月2日，住建部办公厅发布《关于印发海绵城市建设可复制政策机制清单的通知》，肯定了无锡海绵城市建设在工作组织、全流程管控、公众参与三方面的创新做法。无锡市紧接着出台《无锡市系统化全域推进海绵城市示范城市绩效考核办法》，以责任制的方式提升无锡海绵城市建设的水平，实现高质量的城市发展。城市建设的排水防涝防洪体系韧性增强，人居环境得到显著的优化。

由于城市管理中有许多涉及市政领域，将新质生产力融入市政的各个方面，能够带动城市发展的科技含量，提升无锡的魅力。在城市建设中，公园的质量是显示城市发展的一个可视化项目，无锡将多种科技融入公园的各个方面，增强公园的科技感，例如无锡的芯虹体育公园，基于"体育、生态、休闲、科创"的科学定位，打造公园与城市的科技融合。例如，公共厕所屋顶使用钙钛矿光伏板可发绿电，地面能自动吸收、存蓄、滞留、渗透、净化与排放雨水，篮球场自带直播、抓拍功能，公园的步道、跑道、篮球场都使用了无毒无味的透气型塑胶材料。[①]公园可实现海绵化吸收雨水，朴素的城市公园中充满了现代新质生产力的发展成果。

城市管理建设的重点在于城市安全的建设，无锡将公共安全作为城市建设的重中之重，打造了一支高科技的公安队伍，利用高科技手段惩戒犯罪，这也使得无锡在全国的治安水平始终处于前列。除了公共安全之外，城市的安全建设同样重要。无锡水资源充沛，如何充分维护水库安全本质上也是保

---

① 刘丹：《太湖湾科创园区上新"聪明"公园》，《无锡日报》2024年7月26日。

障城市安全。无锡通过智能化的方式不断提升水库的安全运行。在宜兴建有多个水库，例如横山水库，建立科学预警机制，监控雨水的防汛安全责任，通过大数据分析比对，强化水库水情的监测预报能力。无锡市依照水利部的要求，建设智慧化管理平台，建立管理矩阵，利用新兴产业的研发成果，如北斗卫星、合成孔径雷达（InSAR），空中的无人机、水上无人船、水下机器人，以及仿真巡查等模式结合起来，实现了"天—空—地—水—人"安全监测体系，保障水库运行的安全。传统人工巡查需要三个小时，依靠现代技术后，水库检查的单次时间缩短至35分钟，检查频率增加至每小时巡查一次，大大提高了水库的安全保证。利用水库数据化辅助检查设备，提高检测的安全力度。高强度的安全检测也保障了水库风景区的旅游安全，在各种新设备联通的基础之上，水库的安全建设构建起了人与自然的和谐与环保。

在城市管理建设方面，无锡市多年来持续加大对水资源的环保治理，利用现代技术和科学化的管理提高环保管理效率，增强了对于污水的治理能效。在重点领域，无锡市普遍化铺装智能监控系统，建立智慧河湖管理平台，为"河长制"的人工管理增加了数据支撑力度，无锡在开展太湖治理的过程中，利用多种技术手段治理太湖水质，提高水湖治理的精度。无锡市将物联网、人工智能和大数据等应用于城市的环保治理过程中，例如在山水城区域，辖区内的张庄巷河、锡铁巷浜等7条入湖支浜被70多个视频监控探头监管，全方位实现了巡河检测，一旦发现违法污水排污情况，后台会迅速联系水利、环保、建设等多个部门，数据化的平台增强了湖河道管理能力，打造了城市智慧感知体系，大大提高了无锡的环保治理能力和效果。

信息技术产业是无锡重点的发展产业之一，具有较强的产业基础和应用潜力。为了挖掘产业的应用潜力，无锡不断深化改革，根据产业发展前沿趋势开展相关研究和场景应用。其中，区块链作为信息技术的新事物被纳入城市管理中，2022年无锡市被列入国家区块链创新应用综合性试点城市，城市链"太湖链"被作为城市行政的核心互联技术，完成了与无锡市政务系统的协同互联，不同的行业区块链被接入"太湖链"之中，实现了更加统一的行政管理，提升了无锡的城市治理水平。2024年无锡获评国家区块链创新应用综合性试点优秀地区，表明了无锡不断将新质生产力融入城市管理中，改善了居民生活条件的便利性和实用性。

在居民的城市生活中，新质生产力所发挥的作用持续提升，物联网产业在与其他产业的融合中不断发挥出巨大的效用。为了实现更加高效的路面交通运行管理，无锡在城市马路建设了大规模的路口信号灯联网联控、部署了各类感知及边缘计算设备，实现了公安交管、交通运输等部门的数据共享，在全国范围内率先搭建起智慧交通。在智能汽车产业领域，无锡不断将新技术的前沿成果应用于汽车之中，在车载物联网和无人驾驶方面都走在了全国的前列。早在2019年无锡就获批成为全国首个车联网先导区，2021年成为首批智慧城市基础设施与智能网联汽车协同发展试点城市，2024年被选为智能网联汽车"车路云一体化"应用试点城市。通过新一代信息通信技术将人、车、路、云的物理空间、信息空间融合为一体，实现智能网联汽车及交通系统安全、高效、节能及舒适运行的信息物理系统。通过研发新技术加快城市和道路基础设施建设，促进智能网联汽车产业的高质量发展。同时，为了能够提升智能网联汽车管理，无锡在2023年2月出台全国首部车联网地方立法，即《无锡市车联网发展促进条例》，同时制定了全国首部《智能网联汽车交通事故处置指导意见》，为未来城市探索智能汽车与智能交通管理提供了无锡经验。无锡从2022年开始正式开展了无人巴士运营，可以在保障安全的情况下为公众带来便捷的交通工具，通过巴士自身的自动控制和远程控制系统，处理紧急情况，保障出行安全，这些无人巴士融合了北斗定位、高精地图，在城市中开展了物流、接驳、环卫等不同领域的活动。无人巴士的运营展现了无锡在汽车工业的实力，提高了城市基础交通的应用效率，增强了市政交通的运营能力。

为了保障居民食品安全，无锡利用新质生产力的科研成果，对各种涉及居民食品实施公开化检测，接受公众监督。农贸市场的安全是食品安全的一道重要防线，为了提升对农贸市场的食品检测能力，无锡市对农贸市场开展数字化运营，利用大数据为菜场安装"智慧大脑"，设立农残检测屋，每天对蔬菜批次进行检测，结果信息同步公开。通过为菜场安装智慧管理平台，一方面可以提升菜场的管理能力，交易信息化和商户信息更加公开透明，另一方面也为城市的食品安全建设树立了一个可视化的管控平台。尤其是在社会出现食品安全卫生和"鬼秤"问题之后，无锡市利用科技手段强化了对电子秤的监管力度，避免损害公众利益的事件出现。强化菜品流通过程中的科技化，利用AI人工智能开展自动识别和称重，提高收银效率。[①]除此之外，无锡还积极实施网络联通蔬菜基地、生鲜超市等模式，将传统的城市蔬菜买卖转化为线上与线下相结合的模式，手机一键操作，送货到家，利用不同的网络平台将农贸市场转变为线上销售，增强线上菜品的交易功能，为不同年龄群体提供服务半径，吸引年轻人愿意走进菜场，进入厨房，打造更加便利优惠的网上菜场。

无锡将新质生产力的发展特点融入城市生活中，提高城市生活的乐趣，在无形之中将科学知识教授给居民。无锡市的重点发展产业中有许多可大规模商业化应用的潜力，为了增加普及性，无锡在城市基础设施建设方面强化了科技和人文的普及。以航天为例，在梁溪区建立了全国首家航天港主题公园，在公园中重点以科普教育为目的，促进各种航空航天的知识社会化和普及化，实现科普教育、产业成果展示、文化交流和休闲旅游四大功能。在公园中以艺术雕塑的形式展示"两弹一星"功勋级科学家，在娱乐的过程中展示红色教育，提高了无锡的人文关怀。

## 三、新兴产业提升经济竞争优势

无锡重点部署多个战略性新兴产业，根据国内外前沿理论调整产业结构，以科技创新作为城市发展引领。无锡重点聚焦于物联网、新能源、生物

---

① 陈婧怡：《菜市场更"聪明""菜篮子得实惠"》，《江南晚报》2024 年 5 月 31 日。

医药、航空航天等领域，产业发展方向符合国家整体发展需求，许多领域处于全国乃至于世界领先状态，具有较为广阔的发展前景和市场潜力。尤其是在半导体领域，实现了较强的产业优势，通过强有力的政策扶持、资金投入和积极的人才吸引政策，使得无锡的新兴产业始终能够保持竞争实力，为无锡的经济发展注入持续的动能。

仅从物联网产业来看，无锡就形成了覆盖全产业链的物联生态。包括上游产业内容：智能芯片、智能控制器、传感器、RFID、语音识别设备、视觉成像设备、卫星定位装置等；中游产业内容：网络层和平台层，网络层为通信模组、通信网络、通信网关等，平台层为连接管理平台、设备管理平台、通信厂商平台、互联网厂商平台、物联网厂商平台等平台；下游产业内容：智能终端、智能家居、智慧城市、智慧物流、车联网等领域。在应用方面全方位渗透进公众生活，为城市的智能化管理、智慧交通和智慧医疗等领域提供强大的技术支撑。

在新能源环保方面，无锡依托产业基础发展太阳能、风能等装备制造工业，形成了较强的绿色产业，为国家的发展绿色经济提供了转型支持。无锡始终加大对于环保绿色产业的投入，吸引和培育一批龙头企业，大力投入技术研发，生产由粗放式发展向节能环保方向发展，完成经济转型的关键。通过运用高科技手段实施一系列水环境治理和生态修复工程，使得无锡的城市更加美好，人与自然的和谐也带动了旅游等人文产业发展。

航空航天产业作为前沿技术产业，还有许多未开发的领域，无锡率先发展抢占未来产业的先机，聚集了一批优质企业入驻，提升了无锡的科技感。无锡将航空航天的发展有效地融入城市的方方面面，增强对于航空航天的普及教育，使得城市产业发展与人文相关联，提高公众对于航空航天的兴趣，在无形之中培养科学精神，鼓励人们探索未知领域。无锡的梁溪科技城不断强化优质企业入驻，发展相关产业经济。例如低空领域作为航空航天中的一个分类，梁溪科技城完成了头部企业的入驻，在无锡本土强大的数字产业下，推动低空驾驶和无人驾驶的发展。

生物医药是无锡重点发展的产业之一，作为关系到公众生命健康安全的产业，无锡向知识型产业聚集，在产业园区的政策引导下，吸引了众多知名的生物医药企业入驻。依托高校的实验室资源，建立高校与地方、高校与企业的合作研发模式，推动医药品更加快速地研制出来。无锡主动简化审批手续，帮助企业申报国家药品检测，在保障安全的前提下，加快生物医药产品走向市场化方向。

无锡的产业发展一个明显优势在于，能够通过互联网的相关技术融合其他产业，投入了大量的数字化基础建设，使得无锡本土的互联网技术和数字产业具有明显优势，从而为"数字+"产业发展打下基础，能够更加快速形成数字化、绿色化、智能化的产业延伸。

战略性新兴产业的率先发展使得无锡在城市建设中也能够保持领先状态，在加快发展创新科技，形成新质生产力的过程中，通过不同的方式将其融入城市生活，在政府与市场的互动中提升新质生产力的使用效率，便捷公众生活。通过新兴产业的快速发展，使得无锡市的经济竞争优势全面提升，在优化产业结构的同时，也使得人文环境更加美好，两者互动影响，构建起创新、协调、绿色、开放、共享的城市生活，打造一个产业强、文化强的现代宜居城市。

## 四、创新环境培育未来产业发展

无锡的战略性新兴产业并不是在短时间内就完成的，而是经过了一段较长的培育过程，打造一流的新质生产力需要在政策、人才和融资的牵引下实现企业的聚集，在特色园区的规模下培育新质生产力发展。

创新环境的培育首先需要政府的引导与投入，其次是市场的推动，配合政策的引导才能够构建起一个良好的创新环境，为人才的研发提供平台服务。无锡在"465"产业规划的基础之上，在2024年制定了《无锡市加快培育发展未来产业的实施意见》，首批选取低空经济、人形机器人、商业航天、元宇宙、合成生物、高端膜材料等6个新赛道，构建"5+X"的未来产业发展体系，不断培育新质生产力的成长。

无锡市各区针对自身优势，建立起相应的产业集群，通过各种奖励以及服务引导企业参与创新研究。高新区的"三类企业"数量位居无锡市排名第一，2023年拥有超过1500家"三类企业"进入培育库，其在助力企业成长方面构建起了一套全方位的服务体系。[①]高新区三类企业主要分布于智能装备、集成电路、物联网、新材料、新能源、生物医药等领域，平均拥有各类授权专利近20件。[②]高新区围绕科技企业的创新成长生命周期，划分不同的周期培育市场，构建了从"雏鹰企业—瞪羚企业—（准、潜在）独角兽企业—独角兽企业—上市企业"的梯度培育模式，制定《无锡高新区关于科技企业精准培育的实施办法》，对达到各种标准的企业给予奖励，积极帮助企业开展上市辅助。通过政策培育创新驱动能力，帮助企业快速成长，成为新质生产力的代表性企业。

以梁溪区培育航空航天产业为例，其在2024年制定发布《梁溪区空天产业生态圈发展三年行动计划》《关于促进梁溪空天产业建圈强链筑峰的若干政策》系列文件，成立"梁溪民生空天产业基金"，搭建"梁溪空天公共试验中心""太湖空天动力研究院中试和应用验证平台"两大平台，在新质生产力的培育方面率先抓住发展机遇，形成完整配套的产业政策扶持，制定了围绕科技、人才以及金融的专项扶持政策，快速聚集产业发展的必备要素，使得大量企业愿意入驻梁溪区，逐渐形成具有航空航天产业聚集的新质生产力研发中心，覆盖航空航天全产业链。

无锡市的新质生产力培育是串联整个生命周期的培育体系，从"研发"到"商业化应用"体现出无锡的转化能力。以数字经济为例，无锡在数字经济方面具有较强的优势，自2000年8月建立中国首个微电子工业园开始，持续

---

① 三类企业是指：雏鹰企业、瞪羚企业、准独角兽企业。划分标准可参考《无锡市雏鹰企业、瞪羚企业和准独角兽企业评价遴选办法（试行）》。

② 张安宇：《1500只雏鹰瞪羚准独角兽翱翔奔跑》，《无锡日报》2023年9月25日。

加大对于数字经济的培育政策扶持，推动微电子产业和信息化的成长。2001年建立无锡市信息化办公室，加大互联网的发展力度，在"十五"规划期间，无锡便将"数字无锡"作为重点发展方向。2009年11月，国务院批复同意无锡建设国家传感网创新示范区（国家传感信息中心），无锡进入了物联网发展快车道。[①] 2023年，无锡抓住先机，由江苏无锡物联网产业研究院和中国电子技术标准化研究院联合提出了《物联网生态环境监测物联网系统概述和通用要求》国际标准，取得了标准的制定权，这也代表了无锡在产业培育方面的成绩。随着数字经济的发展，无锡不断丰富数字经济内容，通过政策引导持续培育新产业的发展。为了加快数字经济的培育应用，2023年无锡市颁布地方性法规《无锡市数字化转型促进条例》，推动现代产业体系与数字经济相联系，促进各种新技术产业之间的数字化融合，这也使得无锡的新质生产力快速成长，大量应用成果被赋能进入城市生活的各个方面。数字经济催生了新产业、新模式和城市发展新动能，"数字+"产业培育使得无锡在制造业、农业、政务系统、医疗、教育文旅等方面都展现出了较强的应用前景，商业化的转化程度较高，这也使得企业愿意留在无锡发展，有更大的机会获得成果转化。

无锡市完善科技企业的分类扶持和靶向培育机制，通过市区两级财政的奖励资金对研发企业进行奖励，形成了良好的创新生态，从而使得无锡始终成为高新技术的研发区。在政策引导下，无锡企业以较小的成本开展研发和申报专利，大大提高了研发的数量。为了能够加快科研成果的市场化操作，无锡市培育专利成果的概念验证，建立市级概念验证中心，开展创新概念和早期科技成果的"原理验证""产品与场景体系验证""原型制备与技术可行性验证""商业前景验证"等概念验证及关联服务。[②] 这有助于帮助企业观察科研成果的研发效果，提高由实验室向市场转化的效率和成果。

---

① 胡逸：《无锡数字经济提速和数字化转型路径研究》，《江南论坛》2023年第9期。
② 朱冬娅：《聚焦科技成果转化"最初一公里"》，《无锡日报》2024年8月14日。

在产业园区的建设方面，无锡在各区市建立了符合产业特征的特色园区，围绕产业链聚集企业，形成规模效应，提升企业搜索配套设备的效率。为了加快整合无锡本土的工业资源，无锡市对大量原有旧厂区实施改造换新，腾笼换鸟，招商引资，吸引头部企业入驻，为无锡的新质生产力发展提供基本的土地要素资本。

在新质生产力的培育方面，还需要人才的支撑才能够实现科技创新的成果，人才是创新发展的根基，无锡持续增强在人才方面的吸引力，加大对于本土人才的培养。构建大学和职业院校的人才教育体系，围绕无锡市本土的重点产业建立专业院校，同时不断吸引著名高校在无锡建立分校区，形成高度集中的人才供应体系。由于无锡的产业偏向于高新技术，因而在培养学生的过程中注重培养动手和研发能力，通过向高校派遣"科技副总"与"产业教授"，使高校学生可以更快接受产业技能，在产业人才入校带教中实现高质量的产教融合。在人才引进方面，无锡构建起了吸引人才、留住人才的政策体系，让无锡始终都能够获得持续的产业人才支撑。从高尖端人才吸引方面来看，无锡建立了《"太湖人才计划"创新创业领军团队和人才引育实施办法》，通过"一事一议"给予优秀团队奖励；为了吸引优秀青年人才来到无锡并留在无锡，制定《"太湖人才计划"人才分类认定实施办法》对人才进行分类，根据不同的标准给予一定的物质激励；为了鼓励优秀年轻人才进入无锡，制定了《关于更大力度支持优秀青年人才来锡发展的十项措施》。在保障人才居住稳定方面，无锡建立了《"太湖人才计划"高层次人才服务保障实施办法》和《无锡市高层次人才宜居保障实施办法》，多层次保障人才的居住需求。无锡通过大规模吸引人力资本进入，支撑起产业发展对人才的需求，有效推动了高质量发展，也对人文经济的发展起到了促进作用。

## 第三节　新质生产力对无锡人文经济发展的正向作用

### 一、传统产业转型升级推动力

随着战略性新兴产业的迅猛发展，由于传统产业受制于信息、营销和产品的限制，其发展驱动能力不足，急需调整传统产业的生产结构，变革生产和经营模式，重新打造品牌影响力。

无锡作为中国传统的工商业城市，在改革开放初期形成的大量乡镇企业主要聚集于纺织、机械制造、食品加工等产业，依托于信息技术、智能制造以及新能源的新兴产业发展，无锡的传统产业开始升级。无锡市政府不断引导新技术融入传统产业中，引导企业转变自身的经营方式，提升传统产业的竞争力。

对于传统产业来说，影响最大的新兴产业是信息技术的引入改造。信息技术衍生出了多个具有应用场景的产业分类，使得传统产业的可选择性不断增加，在智能化和精准化的生产和管理之下，传统产业的能效持续增强。例如服装纺织产业，无锡的纺织产业曾经在产业结构中占据较高的比重，但随着国内外纺织工业生产效率的提升，无锡的纺织产业受到了较大的冲击，企业的发展动力不足，竞争能力弱化，为了重新焕发纺织产业的生命力，无锡积极引导企业改进智能化的装备，并在产业结构的调整中提出发展高端纺织织造，从而使得无锡本土服装纺织工业品牌走向定制化和高端化的路线，提升了产品的品牌影响力。在信息技术的加持下，纺织工业品能够更加快速地进入市场，快速了解消费者的消费需求，生产出多样化的产品。

智能装备制造同样也提升了产品的影响力，在人工智能技术的共同影响下加强传统工业制造能力。无锡积极引导企业将最新的工业成果引入生产之中，包括3D打印机、新材料等技术，推动传统制造向智能制造方向转变。不仅提高了生产效率，还能够提升产品的附加值。通过智能制造使得产品更加精密高效，满足市场对于高质量发展的需求。

在新能源发展的大趋势下，传统制造产业也需要升级换代。新能源技术的使用使无锡传统产业保持了可持续发展的能力。装备制造是一项耗能较大的产业，无锡本土企业通过产学研开展研发，推动一批传统企业向"专精特新"企业转变，为技术创新和人才培养奠定了坚实的基础，升级改造了更加环保的装备制造，提升了本土的装备制造企业能力。

传统文旅产业难以适应新时代人民对文化旅游的多元化需求，无锡持续增强旅游产业的升级改造，将信息技术融入文旅中，在旅游景点增加高科技产品，打造多元化的旅游体验，把人工智能、物联网等新技术融入文旅景点中，有效提升了无锡文化资源的活力，实现了文化产业的高质量发展，吸引了全国各地的游客到无锡旅游。

农业产业的改革发生巨大的变化。为了提升粮食的培育，与江南大学开展涉及食品安全的相关研发，通过现代科技手段，运用无人机技术和科学施肥提升粮食产量，打造无锡本土知名的粮食品牌，扩大粮食产量销量。同时采用绿色、科技储粮技术保障粮食的安全存储，由"安全储粮"转向"绿色优储"，通过高科技使粮食损耗率降低至1%以内，减少粮食浪费。

物流作为一项人力资本较为集中的产业，承担了产品流通的责任，但是传统产业的物流较耗费人力，尤其是在最后一公里的配送阶段，更是会产生较多的问题矛盾。无锡开展无人配送，探索物流新模式。无锡成为华东地区首个开通无人机寄递航线的城市，由滨湖区作为快递无人配送示范区，适应复杂场景下的无人配送，提升配送的精准度和效率，提升配送能效，减少快递员的人力资本挤压。

## 二、社会全面进步的驱动源泉

新质生产力驱动无锡的新兴产业发展，使其能够涌现出更多的新产业和创新能力。在经济中融入人文关怀能够提升新兴产业的质量，让新兴产业走得更加长远和稳定，让现代科学技术更有温度。以数字经济发展为例，无锡注重将数字产业进行衍生，使其能够与其他产业相融合，促使传统产业更具有竞争优势。无锡的本土产品将在新质生产力的辅助下更加具有竞争力，城市生活将更加美好。

在加强对新质生产力的培养过程中，无锡强化对城市应急管理能力的建设以及对城市精神文明的建设。构建更加健全的信息基础设施，逐步实现各个产业的数字化、网络化和智能化，从而完成城市整体的数字化转型。

城市生活因为新质生产力的提升而产生较大的改变。在信息化的基础之上，公众可以在手机上完成万物互联，提高办事效率，增强城市活力，简化行政手续。城市生活中处处都能够感受到创新活力和科技的普及，有助于提升培养公众的科技思维和劳动技能。

通过新质生产力改善城市的环境，实现城市的绿色循环体系，保障公众生活的安全与健康。无锡依托新质生产力重点整治环境污染，对传统制造企业的耗能设备开展更新，减少污染排放，取得了较好的成绩。2023年，全市PM2.5年均浓度28微克/立方米，空气质量优良天数比率82.5%，两项指标改善幅度均居全省第一。[1]无锡通过绿色产业实现了人与自然的和谐共处。

## 三、人的全面发展的动力支撑

新质生产力是对生产力的一次巨大变革，可以使人充分发挥出创新能力，通过探索科技的规律从而提升生产能力，实现对生产关系的变革。无锡所构建的新质生产力的体系是以人民为中心的高质量发展，是推动人的全面发展的强大推动力。

将新质生产力的发展融入全民教育中，使得无锡的教育水平在江苏省名列前茅。信息技术设施全面铺开，人人都有机会接受不同的教育，打破传统的教育模式，给予每个人公平的教育权利。

---

① 周茗芳：《竞逐"低碳赛道"无锡马力十足》，《无锡日报》2023年8月15日。

在社会保障方面，通过医药、人工智能等领域的新质生产力可以发挥出较大的功效，帮助公众得以接受良好的医疗服务和基本生活保障，改善医疗条件，让每一个人都能感受到城市的温度，提升无锡城市的公共服务水平，构建起覆盖全民的便捷的生活服务体系，增强无锡居民的幸福感。

无锡每年举办多场科技竞赛活动和大型会展，吸引国内外优秀人才的加入和角逐。其本质是通过搭建平台，让人们都能够获得展示自身的机会，让每个人都能够充分发挥出自己的才能和创新能力，在无锡可以获得全面而自由的发展，推动新质生产力进一步提升。

# 无锡人文经济发展的机遇与挑战

## 第五章

习近平主席强调："这是一个充满挑战的时代，也是一个充满希望的时代。我们要认清世界发展大势，坚定信心，起而行之，拧成一股绳，铆足一股劲，推动全球发展，共创普惠平衡、协调包容、合作共赢、共同繁荣的发展格局。"[①]机遇与挑战永恒存在、不可避免，抓住机遇、化解挑战能够推动社会向前发展，错失机遇、畏惧挑战则会阻滞国家进步。人文经济作为一种崭新的经济模式，既蕴含着前所未有的重大机遇，能够推动经济高质量发展、文化更加鼎盛繁荣，也暗含着诸多不确定因素，构成未知挑战。无锡市高度重视人文经济的培育与壮大，科学把握机遇与挑战的辩证关系，出台政策促进高新技术迭代升级、生态发展不断深化，有效供给更加可持续的增长路径。但无锡人文经济的发展依然面临一定挑战，对无锡人文经济发展的机遇与挑战的阐释，有助于进一步夯实无锡人文经济根基。

## 第一节　环境篇：外部条件机遇与挑战并存

当前，世界之变、时代之变、历史之变正在以前所未有的方式展开，两个大局互相影响、紧密互动，世界经济的不确定性及繁荣性波动影响着中国的经济走向，使中国的整体发展呈现为挑战与机遇并存的双重特质，在中国式现代化进程中，城市建设是其中的一个重要方面。人文经济学理论命题，为助推城市更好发展，为新时代城市建设提供了实践遵循。发展人文经济是

---

① 习近平：《构建高质量伙伴关系 共创全球发展新时代——在全球发展高层对话会上的讲话》，《人民日报》2022 年 6 月 25 日。

高质量发展的题中应有之义，也是高质量发展的基本要求。发展人文经济是城市积极应对风险挑战的有效选择和重要路径，能够提高发展质量，提高国际竞争力，增强综合实力和抵御风险能力，不断增强城市发展的安全性和主动权。可以说，如何利用机遇与挑战并存的外部条件，是建设人民城市、打造善治城市的一道必答题。

## 一、全球化背景的无锡文化定位

就普遍意义而言，全球化对城市建设的影响是深远的，形塑了产业布局与居住分布格局，加强了全球城市的分工与合作，促进全球城市产业结构的转变。与此同时，全球化也促进了文化在世界范围内的流动，而文化在世界范围内流动的过程中也受到环境因素的影响，不断丰富完善自身。无锡在时代发展大潮中始终领风气之先，拥有若干千亿级产业集群、数万家工业企业、超百万家市场主体，并在人均国内生产总值方面位列全国大中城市第一，经济基础深厚的同时也注重提升城市文化内涵，不断扩大自身影响力。

### 1.全球化对文化发展的深刻影响

全球化对文化发展的影响是复杂且多方面的。全球化对文化多样性的挑战体现在随着文化交流的加深，各国文化之间的差异变得越来越模糊，在加速文化传播速度的同时削弱了本土文化的生命力。"这不仅是因为民族国家正日益相互渗透，而且因为知识作为力量正被越来越广泛地传播和分享，而且越来越不受国界的限制。"①尽管存在挑战，全球化也推动了文化的演变和革新，促进了世界文化的融合和创新，加速了文化的多元化和全球文化的发展，推动世界文化在融合中走向新的发展阶段。

地处江南核心的无锡，江南文化浸润至深、熔铸入魂。穿城而过的运

---

① ［美］兹比格纽·布热津斯基：《大棋局：美国的首要地位及其地缘战略》，中国国际问题研究所译，上海人民出版社2006年版，第170页。

河、奔腾入海的长江、山温水软的太湖，孕育了延续千年的江南文脉。崇文重教的历史文化、诚信创新的工商文化、筚路蓝缕的创业文化，共同铸就了无锡人的精神文化特质。立足长三角，面向全世界，以"打造更具引领力、凝聚力、影响力的文化强市"为目标，无锡城市文化软实力显著提升。无锡紧紧抓住经济全球化的有利契机，推动区域经济一体化，在长三角经济带中发挥重要作用。无锡在经济发展的同时，没有忽视人在经济全球化中的主体地位，在城市建设用地与空间结构等方面，增强宜居程度，推动人们生活方式的变革。

**2.全球化背景的无锡文化建设**

一座城市的兴盛，总是以文化兴盛为重要标志。近年来，对照2035年建成文化强国的远景目标，遵循省委"打造社会主义文化强国建设先行区"的要求，《无锡市国民经济和社会发展第十四个五年规划和二〇三五年远景目标纲要》提出了"打造更具引领力、凝聚力、影响力的文化强市"目标，无锡市第十四次党代会进一步明确了"致力打造现代文明新典范，在率先建设物质文明和精神文明相协调的现代化上走在最前列"的任务，无锡市委十四届二次全会亮出了"打造一流文化强市"的口号，为无锡市加快推进文化强市建设标定了航向。2023年11月，《无锡市文化事业高质量发展三年行动计划（2022—2024年）》和《无锡市文化产业高质量发展三年行动计划（2022—2024年）》及配套政策相继出台，进一步吹响了建设文化强市的"冲锋号"，以文化赋能高质量发展的导向更加鲜明。

作为国家公共文化服务体系示范区，无锡启动建设交响音乐厅、无锡美术馆、市文化艺术中心等重点文化设施，实现综合文化服务中心全覆盖，城乡居民享受的公共文化服务量质齐升。在强硬件的同时，无锡市文艺精品创作能力也大幅提升。江苏省第十二届精神文明建设"五个一工程"获奖名单中，无锡有10部作品入选，获奖作品总数蝉联全省第一；成功举办中国上海国际艺术节无锡分会场、江南文脉论坛、第二届大运河文化旅游博览会、首届倪云林全国美术作品展、中国第18届国际摄影艺术展览等大型展会，不断提升城市文化影响力。

## 二、区域一体化带来的文化合作

一般而言，区域一体化被看作经济学的一个重要范畴，定义为单独的经济整合为较大的经济的一种状态或过程。《长三角生态绿色一体化发展示范区总体方案》指出："构建便捷、绿色、智能、安全的现代化基础设施体系，建立多层次、跨区域、高水平的公共服务网络，打造凸显江南水乡特点的文化标识地，促进城乡有机融合、均衡发展，为居民创造高品质生活环境。"无锡地处长三角中心地带，占据"一点居中、两带联动、十字交叉"的区位优势，在区位一体化中进一步增强了扎实推动江南文化在保护中传承、在传承中创新、在创新中发展的责任担当。

### 1.长江区域一体化中的文化合作

长江三角洲地区，位于中国长江的下游地区，濒临黄海与东海，地处江海交汇之地，沿江沿海港口众多，是长江入海之前形成的冲积平原。长江三角洲地区有着悠久的文化历史，发达的水系、丰饶的土地使其在中国封建社会的中后期就已经初步形成了一个可观的城市群。从明代到清代，长江三角洲出现了九座较大的商业与手工业城市：纺织业及其交易中心南京、杭州、苏州、松江，粮食集散地扬州、无锡、常州，印刷及文具制作交易中心湖州。推动长三角一体化发展，增强长三角地区创新能力和竞争能力，提高经济集聚度、区域连接性和政策协同效率，对引领全国高质量发展、建设现代化经济体系意义重大。

区域一体化是国家高质量发展的必然要求。中国是一个幅员辽阔的大国，各地的人口、资源禀赋差异巨大，统筹区域协调发展是一个重大的现实问题。从一定意义上来看，区域一体化文化合作具有重要的实践意义，特别是在文化层面能够促进文化交流、保护文化多样性、提升文化影响力和推动全球治理。2018年11月，长江三角洲区域一体化发展上升为国家战略，这既出于现实需要，也具有深厚的历史文化基础。一方面，长三角地区是江南的核心区域，而江南地区曾是古代中国的人口、货物集散地和文化交流地，长三角区域经济实力相当。另一方面，长江三角洲文化既有鲜明的地域色彩，又相互渗透，有着一脉相承的特点，如有海派文化、金陵文化、吴越文化、淮扬文化、徽文化、皖江文化等，长江三角洲普遍受江南文化影响，彼此间的交流紧密。

**2.长江区域一体化中的无锡文化合作**

世界城市发展已经进入大协作时代，许多复杂问题不仅要城市间合作，甚至需要全球合作才能够高效解决。"区域协同发展不仅是实现中国特色社会主义共同富裕目标的重要保障，同时也是构建合理的区域分工体系从而保障整体国民经济健康可持续发展的基础。"①大城市要通过区域协调发展，才能更好地发展。

早在20世纪80年代，无锡就已参与上海经济区协作，是最早融入长三角一体化中的城市。近年来，无锡牢牢把握长三角一体化发展这一重要战略使命，紧扣"一体化"和"高质量"两个关键，加快融入区域发展新格局，产业创新加快协同，基础设施加快互通，生态环境加快联治，积极当好融入长三角一体化发展重要支撑，将融入长三角一体化的"大写意"变成"工笔画"。无锡是吴文化的发源地，从文化传承上看，继承了吴文化大气包容、兼收并蓄的特征，这不仅意味着无锡具有更大的开放度和更强的包容度，而且能有效转化为城市和社会的自我更新能力。2013年全国重点城市包容度排名中，无锡位列第11位，被评价为"中国主流包容城市"。在当代人文发展中，无锡吸纳了近代民族工商业家开放、务实、自强精神，乡镇企业

---

① 蔡之冰：《区域协调发展下的空间重构模式研究》，人民出版社2021年版，第8页。

"四千四万"精神，江苏"三创三先"时代精神，形成了"尚德务实，和谐奋进"的城市精神。既大气包容、又开拓创新的多元城市文化，不仅能提升面对区域一体化冲击的适应能力，而且可以提高城市凝聚力和影响力，引领无锡谋取新起点上的发展胜势。区域一体化在促进区域内的经济发展和资源优化配置的同时，还对文化交流和民生共享产生了深远影响。通过区域一体化的稳步推进，能够加强区域辐射范围内各地理单位的文化交流，有助于处于地理单位之上的不同文化和民族之间的相互了解与和谐共处，为区域稳定和发展奠定坚实的基础。

## 三、社会变迁的无锡文化适应性

在人类历史的长河中，社会变迁与文化发展犹如两股并行不悖的洪流，相互交织、相互促进，共同塑造了人类文明的丰富多彩。现代化研究专家罗荣渠曾提出，"不能不从理论与实践的结合上对文化因素与现代化经济发展的关系进行新的探讨"[①]。无锡文化内涵丰富，随着社会演变而不断得到延展，对当地经济发展起到重要作用。

### 1.社会变迁与文化适应的基本关系

马克思主义认为，文化作为上层建筑，最终由生产方式决定。"生产关系的总和构成社会的经济结构，即有法律的和政治的上层建筑竖立其上并有一定的社会意识形式与之相适应的现实基础。物质生活的生产方式制约着整个社会生活、政治生活和精神生活的过程。"人类的生产方式会随着生产力的发展不断更迭，"手推磨产生的是封建主的社会，蒸汽磨产生的是工业资本家的社会"[②]，生产方式的变革最终会引起人类文化的变迁，从而使文化具有历史性。一方面，社会的动态进步不会使文化的变动紧随其上、亦步

① 罗荣渠：《现代化新论：中国的现代化之路》，华东师范大学出版社 2013 年版，第 407 页。
② 《马克思恩格斯选集》第一卷，人民出版社 2012 年版，第 222 页。

亦趋，两者的作用环节是复杂的，这就会产生文化滞后于社会发展。一般来说，物质文化的变迁往往快于精神文化的变迁，容易造成文化失调现象。另一方面，文化的变动比社会的变动还要激烈，会超脱于当前社会的发展，成为下一个社会变动的先声。但透过历史的三棱镜，容易发生的情况是，社会的变动使得寄生于这个社会的传统文化受到强烈冲击和撼动，传统文化得以生发、丰赡、成熟的外在氛围和客观环境被一步步侵蚀、丧失。面对这种改变，传统文化存在两条通往未来的道路，一条是积极适应现代生活，转变自身形态方能存活；一条是力图抵制现代化的冲击，最终只能走向衰落。

现代化媒体在社会层面的迅速普及，如电视、广播、电信、互联网等高效信息传播工具不断被推而广之，这种信息传播工具的覆盖范围、传导速度、影响效果都是之前无法实现和历史上前所未有的，持续影响着人们价值观念和行为方式的形成，更影响着每一个社会个体对传统文化和现代技术的看法。相对于现代传媒方式的手段展现，传统文化传承、传播的手段就显得乏善可陈，甚至是较为落后。于是诸如民间艺术、习俗、礼仪、服饰等在内的传统文化重要内容受到威胁。一些民族传统文化面临着巨大的危机，比如很多熟谙民间语言的老人因为年龄原因、身体原因、家庭原因，使得一些民间口头文学如曲艺、杂技、传说等渐渐失传，部分具有丰富特色的民间工艺和建筑技巧正在走向消亡，一些体现高尚伦理道德规范的传统礼仪习俗逐渐被废弃，一些丰富多彩的民间服饰也在日常生活中慢慢消失。

**2.社会变迁与无锡应对**

"中国之乡村，从内地到沿海，从南方到北方，从城郊到农区，从山区到平原，都在发生着巨大而深刻的变化。"[①]无锡曾是吴越文化的发祥地，如今以现代化的城市风貌和繁荣蓬勃的经济发展吸引着世界的目光。这座城市拥有强大的工业基础和先进的科技实力，吸引了大批人才和企业前来投资和

---

① 韩长斌：《走向振兴的中国村庄》，人民出版社2022年版，第2页。

发展，这也使得无锡的经济实力不断增强，成为全国重要的经济支柱之一。

城市高质量发展带来了经济的富庶，也引起无锡文化的变革，文化密度与文化舒适度随之提升。文化是一座城市的灵魂，文化性的地标则是这个灵魂的载体。无锡市积极投入资金，修建文化活动场所，着力建设中华优秀传统文化传承发展体系，积极推进长江、大运河两大国家文化公园建设；持续开展"百宅百院""百匠千品"等文化工程；推动文艺创作多出精品，从高原迈向高峰；精心运营"钟书房"、新时代文明实践中心等文化场所，努力探索文化体制改革的无锡模式。无锡积极挖掘原有文化资源，无锡城市文化会客厅——运河汇项目正式开业，当年的无锡钢铁厂老厂房摇身一变，成为集文化、商务、零售、餐饮、休闲等多重功能于一体的高端综合体。镂空砖砌筑元素、老牛腿柱、旧屋架体系等工业遗迹被很好地保留和改造，传承并唤醒了无锡民族工商业的时代记忆。

## 四、技术创新对文化发展的影响

技术创新对文化发展具有双重影响。一方面，它通过提高文化产品的质量和效率，能够促进文化产业的兴盛繁荣，促进传统文化的现代性表达，推动优秀传统文化的创造性转化和创新性发展。另一方面，技术带来了文化传播方式的变革，特别是当前快餐文化大行其道，海量的爆炸信息，往往使人难以分清内容的优劣性质，从而容易受到不良文化的诱导。

### 1.技术创新对文化发展的积极影响

科学技术是文化的一种重要内容，也是文化的重要体现形式和客观载体。文化与科技相辅相成、相互推促。科技创新是推动文化转型的强劲动力，先进的文化理念则能够对科技创新起到保障作用，甚至是引领的作用。

技术创新为文化发展提供了更为多元的载体。当下，崭新的一场科技革命和产业变革方兴未艾，信息的海量爆炸、传播方式的变革，多种多样的文化互相碰撞、异常激烈冲击。技术的飞速发展和日新月异，将任何一个社会个体的生活方式、思维活动、观念意识都极大地向前推了一大步。运用新的技术手段促进、推动文化进步是满足新时代人民日益增长的美好生活需要的重要路径。文化与科技交叉融合、深度交互，凭借科技手段将文化的内容形式和艺术样式，以及隐藏于它们之后的生产创造、传播扩散、接受应用和社交互动的方式，给消费、生产乃至社会的各个方面带来了变化。比如，当前在年轻人中间流行的网络文化、电竞文化、二次元文化等，这与工业时代的文化完全不同。在丰富的文化涌动中，不仅出现一批利用科技手段制作出精良精湛的文化产品，而且产品的内容越发多元化，提高了文化内容和艺术形式的表现张力和情感感染力，大幅增加了文化创新的有效供给，提升了中国文化的软实力。

技术创新为文化发展供给了更为丰富的内容。科技创新通过推动文化生产方式的变革，使得文化产品的创作、制作和传播过程更加高效和多样化。例如，数字技术的应用使得传统文化资源得以数字化保存和传播，如故宫等公共文化单位通过数字技术举办相关文化活动，吸引了年轻人的关注，实现了优秀传统文化对日常生活的有效融入。数字技术的应用使得文化产品的形式和内容得到了创新。动漫、影视、音乐、游戏、短视频等数字文化产品成为文化传播的重要载体，这些产品以传统文化价值、思想观念、人文精神为核心内容，通过数字化媒体技术全新呈现，为大众带来更直接、更生动的体验。

### 2.技术创新对文化发展可能带来的不利影响

信息技术的发展给人们的生活带来了很多便利，但同时也存在着一系列负面影响。数字鸿沟、个人信息泄露、网络暴力与虚假信息、过度依赖和社交障碍，这些问题不仅威胁到人们的隐私安全和身心健康，还可能损害社会公平正义和经济发展。网络暴力包括恐吓、散布谣言等，这些行为可能涉及人身攻击、性别歧视、种族和宗教仇视、政治攻击等，损害个人和社会的利益。同时，人们可能会过度依赖信息技术而忽略现实生活中的重要事情，导致社交障碍等问题，甚至在一定程度上削弱了人与人之间的交流和沟通能力，这都对个体和社会的发展产生影响。

具体到文化层面，技术创新对文化发展所产生的不利影响主要集中于对传统文化产业的冲击、文化产品的盗版问题，以及文化创作者所面临越来越大的从业压力。随着科技创新的快速发展，传统文化产业面临着巨大的挑战。例如，电子设备和互联网的普及使得人们更多地通过网络进行社交和获取信息，这导致人们对传统文化产业的兴趣下降。数字化生活的普及使得数字化产品成为主流，而传统文化的体验方式逐渐被边缘化。科技创新使得文化产品的复制和传播变得异常容易，这导致了文化产品的盗版问题。文化企业面临着如何维护自己的知识产权和版权的问题，这成为文化产业发展的一个重大挑战。文化创作者也面临着更大的职业压力，创作的灵感和内容需要不断地更新，以适应快速变化的时代需求，这对文化创作者的创造力和效率提出了更高的要求。

## 第二节　机遇篇：无锡人文经济发展的潜力

立足深厚人文底蕴和发达经济基础，新时代的无锡坚定文化自信，秉持开放包容，坚持守正创新，深入践行新时代人文经济学，在中国式现代化的壮阔航程中，持续探寻人文经济共生共荣的发展密码，成为观察中国式现代化蕴含的独特世界观、价值观、历史观、文明观、生态观的一个重要窗口。

### 一、高新技术与文化交融发展

文化繁荣是国家繁盛的重要标志，科技进步是国家强大的外在标识。科技为文化赋予能量，文化为科技注入灵魂；先进的文化是科技创新的思想先导，科技创新是推动文化生产方式变革的强劲动力。习近平总书记在湖南考察时强调："探索文化和科技融合的有效机制，加快发展新型文化业态，形成更多新的文化产业增长点。"[①]这为加快推进文化和科技深度融合提供了方向指引。

**1.高新技术与文化发展相得益彰**

文化是推动科技创新的智慧源泉。文化培根铸魂，文化启智润心。文化凝结在一定的物质载体之上，又游离于物质之外，对物质产生反作用。文化是一个国家、一个民族的灵魂，为社会发展提供强大精神力量。随着我国经济由高速增长转向高质量发展、从量的扩张转向质的提高，文化在经济活动中的作用越来越突出，在某些领域和环节发挥着关键作用。文化是推动科技创新的智慧源泉，科技创新离不开文化的涵育。先进文化能从价值取向、思维理念、创新动力、道德素养等方面为科技赋能，营造有利于科技创新的文化环境，从而推动科技的发展。

习近平总书记指出："泱泱中华，历史悠久，文明博大。中华民族在几千年历史中创造和延续的中华优秀传统文化，是中华民族的根和魂。"[②]博大精深的中华文明是中华民族独特的精神标识，为科技发展提供了丰富的内容资源、海量需求和应用场景。文化从多个维度融入各领域的生产创造中，为科技创新提供源源不断的灵感和动能。要充分挖掘运用文化资源，更好推动文化和科技交融互动、融合发展，以文化为重要支点，坚持文化赋能，为科技创新发展增添动能与活力。此外，"人是生产力中最活跃的因素"，推动科技进步必须以现实的人为出发点，以实现人的全面发展为目标，坚持科技创新依靠人民、服务人民，科技创新成果由人民群众共享，这就需要全面提

---

① 《坚持改革创新求真务实 奋力谱写中国式现代化湖南篇章》，《人民日报》2024年3月22日。
② 《习近平谈治国理政》第二卷，外文出版社2017年版，第426页。

升人民群众的科学文化素质，为推进科技进步提供深厚文化滋养和广泛社会基础。

### 2.无锡科技与文化交融共生的独特优势

加快实现高水平科技自立自强，是推动高质量发展的必由之路。在发挥科技驱动力作用时，更应强调科学的精神价值和人文价值，呼唤人们重视科学的人文精神，真正实现价值与工具相统一、文化与科技深度融合的发展目标。近年来，无锡紧紧抓住经济全球化、区域一体化的潮流，深入实施创新驱动发展战略，让创新之光点亮关键环节，让创新要素竞相迸发能量，为未来蓄积动能，奋力打造国内一流、具有国际影响力的产业科技创新高地。

无锡市的高新区以建设具有世界影响力的高科技园区为目标，以不到全市二十分之一的土地面积和十分之一的常住人口，创造了七分之一的地区生产总值、四分之一的规上工业总产值、超三分之一的到位外资和一半以上的进出口总额。高新区连续三年位列中国市辖区高质量发展百强城区前五，在全国173家国家级高新区中跻身前20。此外，无锡的对外开放也走上了"进阶之路"，签约项目涵盖重大开放枢纽、现代服务业、高端制造业、金融投资平台、总部经济、全球研发中心等类型，体现了高、精、尖的特点。无锡企业站在对外开放的"桥头堡"，调度全球资源，展现出全球化背景下城市的开放姿态和能力。

## 二、人文资源与旅游市场潜力

千年古韵与现代文旅共生共荣。文化遗产印刻着人类活动的历史印记，对其积淀的人文价值的挖掘和呈现，是城市重要的旅游资源。工业化的兴起，使得人们的日常生活与传统文化和民俗活动渐呈分离状态，而政府与民间的再组织，加入大量新元素、新内容、新形式，得以使传统的精神性与商业性与娱乐性不断融合。

### 1.文旅融合的重要意义

随着交通工具的迭代升级，旅游景点的提质改造，科技加持的不断强化，人们真真正正地感受到旅游享受质量的提高，切实体会到了文旅融合的益处。

感受文化是旅游的必有内容，旅游是宣传文化的重要方式，二者有着天然不可分割的联系。随着人们可支配收入和生活水平的提高，人们对文旅的需求日益增长，并且不再满足于类似之前的出行观光，更多是通过旅游感受其他地域的风土人情，成为一种大众的休闲活动。一方面，推动文旅融合能够提升旅游发展品质。人文资源是旅游发展的基础，一条旅游路线、一个旅游景点，之所以能够吸引他人前来观光和欣赏，必然要有一定的特色，而富含特色的一个重要方面就是对其独特文化内涵的挖掘。就旅游资源的分类来说，包括自然资源和人文资源，人文资源近年来特别突出地表现在异常火爆的红色景点。自然景观也被打上了人文烙印，富含诸多的人文要素，比如泰山在中国历史上的重要政治地位，诸多古代统治者通过"封禅"以巩固自己的正统地位，等等。因此，文化资源被看作一个具有展现特色的旅游资源，并且人文色彩越浓郁厚重，旅游事业越容易开展，所耗费的成本就越低。

另一方面，文化和旅游的深度交融成为传播中华优秀传统文化的重要路径。旅游作为一种实践活动，是人们认识世界的一种途径，人们在旅途中增加知识、拓宽视野、感知文化、涤荡灵魂，其所见所闻、所思所悟，也为文化创作提供了丰富素材和无尽灵感。《诗经》很多内容来自民间采风活动，唐诗宋词许多名篇成于游历山水之间。

### 2.文旅融合的无锡实践

随着经济社会发展和人民生活水平提高，单纯以观光看景为主的旅游已经不能满足游客"寓学于游、寓教于游"的旅游需求。无锡紧紧抓住文旅融合的契机，以优秀人文资源为主干，用文化提升旅游品位，把历史文化与现代文明融入旅游经济发展，大力弘扬本土文化和人文精神，精心打造更多体现文化内涵、人文精神的旅游精品，让自然景观更富神韵、文化体验尽显魅力。

伯渎河畔的泰伯庙，始建于东汉永兴二年。"泰伯庙会"于2014年被国务院列入国家级非物质文化遗产名录，生动展示了绚丽多彩的江南民俗风情。2024年春节期间，泰伯庙会吸引无锡及周边地区10余万名市民及海内外游客一起"轧闹猛"、品年味，由400余人组成的富有地域特色的22支民俗巡游队伍走在梅里古镇。将文化遗产和可持续的市场化方式有机结合，无锡市梁溪区围绕古运河、崇安寺、小娄巷等传统古迹的复兴项目，坚持文化事业和文化产业"双轮驱动"，"文化、时尚、友好"三大定位，正契合人文、经济的共同发展之义。其中，小娄巷是无锡书香文化的标识地，900多年来，短短小巷走出1位状元、13位进士、15位举人和近80位秀才，书香绵延，世家沿袭。小娄巷如今是江南历史文化体验街区，集合古韵、潮品、艺术、文创四大圈层，打造中心城区社交度假场所和城市文化生活聚集地。

## 三、文化创意产业与多元机遇

推动高质量发展，文化是重要支点。在新时代人文经济学的实践中，文化不断提升经济活动的附加值，激活创造力、促进经济结构优化升级。中华优秀传统文化提供的精神养分，成为提升经济社会发展质量的不竭动力、战胜前进道路上各种风险挑战的重要力量源泉。

### 1.无锡以产业促发展的悠久传统

文化是影响经济发展的重要力量，文化遗产可以唤起人们对特定历史的集体记忆，作为地域认同、文化认同的载体，成为形成社会凝聚力的重要资源。从文化遗产传承的生产经验，到人文理念积蓄的发展效能；从民族精神迸发的前进动力，到价值体系引领的发展方向，文化凝聚起推动中国式现代化的强大向心力，汇聚成全面推进中华民族伟大复兴的澎湃动力。1607年，

22岁的徐霞客从家乡江阴出发，历时30余年考察大半个中国，把"读万卷书，行万里路"实践到了极致。20世纪70年代，"踏遍千山万水、吃尽千辛万苦、说尽千言万语、历尽千难万险"的"四千四万"精神，诞生在无锡改革开放初期创业者的血脉里。霞客故里从走出家门、跋山涉水、锲而不舍、追求真知的文化积淀出发，提出跳出江阴看江阴，面向世界看江阴，放眼未来看江阴的口号，成就如今的"中国制造业第一县"，拥有规上工业企业超过2400家，61家上市公司主要分布在高端制造业。

从徐霞客"长江探源第一人"、近代先人一步的民族工商业振兴，到白天当老板、晚上睡地板开创乡镇企业的"苏南模式"，再到如今中国船舶七〇二所研制的奋斗者号探秘地球"第四极"，时空变换，无锡人敢于创新、敢于争先、敢于攻坚、敢于担当的精神始终如一。站在地区生产总值超1.5万亿元新起点，无锡从经济大市的地位和使命出发，在高质量发展上挑起大梁，既在经济增量上作出贡献，更在产业科技创新和先进制造业发展上提供更强支撑。坚定实施产业强市主导战略，全面构筑自主可控、安全高效的现代产业体系。2023 年，无锡在实战实效中推动创新驱动发展，战略性新兴产业、高新技术产业产值占规上工业比重分别达41.4%、52.3%，科技进步贡献率有望实现江苏省"十连冠"。可以说，无锡正以文化赋能创新创造，增加经济价值、促进业态融合、激发精神动能，惟实励新的价值追求薪火相传。

### 2.无锡文创产业的良好发展

无锡早期的民族工商企业以棉纺织业、面粉业、缫丝业为主，为便于物资运输，大多沿运河布局。而今，随着工业遗产的活化利用，运河两岸的经济结构也在发生着变化。其中，以茂新面粉厂为代表的4家单位成为工业类博物馆，以开源机器厂为代表的6家单位改造为文化创意产业园，还有的成为景点、研学实践基地以及办公载体。

深入挖掘文化价值、创新文化表现形态、推动文化与其他经济业态深度融合，无锡梁溪区等运河沿线区域积极引导新兴产业、新型业态沿河集聚，使工业"锈"带变身为产业"秀"带。文化正从艺术、影视、出版等传统领域迈向创新赛道。前身是轧钢厂，如今是梦工厂，无锡华莱坞通过数字科技赋能产业革新，在物联网、人工智能、VR 等技术的赋能下焕发新机，加速朝着电影工业 4.0 迈进。墨境天合、倍视传媒等800 余家影视文化企业落户，推出《中国机长》《人世间》《流浪地球2》等一批影视佳作。在此基础上，无锡启动"华莱坞元宇宙视界"项目，落地7大主题馆（项目），涉及旅游、展览演出、直播、购物以及剧本杀等多种应用场景，打开了"元宇宙 +数字影视"创新发展的全新局面。

## 四、政策支持与人文经济增长

推动文化传承赓续出新、文化事业普惠出彩、文化产业硬核出圈，成为一座城市传承文脉、弘扬优秀传统文化的题中之义。汲古润今，与古为新，无锡努力让江南文脉绵延不绝、奔流向前。

### 1.无锡出台文化保护政策

从文脉传承的历史视角，国家战略的宏阔视野，审视和探讨江南文化的深厚底蕴和当代价值，提炼和展示江南文化的精神标识和文化精髓。近年来，无锡连续举办江南文脉论坛，倾力打造江南文化品牌的重要窗口，延续文化根脉、留住无锡记忆，擦亮"太湖明珠、江南盛地"城市文化品牌。钱锺书故居的第三、四进已升级改造成为"锺书客厅"，不仅复原了钱锺书创作的情景，还包含了数字化、沉浸式、"阅读 +"等新型文化产品。唐诗三百首编撰者孙洙和世界语学者孙国璋的故居，如今成了一家品牌书店，成为充满活力的文化场所。推动江南文脉创造性转化、创新性发展，在无锡已成共识、化作行动。出台文物保护工作、"百宅百院"活化利用等三年行动计划，累计投入近4亿元；高位推动大运河、长江两个国家文化公园建设，设立专门研究院和发展基金；实施地域文明探源工程，启动编撰《无锡史》，锡剧、紫砂、泥人、二胡等文化标识影响力日益扩大。在守护中开掘新深度，在创新中拓展新境界，无锡正成为世界读懂江南的重要窗口。

精准提炼文化原动力，打造新时代人文地标。文化是流动的、变化的、可塑的，中华5000年文明之所以可以流传下来，是因为适应了不同时代的需要，不断被注入属于不同时代的活力，最好的保护和传承就是抓住优秀传统文化的"灵魂"，坚持古为今用、吐故纳新、推陈出新，活化为人们喜闻乐见的生活方式，走进现代人的生活里。唐风木作，宋制飞梁，让人梦回古代；香月花街一步一景，拈花塔下风铃叮咚。龙年春节的无锡拈花湾，一面是年味花灯流光溢彩、非遗国潮扑面，一面是人流如织，创造了门票、住宿、餐饮等文旅综合收入跃升，成为观察人文经济学实践的一扇窗口。从一张白纸到一路风景，从隐于乡野到闻名于世，无锡开创了中国文旅小镇建设"无中生有"的创新模式。

### 2.无锡出台文化发展政策

江南地区不仅是中国经济、文化发展中不容小觑的区域，更是世界经济、文化版图中最具创新活力的区域之一。作为江南地区最重要的一块经济高地，无锡以积极开放创新的姿态，持续孵化城市竞争力，扩大城市的影响力。坚守实业是底色，开拓创新是境界，面向世界是格局。2023年2月，在德国法兰克福举办的国际全品类消费品展览会上，江苏凤凰画材公司的系列高级颜料新品和画框画板，凭借新颖外观和优异性能，获得国际采购商青睐。这只锚定艺术产业赛道的"金凤凰"，创业之初仅有8名员工。从一开始就对标国际标准，不断改进油画工艺和品质，如今凤凰画材已成为国内最大画布生产出口企业、世界第二大画布生产商，实现了从生产采购到品牌市场全链条式的国际化。

一个具有开放、能够容纳万物的文化生态，必然能够使一个城市更加丰富多彩，城市的美誉度也随之提升。中华文明历经五千年经久不衰，始终一脉相承、贯穿始终，究其原因就在于其通过文化交往与融合，积淀起民族文明最深层的智慧与追求，为生生不息、繁衍不绝的中华民族积累了丰厚滋养。一座城市如果想具有良好的文化生态，离不开对文化宽广的胸怀和博大的胸襟，必须不忘本来、吸收外来。

## 第三节　挑战篇：无锡人文经济发展的难题

一个城市的发展离不开安稳平和的外部环境和内部氛围，唯有如此才能够长远发展，并在城市间的良性竞争中取得优势地位。马克思主义基本原理指出，任何一个客体的发展都必将经历一段较为坎坷、颠簸的过程，但最终必将到达光明的彼岸。无锡全面落实党中央、国务院和省委、省政府部署要求，坚持稳中求进工作总基调，完整准确全面贯彻新发展理念，全力以赴稳经济、促发展、惠民生，经济运行稳定向好，高质量发展扎实推进，推动中国式现代化无锡新实践实现良好开局。但在人文经济方面，也面临着诸多挑战。

### 一、文化保护与现代化发展冲突

如何正确处理文化保护与现代发展，是城市现代化进程中的一个重要问题。从更高维度来看，文化保护与现代化发展这一问题可以转化为传统与现代的关系命题，这也是世界现代化进程中的一个基本课题。习近平总书记在文化传承发展座谈会上指出："中国式现代化是赓续古老文明的现代化，而不是消灭古老文明的现代化；是从中华大地长出来的现代化，不是照搬照抄其他国家的现代化；是文明更新的结果，不是文明断裂的产物。"①这既为正

---

① 习近平：《在文化传承发展座谈会上的讲话》，人民出版社 2023 年版，第 7 页。

确认识和处理中国式现代化进程中传统与现代的关系，在守好本和源、根和魂中不断探索面向未来的理论和制度创新提供了根本遵循，也为推进城市高质量发展特别是人文经济发展指明了前行方向。

**1.文化街区保护与现代社会管理冲突**

现代城市管理的本质，就是运用制度化的手段对城市发展的目的、过程进行布局。而制度作为一种行为准则，规定了人们在特定组织或社会中的行为规范和办事规程。制度能够保障社会系统稳步有效运行，制度缺失将导致社会秩序的混乱。只有高度重视建立与完善制度，加强制度执行与监督，方能促进良好的社会治理，以确保社会的稳定与发展。

无锡是一座拥有悠久历史的古城，承载着丰富的文化内涵。然而，在现代经济的高速发展下，传统与现代的冲突凸显出来。无锡在发展的过程中，曾忽视对古迹的保护。例如，惠山古镇，位于江南运河之畔，因泉、寺而起，因设祠而兴，历经数朝，终成今日之格局。然而，随着古镇遭破坏，河岸的驳岸已全部被毁，只能偶尔看到几块石板，向南可以到达苏州的南前河也成了"断头河"。无锡的城墙历史悠久，但在元朝，曾实行禁止汉人筑城或补城的政策，导致元末时无锡城墙已破损不堪。除了惠山古镇和无锡城墙，无锡还有其他古迹遭到破坏。例如，被摧毁的无锡城中最大牌楼和嵇氏古建，这些古建筑文物的破坏，无疑是对无锡城市历史文化的重大损失。这些古迹的破坏，不仅体现了无锡城市发展过程中的挑战，也提醒了我们在现代化进程中需要更加重视对历史文化的保护和传承。

**2."世遗"保护与现代发展冲突**

大运河无锡段参与申遗成功，为我们研究、宣传和保护、利用大运河提供了巨大动力和宝贵契机。"无锡段大运河遗产作为中国大运河江南段的精华段，既展示着中国大运河的江南形象，又是江南人对大运河集体记忆的历史见证，蕴含着江南水乡的文化基因，书写着江南文化的发展脉络，是传承江南水乡文化、延续江南文化精髓的有效载体。"①科学保护和合理利用大运河，既是保护世界遗产的内在要求，又是大运河得以永续利用，进一步深化我市历史文化名城建设的重要环节。但不可避免也产生了不少问题。一是与之相应的宣传不够到位。大运河已然申遗成功，但是了解、知悉和热爱古运河的人群却不多。据随机调查，无锡市民知晓大运河申遗成功的比例不足三成，对无锡段了解程度更少，对大运河的价值认识程度也不高。大运河世遗段沿线缺乏相关的标记、标识和介绍资料，与无锡相比，扬州的"世遗"段点保护就做到了统一标识，推介翔实。所以，进一步加大解读和宣传力度，进一步增强市民保护运河遗产意识，是保护好利用好运河这一世界遗产的关键措施。二是开发利用远远不够。运河周边的"世遗"段点，没有得到很好的利用，开发改造过程中没有体现出必要的文化承载，体现不出地域特色和人文内涵。究其原因，一方面对大运河保护和利用的研究不够，缺乏基础理论支持。大运河保护和利用工作涉及众多的学科和工作领域，专业性很强，包括文化基础理论建设，自然环境与城市史研究，文化产业与文化建设研究，等等。另一方面工作力量欠缺，大部分为兼职人员，难以系统、持续、深入开展相关工作。此外还缺乏刚性制约法规。《大运河（无锡段）遗产保护办法》为部门文件，尚未上升到法律法规层面。三是尚未形成城市旅游的品牌。传统意义上的文物保护制度是在古迹遗址的基础上建立起来的，倾向于静态保护。而大运河作为富有生机的活态遗产，其保护管理不同于其他古建筑、古遗址，在保护运河遗产的同时，需要提炼其中的城市肌理和地域风情，进而形成别有特色的旅游品牌。非遗文化的管理制度不够完善，对于非遗价值的研究不够深入。在非遗文化的保护方面，系统性的推进工作尚显不足，非遗项目在创新和开发方面也存在滞后的问题。此外，非遗项目产业化的程度相对较低，非遗旅游产品的结构比较单一。

---

① 连冬花、李敏：《长三角一体化背景下无锡段运河文化遗产的时代价值》，《江南论坛》2022 年第 2 期。

## 二、文化传承与创新发展的矛盾

文化需要在不断传承中才能够持续保持其生命活力，同时文化在传承中会慢慢被注入新的时代内容，甚至会与以前的文化旨趣大不相同。这就引发出文化究竟该如何传承，在传承中该如何处理"变"与"不变"之间的辩证关系。

### 1.文化资源分散与缺乏协同联动

中国文化资源的分布呈现出明显的时空差异。就时间态势而言，长江经济带文化资源在不同历史时期形成的物质和非物质文化资源呈现出"七起六伏"和"六起六伏"的数量变化，其分布重心的迁移距离亦有变化。就空间态势而言，长江经济带物质文化资源沿长江水系呈"东密西疏"的鱼骨状分布，非物质文化资源呈现出"三核两带"的"人"字形分布。这些分布模式反映了中国文化资源的多样性和复杂性，同时也揭示了不同地区在历史演变中的文化积累和特色。例如，长江经济带作为中华文明起源和发展的核心区域，其文化资源的分布不仅体现了时间上的动态变化，也展现了空间上的独特格局。此外，中国文化资源的分布还受到地理环境、历史发展等多种因素的影响，形成了各具特色的区域文化。例如，黄河文明的形成和发展，以及中国新石器时代文化遗址的分布，都是中国文化资源分布的重要体现。这些文化资源的分布不仅丰富了中国的文化遗产，也为世界文化的多样性作出了重要贡献。

无锡作为长江经济带的重要城市之一，同样面临着文化资源分散的挑战，也存在对当地文化资源挖掘与整合力度不够的问题。这表现为缺乏政府主导的顶层设计和统一规划，导致文化带建设中的资源"形散神更散"，真正转化效率较低，区内资源间相互割裂，没有进行串联整合，缺乏联系和科学规划，很难形成合力和对外强势区域项目，难以真正发挥整体效应。

### 2.文化传承单一与组织机构较少

传承与创新的辩证关系体现在它们相互依存、相互促进的动态过程中。这一关系在多个领域中得到体现，尤其是在文化和教育领域尤为明显。具体来说，传承是创新的基础：任何文化的创新都离不开对其传统的深入理解和尊重。例如，在教育领域，高等教育的职能之一就是保存、传承和创造高深文化和专门知识。创新为传承注入新的活力：单纯的传承不足以使文化保持活力，只有通过创新，文化才能适应新的社会和环境条件，保持其相关性和吸引力。例如，在中药领域，创新的研发方法使得传统中药能够更好地服务于现代社会。两者共同推动文化发展：文化和教育的进步依赖于不断地传承和创新。这种动态过程确保了文化的连续性和适应性，使得文化能够在变化的世界中保持其身份和影响力。

在组织机构方面，许多机构和单位都承担着文化传承的责任。例如，博物馆和艺术馆收集、保护和展示艺术品、文物和其他与文化有关的物品。它们的职责包括展览和解释这些藏品，使公众了解和欣赏不同的文化遗产。图书馆和档案馆负责收藏、保存和提供书籍、文件和其他文献资料。它们提供了研究和学习的资源，帮助人们获取和传播知识，促进文化传承。学校和大学是培养人才和传授知识的重要场所。它们教授各种学科，包括人文科学、社会科学和自然科学，帮助学生理解和欣赏不同的文化传统和价值观。政府和非政府组织承担文化传承的责任。例如，政府可以制定和实施文化政策，支持文化活动和项目，保护和维护文化遗产。非政府组织可以开展文化教育、文化保护和文化交流活动。许多专门的文化机构和团体致力于文化传承工作，它们可能是艺术团体、文化协会、文化遗产组织等，通过组织展览、演出、培训等活动来传承和弘扬文化。文化传承是一个广泛的领域，涉及许多不同的组织和个人，他们共同努力保护和传承人类宝贵的文化遗产。

## 三、市场需求与人才培育的挑战

人文经济的发展离不开市场需求和源源不断的人才供给。没有市场支撑，人文经济会因为没有需求而枯竭；没有人才供给，人文经济会因为没有专业人才而渐渐消亡。"高水平社会主义市场经济体制是中国式现代化的重要保障。"①市场的需求和人才的供给，对于人文经济的发展至关重要。但人文经济作为一个在国内刚刚兴起的经济模式，在市场需求和人才培育方面面临诸多挑战，这些问题制约着人文经济的高质量发展。

### 1.无锡人文经济发展面临的市场需求问题

人文经济的核心特征是以人文精神作为驱动力，使经济活动更具公共性、包容性和可持续性，从而实现经济的高质量发展。一般来说，人文经济面临的市场主要涉及文化、旅游、教育等多个领域，这些领域的发展不仅有助于推动物质文明与精神文明的协调发展，还为现代化建设注入新的动力。

在文化领域，人文经济的发展促进了文化产业的繁荣和文化旅游的高质量发展。通过深度融合文化与旅游，人文经济为文化产业和旅游产业带来了乘数效应，为文化旅游产业的高质量发展注入了强劲动力，带动了区域经济的转型升级和跨越式发展。在教育领域，人文经济的发展强调教育的重要性，以及教育对于个人和社会发展的影响。通过提供优质的教育资源和服务，人文经济促进了人口素质的提升和人才的培养，为社会的进步和发展提供了源源不断的动力。此外，人文经济的发展还强调以人为本的理念，即经济活动应围绕人的全面发展而进行，要求经济增长的成果能惠及每个社会成员，体现经济发展的公平性、包容性和可持续性。这种理念贯穿于具体经济行为、文化艺术生产、大众文化生活、城市更新等方面，为现代化建设提供

---

① 《中共中央关于进一步全面深化改革、推进中国式现代化的决定》，人民出版社2024年版，第6页。

了新的动力和方向。

随着时代的发展，无锡在保持和发扬传统文化的同时，也面临着如何将这些文化资源有效转化为经济优势的挑战。第一，文化资源的开发与利用有待提高。无锡拥有丰富的文化遗产和自然资源，如东林书院、太湖风光等，如何有效地开发和利用这些资源，将其转化为经济价值，是一个关键问题。这涉及文化旅游的开发、文化产品的创新，以及文化活动的策划和推广等方面。第二，市场需求的适应和满足有待提高。随着消费者对文化和精神消费的需求日益增长，如何准确把握市场需求，提供高质量的文化产品和服务，满足不同消费者的需求，成为无锡需要解决的问题。这包括对市场趋势的敏锐洞察，以及服务质量的提升等方面。第三，国际化发展带来的挑战。随着全球化的深入，如何将无锡的文化和经济优势推向国际市场，吸引更多的国际游客和投资者，是无锡面临的又一个挑战。这需要加强国际交流与合作，提升无锡文化的国际影响力，同时也要考虑如何适应国际市场的需求和标准。

**2.无锡人文经济发展面临的人才培育问题**

文化的主体是人，传承的载体也是人。人才是人文经济的重要依托，也是对人文经济深刻内涵的重要诠释。人文经济，实质上就是一种尊重人的生命及其价值，以保障人的幸福和尊严为目的的经济模式，不断协调效率与公平、技术与人性、科学与人文的关系，旨在达到经济与社会、人类与自然、物质与精神的和谐发展。我国已经从"人口红利"向"人才红利"方向转变，人文经济的发展离不开人才的鼎力支持。党的二十大报告强调："深入实施人才强国战略。培养造就大批德才兼备的高素质人才，是国家和民族长远发展大计。"可以说，人才在人文经济的发展中发挥着不可或缺的作用，无论是推动科技创新、促进文化产业发展，还是实现社会和谐与发展，人才都是重要的依托和驱动力。

人才对人文经济的推动主要表现在：第一，人才是创新和发展的动力。

人才的高质量发展是发展的动力源。通过提升人才的质量和数量，可以推动科技进步、产业升级和经济结构的优化，进而促进经济的持续增长。第二，人才是文化创意产业的支柱。文化创意产业是人文经济发展的重要内容，而人才则是这一产业的核心。具有创意和创新能力的人才能够推动文化与科技的融合，创造出更多的文化产品和服务，丰富人们的文化生活，为经济发展注入新的活力。第三，人才促进社会和谐与发展。在推动乡村文化资源向创意经济转变的过程中，人才的作用不可忽视。

无锡人文经济也面临着有关人才的问题。第一，在文化传承方面面临传承方式的单一性问题。从一定程度上来说，民间文化艺术大多依靠师徒之间的"口传心授"、子承父业，这种方式往往因人而存，人绝艺亡。一旦民间艺人或继承者无法传承和继承，就会产生民间艺术人才的"青黄不接"，最后就可能造成传统民间艺术的彻底消失。第二，在个人选择方面，有的民间艺术技艺复杂，传承时间较长，对于想学习民间技艺的年轻人来说成本较高，因而即使个人想要学习民间艺术，也会因为成本而望而却步。第三，随着市场经济的发展，生活节奏的加快，特别是电视、网络等现代传媒的普及，人们可选择的文化娱乐方式增多，传统的民俗文化活动逐步远离了人们的视野。此外，在资金支持方面，一些民间艺术缺少资金支持，参与民间艺术不但没有补助性收入，反而要投入相应的时间和金钱，使得年轻人不愿参与其中。这就造成以民间艺术为代表的人文经济可能因为没有新鲜血液的注入而枯竭。

## 四、落后产业与转型升级的困境

产业是经济发展的支柱和动力源泉。人文经济需要一定的地区独特资源、传统技艺或现代科技，在市场竞争中具有比较优势和地方特色的产业以倚赖，需要与之配套的产业体系，这就对之前不适宜人文经济发展的产业提出了转型升级的要求。

### 1.人文经济的"软实力"产业支撑

当今时代，文化与经济的融合度越来越高。一方面，在文化的发展过程中，经济成分被不断地加入，比如利用市场手段对文化工作进行管理，精心培育文化市场和文化产业。在文化从生产到最终呈现的各个环节，都能够看到经济要素的渗透。文化活动自然而然地被融入经济活动之中，文化产品的制造、流动和服务具有经济功能和市场效益，甚至经济效益会成为衡量文化产品优劣的标尺；另一方面，文化也不断渗透进经济运行过程之中，使得经济行为的文化内涵不断增强，文化要素不断发挥作用，人文精神和文化资源在各种经济活动中所占的比重越来越大，经济产品的文化含量不断提升。比如现代企业愈来愈注重企业理念和文化的形成、培养和塑造，力图形成属于自己企业的文化。在生产、经营、管理、服务过程中愈来愈多地被注入文化理念，物质消费与文化消费日益一体化，经济力的竞争愈来愈依赖于文化力的竞争。人文经济的核心是通过文化体验和文化产品创造新的文化供给，并通过新的文化供给创造新的消费需求，文化产业成为人文经济的重要组成部分。

可以说，文化产业是人文经济的产业"软支撑"。文化产业的发展不仅能够满足人们对精神文化的需求，还能够促进经济的增长和社会的发展，体现了人文经济对人的关怀和对全面发展的追求，进一步强调了文化产业在人文经济发展中的重要性，是实现经济与社会、人类与自然、物质与精神和谐发展的重要途径之一。我国文化创意产业技术含量不够高，文化资源原始开发创新能力不足，文化资源优势没有得到充分开发。以红色文化资源为例，目前全国登记的革命资源种类繁多、内容丰富、分布广泛，但对其进行创新开发、有效运营的还不够多；数字内容创作、网络游戏、动画制作等新兴领域专业人才不够多。文化企业和品牌国际竞争力不强，尚没有形成如迪士尼等世界级大型跨国公司，电影、动漫、内容创作等领域还存在差距。产出的优质文化产品供给不足，一些文化创意产品服务一味迎合受众"口味"，网络文化领域存在低俗化和庸俗化倾向。

### 2.人文经济的"硬实力"产业支撑

传统产业是现代化产业体系的基底，在国民经济体系中扮演着至关重要的角色。人文经济的发展不仅仅是文化或精神层面的提升，还需要坚实的物质基础和技术支持，即所谓的"硬实力"。这种硬实力包括但不限于科技创新、教育资源、基础设施等，这些都是推动人文经济发展不可或缺的因素。传统产业，如轻工、纺织和机械等，长期以来一直是国家经济的支柱。传统产业在我国制造业中占比超80%，这些产业不仅具有强大的带动效应和产业关联度，还在国际市场上具有明显的比较优势，对于发展人文经济具有巨大的推动作用。面对全球经济环境的快速变化和技术进步，传统产业亟须转型升级，以应对低端产能过剩、高端供给不足等问题，促进经济向高质量发展转型。

加快推动传统产业转型升级，主动适应和引领新一轮科技革命和产业变革，成为不容忽视的重要问题。必须加快建设协同发展的现代化产业体系，强化土地、资本、技术、人才和数据等相关要素的使用效率，摒弃过去经济产业发展的传统模式，借助大数据系统，提升大数据关键技术水平，培育创新应用场景，促进数据要素流通。充分利用不同地域、不同部门的自身研究能力优势，注重场景、算法、数据、产品等各种形式的成果产出与转化，在科技创新与产业创新对接上率先取得新突破。充分利用科创园区作为基础设施相对完善、集聚创新要素、培育企业发展的综合服务平台，开展集中研究、协同攻关，以原始创新提供产业链上游源泉，集聚平台、人才、资本和创新成果，构建具有高质量内涵式发展的人文经济生态系统，推动产业创新集群发展。要持续深化与国外知名高校院所合作，共建具有重大战略性的合作平台，推动新型研发机构与企业共建联合实验室，连通研究成果和技术产品之间的"断裂带"。充分激发全国各类创新主体活力，支持龙头企业建设全球研发中心，着力打造创新型领军企业、高新技术企业、科技型中小企业和初创企业创新梯队。发挥高校、科研机构"强磁场"作用，吸纳更多高层次、领军人才和创新团队。

### 3.人文经济产业升级的挑战

转型升级的关键在于技术创新和产业深度转型。中央经济工作会议提出："广泛应用数智技术、绿色技术，加快传统产业转型升级。"[①]推动人文经济产业升级，不是忽视、放弃传统产业，而是要以科技创新为引领，统筹推进传统产业升级、新兴产业壮大、未来产业培育，用新技术改造提升传统产业，巩固传统产业领先地位，为传统产业注入崭新活力。传统要素和新生产要素的相对地位已经发生变化，劳动力、土地等传统生产要素地位已经相对下降，而人力资本、科技创新能力正在成为关涉产业竞争力和地区发展格局的显著因素。

无锡通过一系列举措推动传统产业的焕新升级，以提升城市产业的竞争力和实现高质量发展，包括效能绿色化，推广先进的清洁生产技术，提升资源利用效率，降低污染物排放强度，推进节能降碳技术改造，加快企业绿色化转型。落实传统产业重点领域碳达峰实施方案，构建产品碳足迹管理体系。工信部发布的2022年度绿色制造公示名单显示，无锡市2个园区入围国家级绿色园区，7家企业入围国家级绿色工厂，1家企业入围国家级绿色供应链管理企业，9家企业的产品入围绿色设计产品，其中，绿色园区入围数列全国第一，占全省2/3。同时积极打造近零碳园区，加强风电光伏、氢能储能、节能环保等绿色产业发展，全面推进工业、建筑、交通等领域清洁低碳转型。无锡走出了一条生态环境"高颜值"、经济发展"高素质"的绿色转型之路，奋力描绘人与自然和谐共生的美好画卷。

---

① 《中央经济工作会议在北京举行》，《人民日报》2023年12月13日。

# 无锡现代化进程中的
# 人文经济学路径探索

第六章

人文经济学强调文化对经济起到价值拓展、实践指导和意蕴焕发的作用。无锡市2024年政府工作重点指出："聚力文化强市建设，更好塑造名城新形象。统筹文化事业文化产业发展，创新文化时代表达，提振激发城市IP，建设人文与经济、历史文脉与现代文明交融赋能的文化名城，打造新时代人文经济学的无锡实践样本。"① 无锡市高度重视把文化全面融入高质量发展全过程，以满足人民群众对美好生活的向往为目标，始终牢记嘱托、感恩奋进、向新而行，坚决扛起"走在前、做示范"的责任使命，不断推动文化与经济相融共生，在产、城、人互动并进中打造人文经济学的无锡实践样板，对无锡现代化进程中人文经济学的路径探索将进一步夯实无锡人文经济根基。

## 第一节　以人文经济学推进现代化进程的无锡模式

无锡模式的成功经验为其他城市提供了宝贵的借鉴，展示了在现代化进程中如何平衡经济发展与居民福祉，是追求实现可持续发展的典范。具体来说，无锡模式通过创新驱动、产业升级和绿色发展等多方面的努力，不仅提高了经济发展的质量和效益，还注重了社会公平和民生改善。通过加大公共服务投入，改善基础设施，提升教育和医疗水平，确保经济增长的成果能够更好地惠及每一个市民。无锡还注重环境保护和生态建设，努力实现经济发

---

① 无锡市发展和改革委员会：《2024年政府工作重点》，http://www.wuxi.gov.cn/doc/2024/03/01/4190269.shtml。

展与自然环境的和谐共生。其他城市可以借鉴无锡在政策制定、产业规划和社会管理等方面的先进经验，探索出一条符合自身实际的高质量发展道路，实现经济、社会和环境的协调发展，共同推动社会主义现代化进程。

## 一、居民福祉导向的经济策略与现代化建设

城市是人类聚居的场所，关注城市发展的内在本质就是关注人发展的内在趋势。缺少人的参与则城市难以形成，缺少人文的浸润则城市与个人难以同频共振。在推进现代化的进程中，人文经济学的应用成为无锡独特的经济发展策略，其核心在于将居民福祉置于首位，不仅仅关注经济增长的数字，更注重经济发展的质量和居民的实际感受，以此指导和推动经济的现代化建设。通过将人文关怀融入经济发展，无锡提供了一种全新的现代化路径。

第一，传承文化与城市发展同步进取。对人类关注的复归不仅是当前社会科学领域反思的成果，更是未来城市发展的根本需求。作为一座拥有深厚文化底蕴的城市，无锡不仅对历史遗产倍加珍视，更在现代化的浪潮中，巧妙地将传统文化与现代创新思维融合在一起。2022年，无锡市开工建设睦邻中心5个，建成社区智慧"菜篮子"网点115个。升级改造社区综合服务中心25个，新增直饮水点201个。开工建设无锡植物园一期启动区、无锡自然博物馆，打造13个儿童友好试点社区，新改建各类公园、游园、口袋公园102个（含16个儿童友好型公园）。改造培育特色街、精品街8条。[①] 通过举办丰富多彩的各类文化节庆活动，如传统的庙会、民俗表演以及现代的音乐节、艺术展览等，无锡成功地使传统文化焕发出了新的生机与活力。此外，无锡还建立了众多文化博物馆和艺术展览馆，这些场馆不仅展示了传统文化的精髓，也为艺术家和创意工作者提供了广阔的舞台。艺术家和创意工作者们被鼓励将传统元素与现代审美相结合，创作出既有深厚文化内涵又符合现代

---

① 无锡市档案史志馆：《无锡年鉴（2023）》，方志出版社2023年版，第60页。

审美的作品。无论是将传统工艺与现代设计相结合的时尚产品，还是融入传统故事元素的现代影视作品，都体现了无锡在文化传承与创新方面的独特魅力。这种文化与创新的结合，不仅提升了居民的文化自信，也极大地丰富了其精神世界，为他们带来了更多的幸福感和归属感。通过这种方式，无锡不仅保护和传承了其宝贵的文化遗产，还为城市注入了新的活力，使其在现代化的进程中焕发出独特的光彩。

第二，实体经济与行业服务协同共进。无锡的实体经济尤其是制造业，一直是城市发展的坚实基础。然而，随着时代的发展和经济的不断进步，单一的产业结构已经无法满足现代化经济发展的多元化需求。因此，无锡积极进行产业结构的转型升级，大力发展以物联网、集成电路、生物医药等为代表的高新技术产业。这些高新技术产业的迅猛发展不仅为当地居民提供了大量高质量的就业岗位，还极大地推动了整个城市的产业升级和经济结构的优化。无锡还高度重视服务业的发展，包括金融、旅游、教育等多个领域。服务业的蓬勃发展进一步提高了劳动生产率，促进了经济的高效运行。同时，服务业的发展也为当地居民提供了更多样化的就业机会，增加了居民的收入，提升了居民的生活质量。通过实体经济与服务业的协同发展，无锡正逐步构建起一个更加多元化、更具竞争力的现代化经济体系，为城市的可持续发展奠定了坚实的基础。

第三，绿色文化与生态保护有机融合。文化产业不仅是高附加值的产业，而且也是极少消耗的绿色产业。无锡曾面临严重的环境问题，尤其是太湖的污染问题，不仅影响了当地居民的生活质量，也对整个地区的生态环境造成了严重威胁。为了改善这一状况，无锡市政府采取一系列强有力的措施，以确保环境的可持续发展。首先，实施严格的环保法规，对污染企业进行严格的监管和处罚，确保企业排放的污染物达到国家规定的标准。加大对环保违法行为的打击力度，对违规企业进行严厉的处罚，以起到警示和震慑的作用。其次，积极推广清洁能源的使用，鼓励企业和居民使用太阳能、风能等可再生能源，减少对传统化石能源的依赖。通过这种方式，不仅减少了污染物的排放，还降低了能源消耗，实现了经济与环境的双赢。加强对污染源头的控制，通过建立污水处理厂、垃圾处理场等基础设施，对污染物进行集中处理，减少了对环境的污染。加大对农业面源污染的治理力度，推广生态农业，减少化肥和农药的使用，保护了土壤和水资源。通过这些努力，太湖的水质得到显著改善，城市环境质量整体提升。湖水变得更加清澈，水生生物的种类和数量有所增加，生态环境得到有效恢复。同时，无锡还积极推广绿色生产和消费模式，鼓励企业和民众采取节能减排措施，共同守护绿水青山。在绿色生产方面，鼓励企业采用清洁生产技术，减少生产过程中的污染物排放，提高资源利用效率。对绿色企业给予政策支持和奖励，鼓励更多的企业加入到绿色生产的行列中来。在消费方面，无锡倡导绿色消费理念，鼓励居民购买环保产品，减少一次性用品的使用，提倡低碳生活。通过这些措施，无锡整体的环境质量得到显著提升，居民的生活环境也变得更加宜居。

第四，社会保障与公共治理科学结合。一个现代化的城市不仅需要经济的繁荣，更需要完善的社会保障体系和公共服务体系。无锡不断加大在教育、医疗、养老等领域的投入力度，致力于确保每个市民都能享受到公平、高质量的公共服务。无锡注重缩小城乡、区域之间的差距，通过政策倾斜和资源下沉，让农村和偏远地区的居民也能享受到现代化的成果。在教育方面，不断改善学校设施，提高教师待遇，推动教育公平，确保每个孩子都能接受到优质的教育。在医疗方面，加大投入，建设现代化医院，提高医疗服务水平，让市民能够享受到便捷、高效的医疗服务。在养老方面，积极推进养老服务体系建设，提供多样化的养老服务，确保老年人能够安享晚年。此外，无锡还注重提升公共服务的覆盖面和质量，通过建设现代化的基础设施，提供便捷的交通、清洁的环境等，让市民的生活更加舒适便捷。在社区建设与基层治理方面，通过不断优化和提升社区服务功能，努力增强居民的归属感和满意度。社区服务中心不仅提供基本的便民服务，如水电缴费、证件办理等，还积极拓展服务内容，定期举办各类丰富多彩的文化活动和健康讲座。这些活动旨在丰富居民的精神文化生活，让居民在参与中感受到社区的温暖和关怀，进一步增强社区的凝聚力。

## 二、人文价值驱动的无锡现代化特征与机制

在无锡的现代化进程中，人文经济学扮演着至关重要的角色，在经济发展的同时，更加注重人的全面发展，不仅关注物质财富的增长，更重视文化、教育、科技创新等多元驱动力的发挥。无锡通过坚持以人民为中心的发展理念，实现了经济的快速增长与社会的和谐稳定。这种模式强调在追求经济效益的同时，也要关注社会公平、文化传承和环境保护，从而实现社会的全面进步和可持续发展。无锡的现代化进程不仅体现在经济指标的增长上，更体现在人民生活水平的提高、文化教育事业的繁荣以及科技创新能力的提升上。通过这种全方位、多层次的发展模式，无锡为其他地区树立了一个成功的典范，证明了在现代化进程中经济发展与人文关怀可以并行不悖，共同推动社会的和谐与可持续发展。

第一，以追求人文关怀为前提的政策优化。无锡市政府通过制定相关政策，引导企业和社会各界关注人文价值，推动现代化进程。政府出台一系列扶持政策，鼓励企业在发展过程中注重人文关怀和社会责任，共同推动社会进步。无锡现代化模式强调尊重人的主体地位，关注民生福祉，致力于提升人民群众的生活质量。具体而言，在经济发展的过程中，注重保障和改善民生，努力实现社会公平正义，通过一系列政策措施，使人民群众共享发展成果，确保每个人都能在现代化进程中获得切实的利益，从而实现人的全面发展和社会的和谐稳定。

第二，无锡的现代化模式强调教育的重要性，通过提高教育质量，培养具有人文素养的人才，为现代化建设提供人才支持。无锡历史厚重，文化昌明，名人辈出。近代以来，涌现出以薛福成、李金镛为代表的洋务运动先驱，以荣宗敬、荣德生兄弟为代表的近代民族工商业者，以胡雨人、胡敦

复、高阳等为代表的教育家，以徐寿徐建寅父子、华蘅芳、钱伟长、顾毓琇、王选为代表的科学家，以缪荃孙、钱穆、刘半农、钱锺书等为代表的文史学家，以孙冶方、钱俊瑞、陈翰笙、薛暮桥为代表的经济学家，以徐悲鸿、吴观岱、胡汀鹭、吴冠中、华君武、华秋苹、杨荫浏、华彦钧、刘天华、薛佛影等为代表的艺术家，更有秦邦宪、陆定一、王昆仑、严朴等无产阶级革命家。至2022年，无锡籍中国科学院和中国工程院院士有96人。[①]这都反映出无锡注重教育的全面发展和人才培养，包括不仅重视学生的知识技能培养，更注重培养学生的道德情操和人文精神。此外，无锡还注重对历史文化的深入挖掘与传承，致力于将传统文化与现代文明有机结合，从而形成具有鲜明地方特色的文化底蕴。通过一系列有效的措施，使这些宝贵的文化遗产得以保存和传承，通过将传统文化与现代元素相结合，将传统文化融入现代生活中，使其在现代社会中重新焕发出独特的魅力。

第三，以发展文化产业为前提的科创驱动。无锡高度重视文化产业的发展，将文化资源转化为经济效益，推动文化与经济相互促进。通过科技创新，推动产业结构优化升级，实现高质量发展。无锡注重科技创新平台建设，鼓励企业与高校、科研机构合作，加快科技成果转化，推动经济高质量发展。通过发展文化创意产业、打造文化品牌等方式，使文化产业成为经济增长的新引擎。积极构建各类创新平台，为科技创新提供良好的环境和条件。出台一系列政策措施，激励企业增加研发投入，激发企业的创新活力。无锡还大力培养和引进创新型人才，为科技创新提供有力的人才支持。通过这些举措，无锡不断推动经济的持续健康发展，努力在新一轮科技革命和产业变革中抢占先机。

第四，以打造城市典范为前提的文明铸魂。无锡在打造城市典范的基础上，深化文明铸魂工程，全面提升城市文明程度和市民文明素养。近年来，不仅在物质建设上取得了显著成就，更在精神文明建设方面不断发力，力求

---

① 无锡市档案史志馆：《无锡年鉴（2023）》，方志出版社2023年版，第20—21页。

在各个方面都走在全国前列。通过一系列的文明实践活动和教育引导，无锡努力营造一个和谐、文明、有序的社会环境，让市民在日常生活中感受到文明的力量。无锡市文明铸魂工程涵盖多个方面，包括公共道德的提升、志愿服务的普及、诚信建设的加强、文化传承的创新等。政府和相关部门通过制定和实施一系列政策措施，鼓励市民积极参与文明创建活动，提高自身的文明素养。同时，无锡还注重发挥榜样的力量，通过表彰先进典型，激励更多市民向他们学习，共同推动城市文明的进步。在公共道德方面，无锡通过广泛的宣传教育，引导市民自觉遵守社会公德，养成良好的行为习惯。在交通秩序、环境卫生、公共场所文明等方面，市民的文明意识显著增强，城市整体形象得到有效提升。此外，无锡市还大力推广志愿服务，如针对高校毕业生，市人力资源社会保障局推进"三年五万职引未来"就业见习计划，加强就业见习基地建设，举办"乐业无锡"青年大学生就业创业"码上行"直播、微幸福招聘夜市，开展无锡市就业服务专家志愿团基层行活动，组织各类志愿服务超过15场，服务人数超过1000人。[①] 鼓励市民在日常生活中积极参与志愿服务活动，帮助他人，服务社会，传递正能量。诚信建设也是无锡市文明铸魂工程的重要内容。通过建立健全诚信体系，加强诚信教育，努力营造一个诚实守信的社会氛围。无论是企业还是个人，都在诚信建设中发挥着重要作用，共同维护社会的公平正义。

## 三、社会和谐引领的无锡式核心要素与潜力

无锡秉承人文经济学的核心理念，充分利用其独特的人文价值和驱动机制，推动经济社会发展形成了特有的模式。该模式将人文关怀、历史文化传承、创新驱动发展以及绿色发展理念贯穿于整个现代化进程之中。具体而言，无锡将人文关怀置于重要位置，将人的需求和发展置于首位，致力于提

---

① 　无锡市档案史志馆：《无锡年鉴（2023）》，方志出版社2023年版，第394页。

升人民的生活质量和幸福感。同时，高度重视历史文化传承，通过保护和利用历史文化遗产，弘扬传统文化，增强城市的文化底蕴和吸引力。注重创新驱动发展，通过科技创新和产业升级，推动经济的持续发展和转型。坚持绿色发展理念，致力于建设生态文明，推动经济与环境和谐发展。通过这种模式，无锡不仅实现了经济的快速增长，还提升了城市的综合实力和竞争力，使无锡成为全国人文经济学研究和实践的重要示范城市。

第一，深厚悠久的历史底蕴引领多样文化之和谐。作为中国江南地区的历史文化名城，无锡拥有深厚悠久的历史底蕴，孕育出多样的文化，这些文化在和谐中相互交融，形成了独特的地域特色。其一，吴文化的传承。无锡是吴文化的发源地之一，吴文化在无锡地区有着深远的影响。吴文化注重礼仪、崇尚智慧、追求和谐，不仅在历史遗迹中有所体现，也在现代无锡人的日常生活中有所体现。其二，太湖文化的融合。以太湖为中心的太湖文化，强调人与自然的和谐相处，追求自由独立的思考和行为。太湖山水与无锡的城市建设、园林艺术相互融合，形成了独特的自然与人文景观。其三，近代工业文化的兴起。无锡在近代中国工业发展中占据重要地位，近代工业文化在这里生根发芽。从民族工业的兴起，到现代工业的发展，无锡展现了工业文明的独特魅力。其四，民俗文化的丰富。无锡的民俗文化丰富多彩，如锡剧、刺绣等，都是极具地方特色的民俗艺术。这些民俗文化在节庆、日常生活中得以传承和发扬。其五，美食文化的独特。无锡的美食文化非常独特，如无锡小笼包、阳山水蜜桃、太湖银鱼等，都是著名的特色美食，反映了无锡人对生活品质的追求。

第二，开拓进取的城市品格引领发展版图之和谐。作为中国长三角地区的重要城市，无锡以其开拓进取的城市品格引领着发展版图的和谐构建。其一，创新驱动发展。无锡的城市品格中包含着"敢为天下先"的精神，促使无锡在科技创新、产业升级等方面不断探索和实践。通过创新驱动，无锡成功构建了自主可控、安全高效的现代产业体系，为城市和谐发展奠定了坚实基础。其二，文化传承与现代融合。无锡作为江南文化的源头之地，不仅注重传统文化的保护和传承，还积极融入现代元素，形成了独特的文化魅力。这种文化上的和谐融合，为城市的发展注入了活力，也提升了城市的文化软实力。其三，产业协调发展。无锡在产业发展上采取"465"产业集群发展格局，即四大地标产业、六大优势产业、五大未来产业，通过引导产业链、供应链和创新链紧密串联，实现了产业的协调发展。这种产业结构优化，为城市经济的稳定增长提供了保障。其四，生态环境优化。无锡在发展经济的同时，高度重视生态环境保护，提出了向南发展的战略，重点发展滨湖区，构建湖湾发展生态系统和产业科技创新体系。这种绿色发展理念，使得无锡的城市环境更加优美，居民生活质量得到提升。其五，人才战略支撑。无锡通过实施人才战略，吸引了大量高层次人才，为城市的科技创新和产业升级提供了强大的人才支持。这种人才引领，为城市的和谐发展提供了智力保障。其六，区域协同发展。无锡在长三角地区中积极参与区域协同发展，与周边城市形成良好的互动合作机制，共同推动区域经济的整体提升，实现了区域发展的和谐。无锡开拓进取的城市品格，不仅在经济发展上取得了显著成就，还在文化、生态、人才等多个方面推动了城市发展的和谐，为建设现代化国际化生态化城市树立了良好的典范。

第三，根深蒂固的实业基因引领产业集群之和谐。无锡的实业基因深入骨髓，拥有医药、制造、物联网等优势产业。通过实业基础的厚植和产业升级，形成以优势产业和未来产业为支撑的现代产业集群，推动经济高质量发展。无锡作为中国东部沿海的重要城市，拥有深厚的实业基础和悠久的发展历史。其根深蒂固的实业基因在引领产业集群和谐发展方面起到了关键作用。其一，历史积淀。无锡自古以来就是工商名城，从封建社会的物流集散中心到民国时期的民族工商业发祥地，再到改革开放后的乡镇工业发展，无锡积累了丰富的产业经验和深厚的实业基础。这种历史积淀为产业集群的形成和发展提供了坚实的基础。其二，产业优势。无锡在制造业、物联网、生物医药、集成电路等领域具有明显的产业优势。这些优势产业通过产业链的延伸和拓展，形成了相互支撑、协同发展的产业集群。例如，无锡的电动车产业、物联网产业都已形成规模化的产业集群，成为推动地方经济发展的引擎。其三，政策支持。无锡市政府出台一系列产业政策，如电动车产业的"21条三年行动计划"等，为产业集群的发展提供政策保障。这些政策不仅鼓励了企业创新和集群发展，还通过建设特色园区、培育专业市场等措施，优化了产业生态环境。其四，技术创新。无锡注重技术创新，积极推动产业基础高级化和产业链现代化。通过建立技术创新中心、引进高端人才、加强与高校和研究机构的合作，无锡的产业集群在技术层面不断取得突破，提升了整体竞争力。其五，产业链协同。无锡的产业集群内部企业之间形成了紧密的协同关系，从原材料供应、产品制造到销售服务，各个环节相互支持，形成了良好的产业生态。这种协同效应不仅提高了生产效率，还降低了运营成本。通过以上几个方面的作用，无锡根深蒂固的实业基因引领了产业集群的和谐发展，为城市的经济繁荣和社会进步奠定了坚实基础。

第四，地理位置的先天优势引领人与自然之和谐。无锡地处中国东部沿海地区，位于江苏省南部，拥有得天独厚的地理位置，这一先天优势有利于人与自然的和谐共生。其一，水系发达，生态优美。无锡位于太湖流域，拥有丰富的水资源，全市共有大小河道3100多条，古运河穿城而过，形成了典型的江南水乡风貌。这种水系发达的自然条件为无锡提供了良好的生态环境，有利于人与自然的和谐相处。其二，气候适宜，四季分明。无锡属于北亚热带湿润区，气候温和，雨水充沛，日照充足，无霜期长。这种适宜的气候条件有利于农作物的生长，也为居民提供了舒适的生活环境，使得人与自然的关系更加和谐。其三，交通要冲，经济繁荣。无锡位于长江三角洲江湖间走廊部分，北依长江，南濒太湖，东接苏州，西连常州，是苏南地区的交通中枢。这种地理位置使得无锡成为经济繁荣的重要城市，同时也为保护自然环境和生态平衡提供了物质基础。其四，文化底蕴，和谐共生。无锡历史悠久，是中国吴文化的发源地之一，拥有丰富的文化遗产和历史景观。这种文化底蕴促使人们在发展经济的同时，更加注重保护自然环境和历史风貌，形成了人与自然和谐共生的社会氛围。其五，治理太湖，生态修复。无锡在治理太湖方面取得显著成效，通过科学治水和生态修复，使太湖水质得到了明显改善。这种对自然环境的积极保护，不仅提升了生态环境质量，也促进了人与自然的和谐共生。其六，城市与自然交融。无锡的城市规划和建设注重与自然的和谐共生，如运河艺术公园的改造升级，既保留了自然景观，又融入了艺术元素，成为人们休闲娱乐的好去处。这种城市与自然的交融，使得无锡成为一个宜居宜业的城市。总之，无锡的地理位置、先天优势为人与自然的和谐共生提供了良好的基础，而无锡人民在发展经济的同时，也注重保护自然环境和生态平衡，使得这座城市成为一个充满活力和魅力的地方。

## 四、持续创新的人文经济与现代化发展动力

马克思在《〈政治经济学批判〉序言》中说道："物质生活的生产方式制约着整个社会生活、政治生活和精神生活的过程。不是人们的意识决定人们的存在，相反，是人们的社会存在决定人们的意识。"[①]在推进现代化进程的过程中，无锡始终秉持人文经济学的核心理念，不断在理论和实践两个层面上进行持续的创新与探索。无锡不仅在经济发展中注重人文关怀，还致力于将经济学理论与实际应用相结合，力求在现代化建设中实现经济与社会的和谐发展。无锡在现代化进程中不断探索人文经济学新的发展路径，实现经济与文化的共生共荣。

第一，文化传承与现代产业创新结合。无锡致力于将传统文化与现代文明相结合，积极推进江南文化的活化以及非物质文化遗产的创新与传播。一方面，注重经济的人文基础和人文底蕴、经济与人文的相互作用，优秀文化积淀对经济的支撑作用以及文化区域与经济样态的多样性；另一方面，注重人文经济生态本身的当代化、时代化，避免把人文经济单纯理解为注重经济发展与传统文化融合的问题，而是吸纳科学、文化中的最新成果，在同各类文明互鉴中不断推进人文经济的时代创新，助力建设中华民族现代文明。

---

① 《马克思恩格斯选集》第二卷，人民出版社 2012 年版，第 2 页。

通过一系列举措，无锡成功地将传统文化转化为现代经济发展的新动力。例如，无锡将惠山泥人等非遗项目进行产业化、市场化和跨界融合，使其成为经济增长点。通过将惠山泥人与现代设计相结合，创造出符合现代审美的新作品，吸引了更多年轻人的关注和喜爱。此外，无锡还通过举办各种非遗展览、文化节等活动，提高公众对非遗的认识和兴趣，进一步推动非遗的传播和传承。通过这些努力，无锡不仅保护和传承了传统文化，还为现代经济发展注入了新的活力。

第二，现代科技与文化表达的创新融合。无锡注重传统文化在现代社会中的传承与创新，致力于将非物质文化遗产以现代化的方式进行表达和传播。具体来说，无锡积极推动非物质文化遗产的产业化进程，通过市场化运作，使其在现代社会中焕发新的活力。同时，无锡还鼓励跨界融合，将传统文化与现代产业相结合，创造出新的文化产品和服务。为了扩大非物质文化遗产项目的影响力，无锡充分利用现代传播手段，如视频号和短视频平台。通过这些平台，能够将非遗项目以更加生动、直观的方式呈现给广大观众，让更多人了解和关注这些珍贵的文化遗产。视频号和短视频的广泛应用，使得非遗项目的传播更加迅速和广泛，有效提升了其在现代社会中的知名度和影响力。此外，无锡还借助现代科技手段，通过高科技的展示方式，如虚拟现实（VR）、增强现实（AR）等，观众可以更加身临其境地体验非遗项目的魅力。总之，无锡通过推动非物质文化遗产的产业化、市场化和跨界融合，利用现代传播手段和科技手段，成功地扩大了非遗项目的影响力，实现了传统文化与现代科技的有机结合。

第三，文化服务与产品供给的创新优化。无锡通过一系列优化措施，显著提升了其文化场馆的服务水平，吸引了更多的游客和市民积极参与其中。具体而言，无锡对清名桥历史文化街区和各类博物院进行了精心的开发与管理，使得这些文化地标成为市民和游客争相前往的热门场所。这些举措不仅丰富了市民的文化生活，也提升了整个城市的公共文化服务水平。无锡还高度重视文化产品的供给质量，致力于满足人民群众日益增长的精神文化需求。通过不断推出高质量的文化产品和服务，有效促进文化消费的升级，为市民提供了更多元的文化选择，进一步推动文化产业的发展，为城市经济注入新的活力。通过这些综合措施，无锡在提升公共文化服务水平的同时，也为市民和游客创造了一个更加丰富多彩的文化体验环境。

第四，文艺创作与人才培养的创新拓展。无锡紧密围绕时代发展的主题，致力于创作一系列具有时代特色的文艺精品。通过多种途径，如教育培养、实践活动和文化交流，积极地培育和造就新一代的文艺人才。这些新生代文艺工作者将为文化创新和文化事业的发展注入新的活力和新鲜血液。无锡在文化事业的深化改革和精细规划方面也作出了显著的努力，旨在优化文化服务和产品的供给，加强文化创新的力度，从而提升整个社会的文化自信。此外，无锡在文化遗产保护与传承方面也作出了重要的贡献。为了更好地保护和传承历史文化遗产，无锡在文物考古人才的招聘和培训方面投入了大量的资源和精力。通过这些努力，无锡不仅加强了文化遗产的保护工作，还确保了历史文脉的持续传承，为后代留下了宝贵的文化财富。

## 第二节　人文经济学在无锡现代化进程中的积极作用

习近平总书记在江苏考察时强调："江苏拥有产业基础坚实、科教资源丰富、营商环境优良、市场规模巨大等优势，有能力也有责任在推进中国式现代化中走在前、做示范。要完整准确全面贯彻新发展理念，继续在改革创新、推动高质量发展上争当表率，在服务全国构建新发展格局上争做示范，在率先实现社会主义现代化上走在前列，奋力推进中国式现代化江苏新实践，谱写'强富美高'新江苏现代化建设新篇章。"①无锡将以贯彻落实好

①　《在推进中国式现代化中走在前做示范 谱写"强富美高"新江苏现代化建设新篇章》，《人民日报》2023 年 7 月 8 日。

习近平总书记的要求为发展目标，不断推进人文经济的现实实践、提升人文经济学的理论自觉，继续走在全国高质量发展的前列。

## 一、文化资源与经济增长的互动

人文经济学强调文化与经济之间的相互关系，特别是文化资源与经济增长之间相互依存和相互促进的关系，深入探讨了文化资源如何在经济增长过程中发挥关键作用，以及经济增长如何反过来影响和塑造文化的发展。具体来说，人文经济学范畴内的文化资源包括艺术、传统、价值观、信仰和社会规范等非物质要素，这些要素在经济活动中具有不可忽视的价值。通过教育、创新和社会凝聚力等形式，文化资源能够提升劳动力的素质，激发创新精神，增强社会凝聚力，从而为经济增长提供动力。同时，经济增长也为文化的繁荣提供了物质基础，使得更多资源可以投入到文化事业中，进一步丰富和提升文化资源。无锡充分考虑到经济发展与文化因素，致力于实现文化与经济的良性互动和协调发展。

第一，文化资源的活化利用。文化资源作为一种非物质资源，具有独特的价值和意义，能够为经济增长带来显著的增值效应。通过对文化资源的深入挖掘和充分利用，可以创造出许多新的经济增长点，例如文化旅游、文化创意产业等。这些产业不仅能够直接促进经济增长，还能显著提升产品和服务的附加值，从而增强市场竞争力。无锡通过实施"百宅百院"活化利用工程，巧妙地将传统建筑与新时代文化创意相结合，使文化遗产焕发新的活力。这种活化利用不仅有效地保护了传统文化，同时也为经济增长提供了新的动力。通过这种方式，无锡成功地将传统文化与现代元素相结合，既保留了传统文化的精髓，又推动了文化的创新发展。这种传承与创新的做法，不仅有助于增强市民对本地文化的认同感和自豪感，还为当地经济的发展注入了新的活力，实现了文化与经济的双赢。这些成功案例展示了文化资源在推动经济增长和社会发展中的重要作用。

第二，文化消费的循序提升。随着人们生活水平的提高，文化消费需求日益增长，文化资源通过提供丰富的文化产品和服务，满足人们的精神文化需求，从而刺激消费，推动经济增长。在丰富文旅活动方面，无锡通过举办火把节乡村游、中秋民乐赏听会、光影艺术节等多种文旅活动，为民众提供了多样化的文化娱乐体验，丰富了人民的精神文化生活。在打造特色文化IP方面，无锡积极建设大运河和长江国家文化公园，推动景区特色IP文化的挖掘，如水浒城、三国城等，这些特色文化IP的打造，不仅提升了景区的吸引力，也满足了人民对特色文化体验的需求。在创新文化体验方面，无锡影视基地通过沉浸式解谜游戏、沉浸式互动项目等创新方式，提升了游客的游览体验，满足了人民对新型文化体验的追求。在推广非物质文化遗产方面，无锡举办第二届中国非物质文化遗产保护年，通过网络视听平台推广非遗项目，不仅提高了非遗的公众影响力，也满足了人民对传统文化的兴趣和消费需求。在促进文化消费市场发展方面，无锡通过发放消费券、举办各类文化市集等方式，刺激文化消费市场，为民众提供更多消费选择。

第三，文化品牌的建构推广。在当前社会背景下，文化品牌的构建与推广已成为提升城市形象、增强城市吸引力的关键策略。无锡通过精心策划与实施一系列文化品牌项目，有效提升了城市形象，吸引了更多的投资和旅游资源。例如，东林书院倡导的"读书、讲学、爱国"的精神，已经成为无锡市的文化名片之一。这一精神不仅传承了无锡深厚的文化底蕴，还激发了市民的爱国情怀。此外，清名桥历史文化街区的打造也是无锡市文化品牌推广的一个成功案例。这个街区不仅保留了丰富的历史遗迹，还通过各种文化活动和商业业态的结合，成为一个充满活力的文化旅游胜地。游客在这里可以感受到无锡独特的历史韵味和现代气息的完美融合。通过这些具有地方特色的文化品牌的打造，无锡有效地展示了其深厚的文化底蕴和独特魅力。这不仅提升了城市在国内外的知名度和美誉度，还为经济发展注入了新的活力。文化与经济的相互促进，使得无锡在发展过程中更加注重文化内涵的挖掘和传承。无锡市丰富的文化遗产和历史积淀为文化品牌的塑造提供了坚实的基础。这些品牌在推广过程中，不仅吸引了大量游客和投资者，还增强了市民的文化自信和民族自豪感。市民们在参与各种文化活动和节庆中，更加深刻地认识到自己城市的文化价值，从而更加热爱和珍惜这份独特的文化遗产。

第四，文化环境的改善优化。无锡通过一系列措施优化了其人文环境，这些措施包括但不限于改善公共服务体系、提升市民的整体素质以及加强各种形式的文化交流活动。这些努力为城市的经济增长营造了一个良好的社会氛围。具体来说，无锡市在公共服务方面进行了大量的投入和改进，使得市民能够享受到更加便捷、高效的服务。通过各种教育和培训项目，市民的综合素质得到了显著提升。此外，无锡还积极推动文化交流，通过举办各类文化活动、艺术展览和节庆庆典，增强了市民的文化认同感和归属感。这些文化交流活动不仅丰富了市民的精神生活，也提升了城市的软实力，吸引了更多的游客和投资者。一个宜居、宜业、宜游的城市环境，不仅能够吸引更多的人才和企业落户，还能为现有企业和居民提供更好的生活和工作条件。这样的环境有助于提高城市的整体竞争力，促进经济的持续增长。无锡市通过这些综合措施，成功地打造了一个充满活力、具有吸引力的城市形象，为未来的繁荣发展奠定了坚实的基础。

## 二、人文资源与社会福祉的提升

无锡作为江南文化的重要发源地，其在现代化进程中积极探索人文经济学的发展路径，注重提高市民的生活水平和幸福感，对人文资源与社会福祉的提升起到了积极作用。

第一，可持续发展与和谐共生。人文经济学强调在经济发展的过程中，要充分考虑人与自然的和谐共生。经济发展的最终目的是提高人民的生活质量，满足人民对美好生活的向往。因此，在发展经济的同时，要关注人的需求，保护自然环境，确保人民群众能够在良好的生态环境中生活。人文经济学倡导可持续发展，即在满足当代人需求的同时，不损害后代满足自身需求的能力。这意味着在利用自然资源时，要考虑到资源的可再生性和环境的承载能力，避免过度开发和破坏生态环境。生态保护与经济发展不是对立的，而是可以相互促进的。通过科技创新、绿色产业转型等合理规划和科学管理的方式，可以实现经济增长与环境保护的双赢。无锡将人文关怀与经济发展相结合，注重城市环境的改善，提升绿化水平，优化城市布局，使市民能够在优美的环境中生活。在城市规划和发展中，充分考虑人与自然的关系，注重生态保护和可持续发展，根据绿色发展理念打造宜居环境，提高市民的生活质量，追求人文资源与社会福祉的全面提升。

第二，社会公平与资源共享。人文经济学是一门将人文关怀与经济发展相结合的学科，它强调社会共享发展成果的重要性。发展成果应该惠及社会中的每一个成员，尤其是弱势群体。主张通过合理的制度和政策安排，确保每个人都能平等地参与经济发展过程，并分享其成果。这包括消除贫困、减少不平等、提供均等的发展机会等。人文经济学倡导构建一个包容性的社会，不同群体、不同文化背景的人们都能共同参与发展，并从中受益。这要求政策制定者考虑到不同群体的需求和利益，制定包容性的政策。无锡在人文经济学实践中，强调社会公平和共享发展成果。其一，通过提供高质量的教育和职业培训，帮助人们提升技能，增加就业机会，从而更好地分享经济发展带来的好处。其二，完善社会保障体系，为弱势群体提供必要的保障，确保他们能够分享经济增长的成果。其三，通过税收政策、社会福利等手段，调整收入分配，减少贫富差距，促进社会公平。其四，通过改善公共服务，保障市民的基本生活需求，减少社会贫富差距，促进社会和谐稳定。其五，通过创造就业机会，特别是为年轻人和妇女提供就业机会，帮助他们融入经济体系，分享发展成果。

第三，教育投入与人才培养。人文经济学认为，教育不仅是知识与技能的传授过程，更是个人全面发展与素质提升的过程。因此，对教育的投资具有长期价值，能够为社会带来持续的回报。这种回报不仅体现在经济增长上，还体现在社会文明、道德观念、创新能力等多方面的提升。人文经济学强调人才培养的多样性，认为教育应关注个体的不同需求与潜能，提供多元化的教育资源与培养模式。这有助于挖掘与培养各种类型的人才，满足社会与经济发展的多样化需求。无锡作为江南文化的发源地之一，在人才培养与教育投入方面具有独特的实践和探索。其一，历史文化传承与教育融合。无锡注重将丰富的历史文化资源与教育相结合，通过学校教育、社会教育等多种形式，培养学生的文化自信和创新能力。例如，通过开设地方文化课程，让学生深入了解无锡的历史文化，从而激发他们对本地文化的热爱和传承。其二，职业教育与产业发展匹配。无锡通过建立与重大产业深度匹配的职业教育体系，如无锡科技职业学院与集成电路产业的合作，培养高素质的技术技能人才。这种教育模式注重专业设置的前瞻性，及时调整和融合传统专业，以适应产业发展的需求。其三，紧缺人才培养。无锡教育领域积极响应市场需求，加快培养科技创新前沿领域、自贸区等国际化平台与科技服务关键领域的高素质复合型紧缺人才。通过动态更新紧缺人才需求目录清单，优化教育组织形式，深化教育评价改革，确保人才培养与市场需求紧密对接。其四，政策引导与资源整合。政府相关部门通过政策引导，营造创新生态，明晰紧缺人才的产教融合培育路径。同时，整合高等教育、职业教育、继续教育资源，深化产教融合，打造高水平结构化教学创新团队，提升人才培养质量。其五，拔尖创新人才培养。无锡在教育系统构建了开放、灵活、学段贯通的拔尖创新人才培养机制，形成了一批具有无锡特色的培养模式。通过激发教师队伍的新动能，进一步提升教育教学质量，培养具有创新精神和实践能力的优秀人才。其六，教育投入与社会支持。无锡在教育投入上持续加大力度，不仅包括财政资金的支持，还鼓励社会各界参与教育发展，形成政府、企业、社会共同支持教育的新格局。这种多元化的投入模式有助于提升教育质量，培养更多符合人文经济学要求的人才。总之，无锡对人才培养与教育投入注重历史文化传承、产业发展需求、政策引导与资源整合，以及拔尖创新人才的培养，这些措施共同推动了无锡经济社会的发展和文化繁荣。

第四，健康生活与精神关怀。人文经济学强调人的整体福祉，包括物质、精神和社会层面。在人文经济学中，健康生活与精神关怀是非常重要的组成部分。人文经济学认为，健康不仅是身体上的无病痛，还包括心理、情感和社会福祉的全面状态。因此，它强调通过改善生活方式、饮食习惯、体育锻炼等方面来提高人们的健康水平。人文经济学提倡关注公共卫生问题，如环境污染、疾病防控、健康教育资源分配等，以实现全社会的健康福祉。在政策制定方面，人文经济学主张采取综合措施，如提高医疗保障水平、完善健康保险制度、推广健康生活方式等，以促进人们的健康生活。此外，人文经济学还强调精神关怀的重要性，认为人的精神需求同样重要，如情感、信仰、文化、艺术等方面的满足。针对心理健康问题，提倡通过心理咨询、心理治疗、精神关怀等方式，帮助人们解决心理困扰，提高生活质量。在教育方面，人文经济学主张培养具有人文素养的人才，关注个体全面发展，包括道德、情感、审美等方面的教育。人文经济学还强调社会和谐与人际关系的重要性，认为良好的人际关系和社会环境有助于人们实现精神关怀。无锡在人文经济学实践中，关注市民的健康生活和精神关怀，通过提供健康服务、文化活动和心理支持，促进市民的身心健康。

## 三、文化创新与经济转型的融合

在现代化发展进程中，无锡深入挖掘和重视文化创新与经济转型之间的实践融合，积极探索如何将传统文化与现代经济相结合，推动文化产业的发展，使之成为经济增长的新引擎。在这一过程中，无锡注重保护和传承历史文化遗产，同时鼓励创新思维，支持新兴文化产业的崛起。通过这种方式，无锡不仅在经济上取得了显著的成就，也在文化上展现了其独特的魅力。

第一，非物质文化遗产的产业化与市场化。非物质文化遗产不仅是文化传承的重要组成部分，也是经济发展的重要资源。这些遗产承载着丰富的历史、文化、社会和情感价值，对提升民族认同感和社会凝聚力具有不可替代的作用。无锡积极推动非物质文化遗产的产业化、市场化，例如，惠山泥人、无锡精微绣等非遗项目通过市场化的方式，不仅增加了当地的经济收入，还带动了相关产业链的发展，为地方经济注入了活力。产业化与市场化有助于非遗项目的传承与保护。通过将传统技艺与现代生产方式结合，非遗技艺得以在新时代焕发新的生机，同时也为年轻一代提供了学习和实践的机会，确保了技艺的薪火相传。此外，无锡通过参加国际服务贸易展览会、举办非遗展会等活动，提升了非遗项目的知名度和影响力。这种推广方式有助于扩大非遗项目的受众群体，使其成为连接国内外文化的桥梁。非遗项目的产业化与市场化带动了相关产业的发展，为当地居民提供了就业机会。例如，无锡的非遗及周边产业销售规模超250亿元，带动就业16.5万人。无锡通过非遗师带徒等传习计划，加快了人才培养步伐，为非遗项目的可持续发展提供了人才保障。在文旅融合方面，无锡将非遗项目与旅游深度融合，打造非遗工坊、体验空间和特色景区。这种融合不仅丰富了旅游产品，也使游客能够更深入地了解和体验当地的文化。

第二，文化创意产业的创新与转型。文化和经济不是相互独立的，而是相互交融、相互促进的。文化创意产业的创新与转型应当以满足人的需求、提升人的生活质量为目标。这要求文化创意产业在创新过程中注重用户体验和情感共鸣，强调挖掘和传承文化资源中的独特价值。这包括对传统文化元素的现代解读和创新运用，以及通过新技术手段对文化遗产进行数字化保护和传播。无锡利用江南文化底蕴，通过技术创新、模式创新和管理创新推动产业发展，包括运用现代科技手段，如人工智能、大数据、云计算等，来提升文化创意产业的生产效率和市场竞争力，发展了一系列文化创意产业，如宜兴的紫砂产业、文化创意园区和禅意小镇等，这些产业不仅丰富了文化内涵，也促进了经济结构的优化升级。2022年6月10—11日，惠山古镇承办2022无锡市"文化和自然遗产日"非遗宣传展示活动，全市50个传统技艺类、传统美术类非遗项目、非遗文博文创产品以及无锡老字号参加非遗市集。①

---

① 无锡市档案史志馆：《无锡年鉴（2023）》，方志出版社2023年版，第287-288页。

第三，现代化数字技术的传播与应用。通过数字化手段，文化遗产可以得到更好保存、展示和传播，从而提高人们对传统文化的认识和尊重，增强文化自信。数字技术的应用能够为文化产业和人文领域带来新的发展机遇、促进经济与文化的深度融合，通过数字化手段，可以将文化资源转化为经济价值，推动文化产业发展。无锡利用视频号、短视频等现代化传播方式，扩大非遗项目的影响力，使传统文化与现代传播手段相结合，提高了文化产品的市场竞争力。通过数字技术对文化遗产的数字化记录、整理和展示以提升文化场馆的服务质量和体验感，如数字电影产业园的建立，展现了无锡在科创和高耗能产业转型上的努力。在数字传播的普及性上，无锡重视数字技术的普及，使文化产品和服务更加便捷地传播到世界各地，为不同文化背景的人们提供了接触和了解其他文化的机会，促进了全球文化的交流与融合。在数字应用的多样性上，无锡积极探索数字技术的应用形式，如虚拟现实、增强现实、数字游戏等，这些应用为传统文化提供了新的展示方式，吸引了更多年轻人的关注，有助于传承和发展传统文化。在数字经济的创新性上，无锡探索并利用数字艺术、在线教育、虚拟旅游等新兴业态，推动了文化产业的创新，为经济发展注入了新的活力。

第四，区域产业链的融合与合作。在区域产业链融合合作中，人文经济学强调人的因素和区域间的互动，通过人才交流、文化传承、教育合作、社会责任、政策支持和协同创新等，推动产业链的优化升级和可持续发展。无锡与大湾区等地区在产业、供应链、创新链和人才链上加强合作，推动产业融合，如集成电路、数字经济等领域的合作，这些合作不仅促进了经济的转型升级，也为文化创新提供了新的平台和机遇。此外，无锡注重科技创新对文化发展的推动作用，例如建立数字电影产业园，发展环保理念，推动高耗能产业的转型，利用现代科技手段传播和展示传统文化。

## 四、物质文明与精神文明的协调

单纯的经济增长并不能完全代表一个城市的全面发展，人民的幸福感和满意度也是衡量一个城市是否真正繁荣的关键指标。在推动经济发展的同时，无锡高度重视提升市民的文化素养和生活质量，通过一系列政策和措施，努力营造一个和谐的社会环境，鼓励人们追求更高层次的精神文化需求。

第一，文化资源的创造性转化与创新性发展。文化资源的创造性转化包含技术创新、内容创新与形式创新。技术创新指运用现代科技手段，如数字化、信息化、网络化等，对传统文化资源进行整合和再现，使之适应现代社会的需求。内容创新指在保持传统文化核心价值的基础上，创新性地开发新的文化产品和服务，如将传统节日与现代娱乐活动相结合，吸引更多年轻人参与。形式创新指通过跨界融合，将传统文化与现代艺术、设计、建筑等领域相结合，创造出新的文化形态。文化资源的创新性发展包含文化产业发展、文化教育普及与文化交流合作。文化产业发展指将文化资源转化为经济效益，推动文化产业发展，如文化旅游、文化创意产品等，实现文化与经济的良性互动。文化教育普及指通过教育系统普及传统文化知识，培养公民的文化自信和文化认同，促进文化传承与发展。文化交流合作指加强国际文化交流，吸收外来文化的优秀元素，促进文化多样性的发展，同时向世界展示本国的文化魅力。无锡通过深入挖掘和活化传统文化资源，将其与现代经济相结合，实现文化价值的创造性转化。利用无锡特色文化基因，推动中华优秀传统文化的创新性发展，在保护与传承传统文化的基础上，运用现代科技和理念，对文化资源进行创新性的改造和提升，使之在新时代背景下焕发新的活力和内涵。

第二，文化品牌建设与城市形象提升。无锡市政协深入调研，形成《关于打造最优法治化营商环境城市建议案》；围绕推动科创高质量发展、生态文明建设、居家养老、文化产业发展、挖掘文物价值、宗教活动场所管理、社会矛盾纠纷等方面进行重点调研，形成《提质科创载体　优化科创生态推动科创高质量发展》《持续改善水环境　奋力打造生态文明建设先行示范区》《建设有无锡特色全国一流的社区居家养老体系》《强化规划引领政策落地加快推进文化产业高质量发展》《充分挖掘"百宅百院"文物价值　助力争创全国文明典范城市》《积极引导　守正创新　推动宗教活动场所管理工作再上新台阶》《做强"专精特新"企业　裂变高质量发展动能》《我市社会矛盾纠纷情况分析及对策建议》8份调研报告。[1]通过发展人文经济，可以提升城市文明精神的具象表达，增强城市精神的物质符号化的能力，提升城市精神的影响力和认可度。一是着力提升文化产业发展水平。依托城市群的人文共识，形成促进文化产品消费的内在驱动力，构筑具有在地性的文化产业区域链。二是推动具有内部、外部双重辐射力的文化产业体系化建设。无锡通过打造城市文化品牌，提升了城市形象，增强了城市的文化软实力。在举办各类文化节庆活动、艺术展览和文化论坛中丰富市民的精神文化生活，也吸引了外来游客，促进了经济增长，实现了物质文明与精神文明的双丰收。以满足人民群众日益增长的精神文化需求为出发点，优化文化产品供给机制，提供丰富多样的文化产品和服务，促进物质文明与精神文明的均衡发展，在无形中重新凝塑出无锡的新时代城市品格、焕发出更为亲切的城市魅力。

第三，文化产业的发展与就业机会的创造。无锡积极发展文化产业，涵盖文化创意、文化旅游、影视制作等多个领域。这些产业的蓬勃发展不仅为这座城市带来了显著的经济效益，还为广大市民提供了丰富的就业机会，从而提高了人民的生活水平。随着文化产业的不断壮大，人们的精神生活得到了极大的丰富，进一步促进了精神文明的提升。无锡通过推动文化产业的发展，不仅在经济上取得了显著成果，还在文化建设和精神文明建设方面取得了重要进展。在文化创意方面，无锡积极扶持各类创意工作室和设计公司，鼓励创新思维和原创作品的诞生。这些工作室和公司在设计、艺术、时尚等

---

[1]　无锡市档案史志馆：《无锡年鉴（2023）》，方志出版社2023年版，第71页。

领域不断推陈出新，为城市注入了新的活力。文化旅游方面，无锡依托其丰富的历史文化遗产和美丽的自然风光，打造了一系列具有地方特色的旅游项目。这些项目不仅吸引了大量国内外游客，还为当地居民提供了更多的休闲娱乐选择。在影视制作方面，无锡建立了多个影视基地，吸引了众多影视剧组前来拍摄，推动了影视产业的快速发展。这些基地不仅为影视制作提供了优质的硬件设施，还为相关从业人员提供了大量的就业机会。这些产业的发展丰富了人们的精神生活，促进了精神文明的提升。

第四，城市品格的塑造与社会主义核心价值观的融入。人文经济学坚持以人民为中心的发展思想，以繁荣的中国特色社会主义文化赋予经济发展深厚的人文价值，推动文化与经济的交融互动、融合发展。人文经济学不局限于文化内容的狭隘限定和道德伦理层面上的公平正义，而是站在人类解放宏大叙事的历史性进程中，指向人类解放视域中人的自由全面发展的历史归宿，将人文精神的核心气质与制度设计提升至以人民为中心的框架之中。在经济发展过程中，无锡积极融入社会主义核心价值观，引导企业和社会树立正确的价值观念，构建相互信任的营商环境。这有助于提高公民道德水准和文明素养，促进人的全面发展。在人文经济学现实实践中，无锡注重城市品格的塑造，强调开拓进取、外柔内刚、敏察善纳、担当不屈的城市精神。这种城市品格的塑造与社会主义核心价值观的传播相结合，既提升了市民的精神风貌，也为城市的物质文明发展提供了精神动力。

# 第三节　无锡现代化进程中的文化经济实践

在推动人文经济发展的过程中，无锡根据其城市定位，在探索人文与经济共生共荣的道路上，积极寻求符合中国式现代化的无锡实践新方案。

## 一、以文化为引领的产业发展策略

马克思主义认为，劳动是一切财富和一切文化的源泉。[1]人文经济学是一种将文化与经济紧密结合，强调文化在经济发展中的引领作用的经济学理念。它主张通过文化的力量来推动产业升级、促进经济增长，并认为文化不仅是经济发展的动力，也是提升人民生活质量、增强国家软实力的重要途径。无锡以文化为引领的产业发展策略是综合性的，旨在通过文化传承与创新，推动文化与经济社会的融合发展，打造具有地方特色的文化产业体系。

第一，文化传承与创新相结合。在维护和发扬其悠久的江南文化传统方面，无锡致力于对传统文化遗产的深入挖掘和保护。据最新数据，无锡市有国家级非物质文化遗产代表性项目11项（梁祝传说、吴歌、无锡道教音乐、锡剧、无锡留青竹刻、惠山泥人、无锡精微绣、宜兴紫砂陶制作技艺、致和堂膏滋药制作技艺、宜兴均陶制作技艺、泰伯庙会），省级非遗代表性项目51项，市级非遗代表性项目168项，县（区）级非遗代表性项目131项；国家级非遗代表性传承人10人，省级非遗代表性传承人55人，市级非遗代表性传承人337人，县（区）级非遗代表性传承人188人；国家级非遗生产性保护示范基地1个（宜兴紫砂工艺厂），省级非遗生产性保护示范基地3个，省级非遗传承示范基地2个，市级非遗传承示范基地46个，市级非遗生产性保护示范基地18个，形成非物质文化遗产传承保护的基本梯队[2]，这是文化传承与创新的丰富载体。同时，通过将传统文化与现代元素的融合，推动文化产业的创新发展，展现了显著的成就。无锡的非物质文化遗产项目，如惠山泥人和锡剧，得到了有效的传承与创新。这些文化遗产在保留其传统特色的同时，通过艺术家和文化工作者的不懈努力，实现了与现代审美和市场需求的对接。在文化创新方面，无锡的努力方向不仅体现在对传统文化的保护和传承上，

---

① 《马克思恩格斯选集》第三卷，人民出版社2012年版，第357页。
② 无锡市档案史志馆：《无锡年鉴（2023）》，方志出版社2023年版，第23页。

还体现在对传统艺术形式的现代转化上。通过创新设计和现代技术的应用，传统手工艺得以在现代社会中继续发展，同时满足了现代消费者的审美和实用需求。锡剧作为无锡的地方戏曲艺术，也经历了创新的洗礼，新一代艺术家们在继承传统的基础上，探索了新的表演方式和舞台技术，使得这一艺术形式更加符合现代观众的欣赏习惯。无锡在文化传承与创新方面的做法，不仅保护了文化遗产，而且促进了文化产业的繁荣发展，为传统文化的现代转型提供了成功范例。

第二，优化文化服务与产品供给机制。无锡积极推动深化文化体制改革，通过一系列创新举措，提升文化服务的质量和效率。无锡取消博物馆预约参观制度这一举措，不仅简化了游客的参观流程，还显著增加了博物馆的参观人次，使得更多市民和游客能够便捷地享受到丰富的文化资源。此外，无锡还注重提升社会教育活动的品质，通过精心策划和组织各类文化活动，如讲座、工作坊和互动体验等，不仅丰富了市民的文化生活，也促进了文化的传播和交流。通过这些措施，无锡正逐步构建起一个更加开放、高效的文化服务与产品供给机制，为市民和游客提供更加优质的文化体验。

第三，加强文化人才培养与引进。文化人才是文化产业发展的核心力量，无锡不仅重视传统技艺的传承，还注重创新思维的培养。为了实现更加繁荣的文化生态这一目标，无锡市政府和文化机构携手合作，采取了一系列创新措施来加强文化人才的培养与引进。在培养方面，无锡特别推出了"师带徒"计划，资深的文化艺术家们被赋予"师傅"的身份，他们将自己多年积累的宝贵经验和技艺，无私地传授给年轻一代的"徒弟"。这种师徒关系不仅促进了技能的传递，更在情感上建立了深厚的纽带，让年轻的文化工作者在实践中快速成长。同时，无锡还设立了非遗传承人工作室，为掌握传统非物质文化遗产的艺术家提供了一个展示和交流的平台。这些工作室成为连接过去与未来的桥梁，让古老的技艺得以在现代社会中焕发新的活力。通过这些工作室，无锡不仅保护了传统文化，还让其在新的时代背景下得到了创新和发展。此外，无锡还通过各种政策和资金支持，吸引国内外的文化人才来这里工作和生活，为其提供良好的工作环境和生活条件，让文化人才能够全身心地投入到创作和研究中。这些举措不仅提升了无锡的文化软实力，也为文化产业的长远发展奠定了坚实的基础。通过这些综合措施，无锡正在构建一个充满活力的文化人才生态，为文化产业的繁荣发展提供了坚实的人才支持。

第四，促进文化与其他产业的融合发展。无锡积极推动文化产业与其他产业的深度融合，通过精心策划和实施一系列创新举措，将文化与创意产业、电子商务、物联网等前沿领域紧密结合，共同编织出一张充满活力的经济网络。无锡不仅注重保护和传承其丰富的文化遗产，更致力于将这些文化元素转化为现代产业发展的新动力。例如，无锡的创意产业园区，已经成为艺术家和设计师的聚集地，他们在这里创作出融合传统与现代元素的创新作品，这些作品不仅丰富了当地的文化生态，也为城市吸引了更多的游客和投资。无锡的电子商务平台借助互联网技术，将本地特色文化产品推向全国乃至全球市场。通过线上线下的互动，这些平台不仅为消费者提供了便捷的购物体验，也帮助文化企业拓展了销售渠道，增加了收入。物联网技术的应用，为文化产业带来了智能化的变革。在无锡，智能博物馆、智能图书馆等新型文化场所不断涌现，通过高科技手段为市民和游客提供了更加丰富和个性化的文化体验。通过这些努力，无锡的文化产业链条得到了有效拓展，形成了新的经济增长点。文化产业与其他产业的融合发展，不仅为无锡带来了经济上的繁荣，也提升了城市的文化软实力，为无锡的长远发展注入了新的活力。

## 二、以人才为核心的创新驱动机制

人文经济学关注人的因素在经济活动中的作用，强调人的创造力、文化、价值观以及社会关系对经济发展的重要性。无锡以人才为核心的创新驱动机制体现在政策支持、财政资助、司法保护、青年创新创业活力提升、人才引进与培养、高端平台建设以及产业与人才结合等多个方面，这些措施共同推动无锡的科技创新和高质量发展。

第一，财政资助与奖励。人才是经济发展的核心动力和最重要的资源。人才的素质、技能、创新能力和创造力是推动经济增长的关键因素。因此，建立有效的激励机制，包括薪酬、荣誉、晋升机会等，以激发人才的创新活力和积极性尤为重要。无锡市政府出台了一系列政策，如《关于深入实施创新驱动核心战略加快建设创新型城区的若干政策措施》和"梁溪英才计划"升级版2.0等，旨在为人才提供全方位的支持，包括资金补助、项目资助和人才引进等。对于入选的雏鹰企业、瞪羚企业和准独角兽企业，无锡提供最高250万元的研发投入补助。对于科技创业领军人才，创业经费资助从100万元提升至最高500万元，这些措施激励企业和人才在科技创新上投入更多资源。

第二，司法协调与保护。无锡两级法院积极贯彻"双保护"理念，致力于在司法裁判中实现科技型人才与企业权益的平衡。这一策略不仅为文化人才提供了坚实的法律保障，而且营造了一个公平正义的司法环境。通过这样的措施，无锡有效促进企业与人才之间的和谐发展，为文化产业的繁荣和创新提供了有力的法律支撑。在这一过程中，法院通过细致入微的案件审理，确保每一位文化人才的合法权益不受侵犯，同时也保护了企业的正当利益，从而在法律层面上为人才和企业搭建起一座沟通与合作的桥梁。

第三，人才培养与引进。人文经济学强调教育在人才培养中的基础性作用，认为良好的教育体系和人文环境是培养和吸引人才的重要条件。文化传统和价值观念对人才的成长和创新活动有着深远的影响。无锡通过"锡青I创"3.0版等服务计划，关注青年就业创业，提供一站式服务和全链条扶持，助力青年人才和新生代企业家成长。同时，无锡各区积极打造人才战略，如江阴市建立柔性人才库，宜兴市实施"双千计划"，锡山区推进"锡山百人计划"，这些举措旨在集聚国内外高端人才，为无锡的创新发展提供源源不断的人才支持。

第四，平台搭建与维稳。无锡文化平台的搭建与维稳，不仅体现在政策的制定和实施上，更体现在对人才的吸引和培养，以及对高新技术产业的培育和优化创新创业环境上。通过精心设计的"飞凤人才计划"，无锡高新区成功吸引了众多高层次创业人才，他们带着先进的理念和丰富的经验，为无锡的文化平台注入了新鲜的血液。这些人才不仅在各自领域内取得了显著的成就，而且通过他们的努力使无锡高新区的高新技术产业得到了快速发展。从软件开发到生物医药，从智能制造到文化创意，这些产业的兴起，不仅提升了无锡的经济实力，也为文化平台的搭建提供了坚实的物质基础。同时，无锡还致力于优化创新创业环境，打造一个充满活力和机遇的生态系统。这里不仅有完善的基础设施和高效的行政服务，还有丰富的文化活动和交流平台，为创业者和文化工作者提供了展示才华的舞台。通过这些措施，不仅吸引了人才，更留住了人才，为文化平台的长期稳定发展奠定了坚实的基础。

## 三、以公平为导向的收入分配制度

人文经济学强调在经济发展过程中，应当关注人的需求、尊严和公平正义，即在收入分配制度中，既要注重效率，也要强调公平，确保每个人都能共享经济发展的成果，实现社会的和谐与公正。无锡通过一系列措施，逐步构建起以公平为导向的收入分配制度，旨在缩小收入差距，促进社会和谐稳定。

第一，坚持以按劳分配为主体完善收入分配制度。按劳分配是体现公平和效率相结合的原则，能够保障劳动者的基本权益，激发劳动者的积极性和创造性。在此基础上，多种分配方式并存，可以更好地适应不同行业和领域的特点。在收入分配中，应遵循公平原则，确保每个人都能按照其贡献得到相应的回报，包括两点，一是初次分配公平，即在初次分配中，要保证劳动报酬在收入分配中占有合理的比重，确保劳动者的基本生活需求得到满足；二是再分配公平，即通过税收、社会保障等手段进行再分配，以缩小收入差距，促进社会公平。无锡通过调整和完善初次分配制度，确保工资收入与劳动生产率同步增长。这包括提高最低工资标准，建立企业工资指导线，推动企业工资集体协商制度等。同时，建立收入分配调控机制，通过政策引导和监管，确保收入分配的公平性，防止收入差距过大。强化相应法律法规保障收入分配的公平性，对违反收入分配公平原则的行为进行处罚。

第二，贯彻公平原则推动就业平等帮扶弱势群体。无锡坚定不移地推行公平就业原则，确保每一位劳动者都能在平等的基础上竞争和获得工作机会。这一政策的实施，不仅提升了劳动者的整体收入水平，还促进了社会的和谐与稳定。在人文经济学的指导下，无锡更加关注低收入者和弱势群体，力求通过一系列切实可行的措施，改善他们的生活状况。为了保障低收入者和弱势群体的基本生活，无锡市采取提高最低工资标准的举措。同时，无锡市还致力于建立和完善社会保障体系，为那些需要帮助的人群提供医疗、养老、失业等多方面的保障，确保他们不会因病致贫、因老致困。此外，无锡市还特别设立了专项资金，用于农村地区的发展项目，帮助贫困家庭改善居住条件，为残疾人提供职业培训和就业机会，帮助他们摆脱贫困，提高生活质量。例如，2022年无锡市出台《"残疾人之家"提升三年行动计划（2022—2024年）》，制定《无锡市"残疾人之家"等级评定办法》，通过科学合理且可量化的等级评定，促进全市196家"残疾人之家"明确自身发展定位。继续开展"残疾人之家"基本公共服务评估，及时发现和弥补"残疾人之家"在运行中的漏洞短板，将评估结果和考核挂钩。[1]通过这些措施，无锡市不仅减少了社会不平等现象，还促进了社会的包容性和整体进步。

第三，追求贫富差距的缩小优化税收制度与体系。无锡致力于缩小贫富差距，通过一系列精心设计的税收制度改革和体系优化来实现这一目标。2022年，无锡市委印发《2022年度政党协商计划》，市委统战部推进参政议政提升年建设，建立加强动态管理、培训提升、履职保障和评比表彰四项机制。举办"参政议政能力提升年"专题培训，组织市各民主党派、工商联和

---

[1] 无锡市档案史志馆：《无锡年鉴（2023）》，方志出版社2023年版，第109页。

无党派知联会围绕"数字经济""共同富裕"调查研究。协助市委召开"发展数字经济，建设数字无锡""共同富裕"专题民主协商座谈会，以及"推进市域社会治理现代化建设""发展数字经济，建设数字无锡"专题民主协商意见建议办理落实推进会，落实政党协商工作闭环，为市委科学决策提供参考。[①]首先，推动个人所得税制度的完善，特别是对资本所得的税收政策进行细致的调整。这一改革的核心在于通过合理征税减少贫富差距，促进经济的健康发展，鼓励投资者进行长期投资而非短期投机行为。例如，通过调整税率和免税额度，使得资本所得的税收更加公平合理。其次，关注低收入群体，通过实施一系列税收优惠政策来减轻他们的税负。这些政策包括提高起征点、增加专项扣除项目等，旨在提高低收入者的实际收入水平，从而改善他们的生活质量。再次，优化整体税收体系，对高收入者的税负进行适度增加，以此来平衡社会财富分配。通过这些措施实现收入的再分配，让税收成为调节社会公平的有力工具。在调整个人所得税方面，无锡采取了更为精准的措施，确保税收政策能够更有效地作用于不同收入阶层。通过科学的税收设计，无锡不仅减轻了中低收入者的税负，还通过税收杠杆调节了社会财富的流向，促进了社会整体的和谐与稳定。

第四，减少社会不平等打造更完善社会保障体系。无锡致力于打造一个更加完善的社会保障体系，减少社会不平等，以确保每一位市民都能享受到基本的社会保障。在养老保险体系的构建和优化方面，无锡市采取了一系列创新措施，比如引入多层次养老保险制度，鼓励个人储蓄和企业年金的发展，从而为退休人员提供更加全面和充足的基本生活保障。在医疗保险领域，无锡市深化医疗保险制度改革，通过引入先进的医疗技术和管理方法，提高了医疗服务的效率和质量。推广家庭医生签约服务，让居民能够享受到更加个性化和便捷的医疗服务，进一步提升医疗保障的水平。为了更好地支持失业群体，无锡不断完善失业保险机制，不仅为失业人员提供必要的经济

---

① 无锡市档案史志馆：《无锡年鉴（2023）》，方志出版社2023年版，第26—37页。

援助，还通过职业培训和就业指导服务，帮助他们重新融入劳动市场，找到合适的工作岗位。此外，无锡市不断拓展社会保障网络，通过政策引导和资金支持，鼓励更多的非正规就业人员和灵活就业人员加入社会保障体系，实现全民覆盖。无锡逐步提升社会保障的待遇水平，确保基本保障标准与经济发展同步增长，让市民能够感受到社会进步带来的实实在在的好处。同时，强化对社会保障基金的管理，通过严格的财务监管和投资运营，保障基金的长期安全与可持续性，确保社会保障体系能够长期稳定地为市民服务。

## 四、以生态为基础的可持续发展模式

人文经济学强调在经济发展的过程中要充分考虑人的需求、社会公正以及生态可持续性，旨在实现经济增长、社会公正和生态保护的和谐统一，为当前和未来的世代创造一个更加公平、健康和可持续的世界。无锡积极践行以生态为基础的可持续发展模式，不仅为本地经济发展注入了新动力，也为城市可持续发展提供了有益经验和模式。

第一，生态红利释放。经济系统并不是一个孤立的存在，而是生态系统中不可或缺的一部分。因此，在推动经济发展的过程中必须充分考虑到整个生态系统的健康与稳定，包括空气、水资源、土壤质量以及动植物的多样性等多个方面。无锡坚定树立"绿水青山就是金山银山"的发展理念，将生态保护与经济发展紧密地结合起来，力求在经济社会发展与生态环境保护之间找到一个和谐共生的平衡点。通过积极推行绿色发展，无锡持续释放出生态红利，将绿水青山科学转化为实实在在的金山银山。通过一系列创新举措，如推广清洁能源、发展循环经济、加强环境监管等，有效地实现了经济发展与生态环境保护的良性循环。这种发展模式不仅为当地居民带来了更好的生活质量，也为其他地区树立了一个可持续发展的典范。

第二，生态绿色转型。生态系统是人类社会得以繁荣和经济得以持续发展的基础，在城市的发展过程中生态保护和恢复应当被置于优先地位。无锡通过实施一系列重要的生态保护工程，显著改善了当地的生态环境。例如，无锡市对大运河无锡段和梁溪河进行全面整治和提升工程，这些举措不仅提升了水质，恢复了河流的生态功能，还美化了沿岸景观，为市民提供了更多的休闲空间。这些生态工程的实施，不仅使生态环境得到了显著改善，还带来了意想不到的经济效益。沿河区域的房屋价值得到了提升，商业设施得到了发展，吸引了更多的投资和游客。此外，无锡市还积极推进绿色转型，致力于将废弃物资源化利用，推动固体废物的无害化处置和资源化利用。通过这些措施，无锡市成功地将垃圾变废为宝，实现了废弃物的循环利用，减少了环境污染，为经济发展注入了新的活力。

第三，低碳产业发展。在聚焦低碳产业发展的过程中，无锡不仅把握住了时代的脉搏，而且积极推动绿色化和智能化转型。政府和企业携手并进，共同抢抓低碳产业的新动能，为城市的可持续发展注入了新的活力。在新能源领域，无锡已经成为国内重要的研发和生产基地。市政府出台一系列扶持政策，鼓励企业进行技术创新和应用推广，使太阳能、风能等清洁能源得到了广泛应用。新材料产业同样蓬勃发展，无锡的科研机构与企业紧密合作，不断突破材料科学的边界，开发出更多高性能、环境友好的新型材料。生物医药产业也迎来了春天，无锡依托其强大的科研实力和完善的产业链，正逐步成为国内外生物医药创新的重要基地。这些新兴产业的蓬勃发展，不仅为无锡带来了新的经济增长点，更为城市的绿色发展提供了坚实的基础。通过这些努力，无锡实现从传统工业城市向低碳、智能、创新的现代化城市的华丽转变。

第四，无废城市建设。推动人文经济发展，要全面构建服务经济高质量发展的文化生态系统，立足区域化特色，打造具有影响力和辨识度的人文经济名片。无锡致力于打造"无废城市"，通过绿色转型触角延伸至市民生活的方方面面，如推动报废新能源汽车动力电池的回收利用，提高贵金属废液的回收率，实现污染因子零排放。通过一系列创新的固体废物管理策略，减少废物的产生、促进资源的循环利用，确保废物得到安全无害的处理，无锡正逐步构建起一个环境友好型的城市发展模式。这些措施不仅有助于改善城市居民的生活质量，还为无锡的长远发展奠定了坚实的基础。无锡积极借鉴国内外先进的无废城市建设经验，结合本地实际情况，制定出一套切实可行的实施方案。通过政府、企业和市民的共同努力，无锡正朝着建设一个零废弃、绿色、和谐的现代化城市目标稳步前进。

# 人文经济学的
# 无锡经验及启示

第七章

作为江苏省的重要城市，无锡有着悠久的历史和文化底蕴。无锡在历史上曾经是江南地区的重要政治、经济和文化中心之一，在现代社会，无锡经济发展迅速，成为中国东部地区重要的经济中心城市之一。在人文经济学的实践探索中，无锡精心描绘令人交口称赞的精彩城市文化图景，探寻人文经济学的无锡经验与有益启示，将有助于进一步奋力谱写"强富美高"新无锡现代化建设新篇章。

## 第一节　人文经济学的无锡经验

在新时代背景下，城市间及区域间的竞争愈发激烈。决定竞争胜负的关键因素，归根结底在于文化的凝聚力、整合力、引领力和推动力，以及文化传承与创新的能力。有鉴于此，无锡在探索人文经济学的过程中，不断推动文化繁荣与经济增长的有机协同，传统文化与现代产业的有机融合，人文资源与城市发展的有机互动，文化自信与开放交融的共生构建。

### 一、文化繁荣与经济增长的协同

习近平同志在浙江工作期间指出："文化的力量，或者我们称之为构成综合竞争力的文化软实力，总是'润物细无声'地融入经济力量、政治力量、社会力量之中，成为经济发展的'助推器'、政治文明的'导航灯'、社会和谐的'黏合剂'。"①经济增长为人类创造了更多的物质财富，满足了人们的物质生活需求，刺激了文化的"盛"，保障了人类精神世界的恒远延绵。人文经济的本质内涵是文化与经济在总体上双向贯通、共生共进、比翼齐飞，是在文化繁荣、经济昌盛和人民幸福这三个维度上所进行的系统性关切与整体性统筹，其在于文化经济化、经济文化化和实现人的全面发展。新时代人文经济学坚持以人民为中心的发展思想，以繁荣的中国特色社会主义文化赋予经济发展深厚的人文价值，推动文化与经济的交融互动、融合发展。

人是世界发展的动力源泉，既是经济活动的基础，也是文化的创造者。没有人民大众的健康身体、向上精神、和谐关系，就不可能有真实而持续的经济发展与文化创新。人文经济学体现以人民为中心的发展思想，强调依靠人、为了人、发展人，创造属于人民大众的幸福生活，指向平等共享成果的价值观和发展观。人文经济学强调，发展不仅是满足人民当下的物质和精神的需求，更重要的是面向未来，推动社会的进步，追索和实践人的永恒价值。因此，人文经济的视角，是站在时代的高点，朝远处看，向未来看。人文经济，是对于未来的前瞻性构想，是城市腾飞的支点。要在研究传统与现实，打通国际与本土，融合现代与未来的框架中，不断延续人类发展的高度、广度和深度。中国特色的人文经济思想是以人为本、文化赋能、以文兴业，在发展中推动人文与经济交融共生，敞开涵养万物的胸怀，实现文化和经济的共创。

文化繁荣与经济发展是一种双向共生、同向共荣的关系，经济发展推动文化的进步，文化积淀涵养经济活力。马克思主义唯物史观深刻地揭示文化与经济的共生关系。文化发展与经济发展，在理论上是内生关系，在实践上是伴生现象。文化繁荣意味着人文的活力与魅力，这不仅形成人口的繁庶和人才的集聚，也带动经贸活动的丰富和活跃，而经济增长繁荣又会形成对文

---

① 习近平：《之江新语》，浙江人民出版社 2007 年版，第 149 页。

化发展、人口繁衍、文明交流的正向激励和促进。自觉推进人文经济的发展，就是要充分重视文化与经济的内生价值互动机制，不能把发展文化和发展经济割裂，尤其不可将二者对立起来。从高质量发展的紧迫性和长期性来看，富有历史人文精神的经济才是真正符合人民美好生活需要的发展。

文化是一座城市最大的魅力。无锡以其传统文化底蕴为孵化器，通过文化名片构建了营商环境的独特吸引力，以"文化+"产业编织了城市经济发展的宏大画卷。无锡深入推进国家历史文化名城建设，把文化融入经济发展、科技创新、城市建设和社会进步的全过程。近年来，无锡市在经济、社会和文化等方面取得了显著成就，其中人文经济的发展尤为突出。首先，无锡人文经济在经济增长中发挥了重要作用。无锡历史悠久，人文底蕴深厚，拥有众多具有文化价值的景点和非物质文化遗产。这些人文资源为无锡经济发展提供了独特的优势。人文资源既吸引了大量游客，推动了旅游业的发展，带动了相关产业的增长。人文资源又催生了文化产业的发展，如创意设计、动漫游戏等，为经济增长注入了新的活力。其次，无锡人文经济与经济增长之间存在着密切的联系。人文经济既能够提高人们的消费水平，从而促进经济增长。无锡市的人文资源吸引了大量游客，游客在旅游过程中消费的需求推动了相关产业的发展，如餐饮、住宿、交通等。人文经济还能够提高人们的创新能力和创造力，为经济增长提供源源不断的动力。加之，无锡市拥有众多高校和研究机构，人文经济的发展为这些机构提供了良好的研究环境，有利于学术成果的产生和转化，推动经济增长。

人文发展需要经济基础，经济发展需要人文支撑。促进经济发展的人文精神基于深厚的文化积淀，而优秀传统文化的承继和创新性发展，本身需要经济支撑。中国式现代化是物质文明与精神文明相协调的现代化。文化与经济相互支持和共同繁荣才能高质量推进中国式现代化。人文经济学不是简单的文化产业发展或是强调分配制度中以人为本的因素，其着眼点是实现物质文明与精神文明协调发展。

## 二、传统文化与现代产业的融合

无锡作为江南文明的重要发源地之一，自古以来就是经济活跃的人文盛地。放眼未来，推动人文经济与各领域工作的创新融合是无锡城市发展的重要方向。无锡在发展经济的过程中，始终将传统文化与现代产业有机结合。一方面，依托于深厚的历史文化底蕴，保护和传承了许多具有地方特色的传统文化，如锡剧、评弹、宜兴紫砂等。另一方面，充分发挥自身的产业优势，积极发展现代产业，使传统文化在现代产业发展中焕发出新的活力。

无锡深化文创产业，绘就奇光异彩的产业图画。文创产业自身的创新性和产业之间的强联动性，成为经济高质量发展的新动能和新引擎。无锡充分利用文化赋能，做强做实文创产业，促进经济航道转型升级。通过完善政策，搭建平台，推动文创融合、结构优化、业态创新等，打造具有国际影响力的文化创意产业集群。大力拓展数字文创产业，推动"文化+数智"等"文化+"产业发展，打造连接文化创作、加工、传播和消费等各个环节的全数字化新链条。制定文创产业行动方案，分步骤打造一批具有鲜明竞争力的文创企业。完善产业发展政策，重点向数字化转型等新兴领域倾斜，加大对"元宇宙""虚拟数字人"等数字文创项目的扶持力度。设立专项基金，利用信贷优惠、税费减免补贴及奖励等经济手段，支持中小文创企业发展。搭建文创产业发展平台，孵化一批具有影响力的项目和作品。

统筹实施文化信息资源共享和数字文化馆、数字图书馆、数字博物馆建设。强化互联网思维，丰富"线上宣传""直播推介"等渠道，开展文化直播活动，前瞻布局数字应用场景，构建"云游"无锡新模式。加快建设数字创意产业园，引进数字文化、创意设计、影视娱乐等领域优质企业，推动知名文化企业在无锡设立总部。

无锡还不断推进文物活化利用，实现文物的"活"与"火"。优化名人故居管理中心管理职能，系统整合东林书院、文渊坊、钱锺书故居等市属"名居"资源，实现统一管理、统一运营，通过资源的互通共享、降低整体运行成本。创新打造东林书院文创生活馆，实现游客数量从10万到66万人次的爆发式增长。实施"百宅百院"活化利用工程，着力完善"政府主导、社会参与、市场化运营"的多元投入机制，引导国有集团加大保护修缮力度，市文旅集团组织实施15项活化利用工程，鼓励引导社会力量参与项目建设。依托西水墩等资源，坚持文化传承和创意相融合，组织策划"西水市集"，打造一个可逗留、可体验、可消费的全新城市市集IP。精心打造尊贤街《这是无锡》360°全沉浸国潮街区，引入"线下元宇宙"理念，让市民"一秒穿越沉浸，共赏时代风华"。

以人文价值赋能产业发展，依托运河沿线10余处工业遗产，建成运河汇、运河之光文化科技产业园等文创园区。通过"文化造节"提高文化创意商业街区建设品位，"今夜梁宵"、荡口古镇民谣音乐节等推动了街区的繁荣发展。组织文化产业粤港澳专题招商活动，走访紫荆集团、腾讯等80多家大湾区头部文化企业，签约唐贡茶文化村等多个重点项目，为大运河文化保护传承利用工作注入强劲动能。

明确实施大运河文化品牌建设工程。设立总资金额7亿元的无锡大运河文旅发展基金和总资金额1亿元的文化高质量发展政策，推动运河文化资源与产业发展深度融合。制定《无锡市关于贯彻落实国家文化数字化战略的实施方案》，明确清名桥等运河文化数字化技术应用，打造运河文化数字体验之城。清名桥核心展示园已完成智慧古运河一期工程建设，成功推出运河文化、古建筑会说话等数字文化体验模块。

无锡市按照"护其貌、美其颜、扬其韵、铸其魂"的工作思路，充分发挥文物保护单位经济效益和社会效益，对具有历史、艺术、科学价值的文物建筑进行风貌恢复和活化利用，用三年时间打造100个锡城古厝活化利用典范，持续探索文物建筑保护利用的无锡方案。东林书院是文物活化利用的一个试点，依托社会资本，环境景观得到有效提升，建筑得到合理利用，秉持传承东林学风道义主旨，植入"读、学、养、赏、食、创"百姓可互动可体验的新项目新业态，"书院生活之旅"项目获评"水韵江苏·苏心产品"文旅产品创新大赛二等奖、全国文化遗产旅游百强案例。钱锺书故居在社会力量支持下，依托钱氏家族深厚的文化历史底蕴和钱锺书先生学贯中西的学术影响力，以文化、艺术、科技为核心亮点，打造文化空间"锺书客厅"，游客可以在此翻翻书，喝杯茶，在书香氤氲中感受大师创作之所，细细品读钱氏老宅里的动人往事。

无锡通过"百匠千品"非遗传承创新工程，实现传统文化与现代产业的有机结合。无锡现有惠山泥人、宜兴紫砂、无锡精微绣、无锡留青竹刻、锡剧等各级非物质文化遗产361项。这些非遗项目散落在无锡各处，守护着生生不息的江南文脉。2023年，无锡市出台《无锡市"百匠千品"非物质文化遗产传承创新工程三年行动计划（2023–2025）》，选树100名具有工匠精神的代表性传承人、开发1000项具有市场前景的非遗产品，让非遗走进并且融入现代生活，不断提升非遗系统性保护和创新性发展水平。"百匠千品"非遗传承创新工程实施以来，结合无锡现有非遗项目，对无锡五个代表性国家级非遗项目实行分类施策：通过市场化方式，擦亮惠山泥人品牌、规范紫砂行业管理；通过支持锡剧艺术精品创作，振兴锡剧艺术发展；通过鼓励传承创新，研发精微绣跨界产品，开拓留青竹刻生活化运用。

以"擦亮惠山泥人品牌"为例，无锡市聚焦项目保护、创新供给、创造需求、平台搭建和品牌推广五个方面提出10条具体举措，包括建设集展示展销、手作体验、非遗研学等功能于一体的锡作苑，制定实施《关于加强惠山泥人泥料保护利用的实施方案》，开展"薪火百匠"传承人评选，支持建设惠山泥人设计研发中心，举办惠山泥人文化艺术节，建设非遗传承基地，搭建非遗展销平台，推进无限定空间非遗进景区，拍摄惠山泥人宣传片，在国家省市等媒体集中宣传惠山泥人的匠心匠品，推进老字号品牌创新发展，促进传统文化传承发展。

无锡作为国家信息消费示范城市，还通过活跃市场主体、激发重点园区集聚效应、加快传统文旅产业数字化转型等手段，网络文化产业与本地物联网产业、影视产业、文旅事业等优势产业资源紧密结合，呈现了强劲的发展势头。在网络文化产品方面，"灵锡"携手"鲸探"推出全国首批城市级数字藏品《无锡记忆——重现西林园 梦回"含星濑"》；在创新文化消费新场景方面，以数字文化推动文旅与多领域跨界融合，通过优化灯光亮化工程建设，与街景营造、灯光秀、配套演出等巧妙结合，打造"禅行""运河四季""东林拾忆"等一批夜间沉浸式实景演艺项目；在赋能文化消费升级方面，拈花湾景区通过精准构建用户画像、大数据分析引导旅游业态迭代等，实现了营业收入、景区开发类业务同比逆势增长。

无锡在传统文化与现代产业融合的过程中，还进行了其他诸多方面的创新实践。例如，锡剧与现代音乐相结合，形成了具有地方特色的音乐剧；评弹与数字技术相结合，创作出了一批富有现代气息的评弹作品。这些创新实践不仅丰富了传统文化的表现形式，也提升了传统文化的吸引力，实现了传统文化的"活"与"火"。无锡坚持推动优秀传统文化创造性转化、创新性发展，传统文化在经济语境里实现了有效传播，迸发出更强的生产力、创新力和引领力。

## 三、人文资源与城市发展的互动

人文经济学赋予城市发展深厚的人文价值，注重人文资源与城市发展的互相激荡、彼此生发。江南文脉底蕴深厚的精神内核是无锡城市发展的灵魂，多姿多彩的表现形式是无锡城市发展的底色。

崇文重教的历史文化、诚信创新的工商文化、筚路蓝缕的创业文化孕育着无锡人文资源与城市发展的互动。无锡积极推动文化强市发展战略，不断加强在文化领域的引导和建设，文化事业、文化产业获得繁荣发展，城市文化活力进一步激活。无锡是吴文化的发源地，民族工商业的发祥地，乡镇企业的发轫地，先后获评国家历史文化名城，国家公共文化服务体系示范区，首批"国家文化出口基地"。无锡拥有各级文物保护单位467处，其中全国重点文物保护单位34处，省级文物保护单位74处，市县级文物保护单位359处，文物资源总量位居全省前列。①无锡文旅产品种类丰富，有惠山泥人、宜兴紫砂、无锡精微绣、无锡留青竹刻、锡剧等各级非物质文化遗产361项，通过"非遗+旅游""非遗+文创""非遗+演艺""非遗+研学"等多种方式，持续激发非遗活力，让非遗融入现代生活，提升非遗文化新体验。无锡以独特的地域文化魅力和价值观引领时尚品牌向步行街、商业综合体和重点商圈聚集，打造新国潮、新国乐，拓展智能化消费体验"新场景"，优化消费空间品质，打造"美食之都""购物天堂"，激发消费需求集中释放，建设国际消费中心城市。

近年来无锡大力赓续城市文脉，推动文化传承发展。无锡的鸿山遗址、阖闾城遗址入选"十四五"期间全国重点保护大遗址，全市注册备案博物馆已达64家，人均拥有博物馆数量，位列全省第一。全市拥有18个省级以上挂牌文化产业园区，接近1000家规模以上文化企业，2万多家市场主体，形成了8个文化产业重点领域，2023年1家企业跻身"全国文化企业三十强"提名，6家企业入选第五届"江苏民营文化企业30强"。2022年全市实现文化产业增加值650多亿元，两年平均增幅超14.3%。无锡全力打造"太湖明珠、江南盛地"城市名片，促进文化产业升级、文旅品牌深化，努力与优秀传统文化相承接、与现代文明相贯通，加快建设物质文明和精神文明相协调的现代化，奋力当好高质量发展的"领跑者"。2023年无锡召开全市文化高质量发展大会，出台《无锡市文化事业高质量发展三年行动计划（2022—2024年）》《无锡市文化产业高质量发展三年行动计划（2022—2024年）》，制定一系列配套文件。聚焦江南文脉"一条主线"，提升文化产业和文化事业"两方面质效"，打造文化艺术中心、交响音乐厅、美术馆等"三大文化地标"，建设百个小剧场、打造百个文化展馆、改造百个公共文化空间、开展百匠千品项目等"四个一百工程"，打响江南文化、工商文化、吴文化、大运河文化、长江文化等"五大文化品牌"。无锡立足于发挥历史文化底蕴深厚的优

---

① 孟菲：《无锡文化强市建设的人文经济学观察》，《江南论坛》2024年第3期。

势，深入开展城市文化探源工程，高质量建设大运河和长江国家文化公园，推进文化遗产重点保护传承项目，坚持创新和数字双轮驱动，紧盯前沿领域、抢抓潮流风口，在众多领域进行积极探索。

无锡积极探索中华优秀传统文化保护发展和江南文脉传承创新的新模式，充分激发江南文脉的时代价值，在保护传承中弘扬文脉，在创新发展中延续文脉。重点推进全面开展"百宅百院"活化利用工程。用资源整合、融合利用、媒介传播、数字赋能等创新方式和机制，深入挖掘文物的历史文化内涵与时代价值，让"沉睡的历史"焕发新生，让古建老宅"活起来""火出圈"。

无锡持续放大城市政策的撬动效应，发动社会力量广泛参与文化建设。通过人文与城市的正向互动，让城市持续彰显美的追求、高的颜值，丰富人民群众多样化、多层次、多方面的精神文化生活，真正让城市文化成为无锡美好图景的特色印记、最美窗口。无锡人文资源对城市发展产生了积极影响，为城市的发展提供了独特的文化底蕴，为市民提供了精神寄托，吸引了大量游客，带动了旅游业的发展，为城市经济注入了活力。同时，城市发展也对人文资源产生影响，为人文资源的保护和传承提供了良好的条件，为城市发展提供了独特的文化氛围。

无锡着力打造与高质量发展相匹配的人文经济高地。统筹做好黄土塘老街、严家桥、甘露老街等历史文化名村名镇和街区的保护、利用、传承工作。推进锡剧、吴歌、斗山"太湖翠竹"制作技艺等非物质文化遗产的保护和传承，举办无限定空间非遗进景区活动。无锡实施红色文化提升工程，中国乡镇企业博物馆完成迭代升级，允分挖掘"四千四万"精神内涵，争创国家级爱国主义教育基地。深入实施文艺作品质量提升工程，重点打造《钱伟长》《南国红豆别样红》等文化作品，通过阿炳文化艺术节等评选活动，推动群众文艺创作由高原走向高峰。用好用活王莘故居、新四军六师师部旧址纪念馆等家门口的红色资源，打造乡村文旅红色游线，实现人文和经济良性互动的新实践。

无锡在城市更新中也不断体现人文资源与城市发展的互动。无论是历史文化街区的修复，还是城中村和城中厂的改造，以及角角落落的"微空间"修补，都突出"处处有文化"，融会贯通古韵新风，体现江南文脉的脉动，塑造城市特色风貌，增强居民和旅游者的文化自信与文化自觉。无锡还不断梳理城市文化资源，保护历史文化遗存，让古建老宅焕发出新的生命力，成为体验惬意锡式生活的好去处，使人们深入理解城市的历史遗存和文化记忆。以无锡城市精神推动"腾笼换鸟""凤凰涅槃""关上一扇门、打开一扇窗"等多种形式的城市产业更新。

无锡在城市发展中强调人民城市为人民。无锡积极推进青年发展型城市建设，给青年提供丰富多彩的文化娱乐活动，让地域文化可感、可知、可亲、可及，满足青年多样化、多层次、多方面的精神文化需求，让江南文脉开放包容、经世致用、心怀天下的精神品格激励青年砥砺前行。无锡倡导机会平等和公平合理，不断实现公共服务供给优质共享，健全就业创业服务体系，为青年提供施展才华、追求梦想、建功立业的高品质人文环境，打造有温度的城市，提升青年在城市生活中的获得感、幸福感、安全感。

## 四、文化自信与开放交融的构建

无锡是江南文化的发源地之一，也是江南文化的坚定传承者、积极传播者。"泰伯奔吴"的尚德文化、"声声入耳"的理学文化、"富民强国当以工商为先"的工商文化，无锡历史文化中自成一格、独具特色的品性特质，构成了江南文化的核心元素。身处江南文化的"坐标系"中，无锡人民温文尔雅、刚勇坚毅、敢为人先等精神品格，镌刻在无锡的文化基因之中。千百年来，江南文化在无锡绵延发展，为区域经济社会发展提供了源源不断的滋养和动力。无锡一直秉持着开放包容的态度，积极参与国际交流与合作，吸引了众多企业和人才前来投资和发展。

无锡充分利用现有文化活动资源，办好中国徐霞客国际旅游节；举办刘天华国际民族音乐节，顺应音乐与旅游、体育、创意等产业融合趋势，创新打造音乐旅游精品项目，提高民乐文化品牌知名度。结合夜间消费、假日消费、体验消费等新消费热点，举办运河啤酒音乐节、海澜飞马音乐节、长江文化夜市、长三角地区龙舟邀请赛等主题品牌活动，推动文化活动向品牌化、系列化、常态化方向发展。

无锡发展并完善跨境长江文化产业链，面向出版、影视、游戏、动漫等领域，推进长江文化IP海外授权，生产和传播海外用户喜闻乐见的江阴长江文旅精品，培育具有国际视野的市场主体，支持主营长江文化传播的企业加强内容和技术创新、拓展出口渠道，提升无锡长江文化的国际影响力。无锡正在用自信自强的文化之笔在建设文化强市、铸就社会主义文化新辉煌中绘出精彩，为全面推进中国式现代化无锡新实践增添更多光彩。

## 第二节　人文经济学的无锡启示

奋进新征程、建功新时代，无锡把文化建设作为重要战略任务，从扛起使命重托的高度来审视文化、从增强城市能级的高度来把握文化、从增进民生福祉的高度来建设文化，打开推动文化高质量发展的格局视野。无锡的人文经济学启示主要体现为赓续江南千年文脉、扎实推进共同富裕、直面城市民生福祉、打造城市人文地标、孕育城市精神品格等方面。

### 一、赓续江南千年文脉

延绵数千年的江南文脉历久而弥新，关键在于一代代人坚持不懈地固本开新。悠久厚重的吴文化、灵秀生动的湖山文化、特色鲜明的工商文化构成了无锡文脉的绚丽底色。3000多年前，泰伯三让王位，跋涉万里，定居梅里，率领先民开凿伯渎河，植桑养蚕，使无锡农耕业得到长足发展。尊贤重德、融合共生，成为无锡文脉的起点。湖山真意的诗情画卷，赋予了无锡人通达包容、睿智灵动的群体禀赋。作为民族工商业发祥地、乡镇企业发轫地，无锡积淀了深厚的工商文化底蕴。

江南文脉传承诗意审美。江南在传统文化里充满灵动诗意的美丽意象，大文化IP，具有深厚文化底蕴，并且绵延传承，与岁月一同丰盈。唐朝陆羽品鉴天下泉茶，著有《茶经》，评定无锡惠山泉水为天下第二泉。北宋苏轼有千古名句流传：独携天上小团月，来试人间第二泉。民间音乐家阿炳一曲《二泉映月》赢得了世界级声誉。

江南文脉绵延道德风骨。无锡惠山古镇0.3平方公里内至今留存着1500年来的古祠堂及遗址118处。历朝历代的高官巨贾、文人雅士在古镇祠堂留下的家规家训，体现了中华文化经典道德观："孝、悌、忠、信、礼、义、廉、耻"。东林书院"风声雨声读书声，声声入耳，家事国事天下事，事事关心"亦是士大夫精神的心声，读书不仅是提升个人文化素养，而且是达则兼济天下的家国情怀。近代民族工商业的杰出代表荣氏家族"为天下布芳馨"，艰辛创业，同时热心公益事业，造桥铺路，造福乡梓。新中国成立后，荣氏家族更是积极参与公私合营的社会主义改造，把个体企业的发展融入历史发展的进程，生动实践了真正的家国情怀。

江南文脉赓续创新之魂。唐朝安史之乱之后，中国经济重心向长江中下游地区迁移。富庶江南逐渐登上历史舞台，其间创新的力量始终在涌动。明朝中后期，在江南发达丝织业中产生的资本主义萌芽推动新生产关系的诞生。近代民族工商业先行者荣氏、杨氏等家族创办轻工业开启了近代工业文明先声。伴随着"苏南模式"发展起来的乡镇企业中涌现出一批上市公司，不仅创造了区域经济奇迹，完成了自身向现代企业制度的迈进，也加速了苏南地区的城镇化进程。

无锡凭借自身深厚的文化底蕴、独特的文化气质，汲取了发展的不懈动能与强劲底气，拼出了一条属于自己的高质量发展之路。无锡擦亮文脉底色，精心梳理吴文化的生发、湖山文化的勃发、工商文化的奋发，致力于文化遗产保护、城乡文化融合，坚定文化自信，让深厚文脉蕴含的崇文重教、尚农乐耕、精益求精、中正和谐等精粹文化基因厚植在城市血脉里，使经济发展和人民生活有根骨、有倚仗、有气魄。

无锡不断创新活化传承江南文脉，建成悟真道院（月溪书院）、唐氏花厅、姚桐斌故居、顾宪成纪念馆、春雷造船厂船坞5个项目的活化利用示范样板，引入国资锡州控股推进春雷造船厂船坞活化利用项目。大力开展非物质文化遗产"五进"工程。举办无限定空间非遗进景区活动，推动非遗进社区、进企业、进校园、进景区、进商场。创新实施名人故居文化内涵提升工程。发挥荡口古镇名人故居优势，综合运用AR等科技手段，打造无边界展馆，串联展馆集群，设计研学游、党建游、亲子游等特色旅游专线，形成"传文脉、重体验"的文化融合空间，打造多元消费模式和场景。

## 二、扎实推进共同富裕

中国式现代化是全体人民共同富裕的现代化。共同富裕是着力推进中国式现代化的重要目标，符合中国经济发展的规律和人民利益需求。作为长三角地区核心城市之一和构建中国式现代化的先行城市样本之一，无锡以文化产业兴旺扎实推进共同富裕，对于其他城市推进共同富裕有着重要的参考价值和实践意义。

为了发展文化产业，无锡加大文化强市的政策力度，积极开展太湖湾科创带、梁溪科技城、陶都科技新城、宛山湖生态科技城、霞客湾科学城、洗砚湖生态科技城等多平台建设，以产学研有机整合，持续推进融入长三角一体化发展、长江经济带和"一带一路"建设。同时，无锡创新"无比爱才，锡望您来"的人才政策，虹吸人才资源，释放人才红利，逐步实现文化产业兴旺的阶梯化目标，进一步夯实共同富裕的产业基础。

分配制度是促进共同富裕的基础性制度。党的二十大报告强调，要"鼓励勤劳致富，促进机会公平，增加低收入者收入，扩大中等收入群体""规范收入分配秩序，规范财富积累机制"。共同富裕本质上是实现人民共富，应该分阶段有秩序促进共同富裕，尽可能在利益分配机制的新一轮调整中合理吸纳中低收入群体的利益诉求，特别要从"社会短板"入手，解决城市边缘群体、困难群体的致富问题和利益诉求问题。无锡大力解放和发展生产力，创造更丰富的物质财富和精神财富，既在产业发展中做大"蛋糕"，也在突破利益固化的藩篱中分好"蛋糕"，不断完善初次分配、再分配、三次分配协调配套的体制机制，从而"提低、扩中、调高"，清理规范不合理收入，理顺收入分配秩序，增加社会中低收入群体的收入。

基本公共服务均等化、普惠化、便捷化是推进中国式现代化和实现共同富裕的有力路径。党的二十大报告强调，要"增进民生福祉，提高人民生活品质"。无锡以产业兴旺为支撑，扎实推进共同富裕，始终把人民对美好生活的需求作为共同富裕的奋斗目标，让人民享有更高水平的就业、医疗、教育、交通、居住、养老等各方面民生的公共供给。共同富裕离不开基本的民生工程和优质的公共服务。无锡从细处着眼健全和完善公共服务普惠的体制机制，避免"宏大叙事"式的公共服务创新，无锡以公共服务"具体而微"的共同富裕必答卷，把党的主张转化为社会共识，找到全社会意愿所需的公共服务最大公约数，让人民群众的生活年年都有新改善、日子越过越红火，谱写共同富裕的中国式现代化无锡新篇章。[①]

## 三、直面城市民生福祉

无锡连续四年获得"中国最具幸福感城市""中国最佳促进就业城市"奖杯，无锡始终把增进人民福祉、促进人的全面发展作为出发点和落脚点，一丝一缕织就多姿多彩的幸福之城。

---

① 王华华：《长三角地区共同富裕的无锡推进路径研究》，《江南论坛》2022 年第 12 期。

明发展旨归，在直面关切中增进民生福祉。脏乱的"夹花地带"翻新为农趣园，迎来华丽转身；荒芜的桥下空间被盘活，变身运动空间；路边可见公共休息座椅，机动车可免费停车30分钟，地铁上的夏日纳凉区、冬日加热座椅等，妥帖照顾着生活细节。寻常巷陌的所闻所见，日常生活的微末细节，最能体现一座城市的温度。无锡用显微镜体察民生细节，用绣花功夫推进城市管理，2021年以来已滚动实施"微幸福"民生事项5718件、下发62批重点督办事项清单，群众满意率100%。

无锡不断聚焦更高水平民生项目，促进劳有所得，2023年城镇新增就业16.4万人，新增就业困难人员再就业2.4万人，发放失业保险稳岗返还资金6.22亿元；实现幼有所教，新建义务教育学校、幼儿园31所，启动建设市盲聋学校；推动老有所养，新建及提升改建街道综合性养老服务中心11家，实现街道全覆盖，新建及改建提升助餐点80个，累计建成区域性助餐中心133家，助餐点近600个。无锡市多元拓宽富民渠道，扎实推进低收入人口动态监测和精准帮扶"3610行动"，扎实推动农民工纳入城镇住房保障。一项项民生新承诺，托举起更加充实、更有保障、更可持续的获得感幸福感安全感。

无锡努力聚天下英才，以全生命周期营造发展生态。锚定物联网产业，全国首批的海归小镇落户无锡经开区，从一站式政务服务、高品质住房保障，到医疗、教育，保姆式服务贯穿始末。以城市之名共启创新创业征途。无锡连续举办太湖人才峰会，持续优化升级太湖人才计划，打造人才发展全生命周期立体化支撑，集聚起16.64万高层次人才、2.16万留学归国人才、51.12万高技能人才的高质量人才队伍。从诺奖得主到中外院士，从优秀大学生到技能型人才，各类人才来无锡都能找到相应的政策支持。无锡不断塑造人才磁场，形成群英荟萃的才聚效果。无锡持续在优化营商环境、提升人才政策竞争力、强化人才金融支撑及打响城市引才品牌等方面下功夫。无锡坚持"尊商重商"的传统，大力建设宽松、公平的营商环境，增强在锡企业和企业家的认同感和归属感。持续提升人才政策竞争力，围绕重点产业领域、灵活就业领域和新兴业态发展要求，有针对性地促进国际人才、本土人才、高知研究人才、技能工匠人才等集聚无锡。无锡强化人才金融支撑，精准对接人才和企业的实际需求，丰富定制化人才金融产品。无锡提升人才服务水平，促进各类人才进入无锡城市发展的智库、商库。在连续五年入选"中国年度最佳引才城市"称号后，无锡又接连抛出引才三个新目标：海归第一站、双创首选地、营创最优城，吸引更多人才前来追逐人生理想、开启美好生活。

太湖文化艺术季、无锡星期广播音乐会、文化场馆月、城市艺术季等品牌活动，无锡交响乐团、民族乐团、荡口民谣音乐节、无锡太湖音乐节等音乐盛宴，高质量文化供给浸润着人民的幸福美好生活。无锡持续推进历史文化街区保护发展以及"百宅百院"活化利用工程，小娄巷变成江南历史文化体验街区，汇集博物馆、摄影墙、音乐会、文创店等，让无锡历史文化底蕴、新时代人文精神随时可见、可感、可及。2023年9月发布的《无锡市机动车停车便民惠民十项措施》，明确全市道路停车泊位免费停放时间从15分钟延长至30分钟，给市民留足"一碗面"的时间。无锡还是中国最佳促进就业城市，物联网、集成电路、生物医药、软件与信息技术服务四大地标产业成为无锡招才引智的金字招牌。

无锡积极打造人民群众幸福生活的文化生态，通过构建全面融合型公共文化集群和创建新型公共文化空间，推动文化资源合理配置、公共服务优质共享及城乡共同繁荣，让人民群众的人文生活获得感成色更足、幸福感更可持续。构建全面融合型公共文化集群，聚集博物馆、图书馆、文化馆、美术馆、文化艺术中心等主要公共文化场馆，聚焦黄金地段、公园绿地、江河湖畔，搭建城市公共文化场所，扩展公共文化社群，以高质量文化供给赋能人民群众品质生活。创建新型公共文化空间，以"人民城市"的理念为核心，推进"15分钟品质文化生活圈"建设工作，串联和拓展城乡公共文化空间，促使文化驿站、智慧书屋、百姓书房等各类公共文化空间使用效益最大化，满足人民群众对美好生活的期待和品质文化的追求。

## 四、打造城市人文地标

文化是一座城市的灵魂，文化地标是这个灵魂的载体，是城市人文精神的标志。无锡市打造无锡美术馆、无锡市文化艺术中心和无锡交响音乐厅等城市人文地标。无锡美术馆项目位于太湖新城，项目寓意无锡太湖石，用虚实、架空、跃层、悬挑等建筑空间语言表达太湖石瘦、皱、漏、透的特点，建筑表皮通过参数化设计抽象顾恺之和倪瓒等无锡古代著名画家的山水画，营造山水画意境，致力于打造集收藏、展览、公共教育等功能于一体的现代化、国际化、智能化综合美术馆。无锡市文化艺术中心项目位于无锡经开区万象城西侧最靠近蠡湖位置，享有一线景观资源，包含500座剧场、350座剧场、多功能厅及茶馆式锡剧空间，设置屋顶花园，可举办中小型剧目演出、传统锡剧演出、艺术展览等。文化艺术中心与无锡大剧院相互呼应，还包括商业、休闲、商务等功能。无锡交响音乐厅项目位于新吴科创引擎服务中轴，主要建筑包括"一厅两中心"，"一厅"包括1500座交响音乐厅、500座多功能演奏厅；"两中心"包括艺术交流中心和演艺商业中心。交响音乐厅以"星河吴月"为设计理念，将宇宙星河与艺术的宏大命题注入无锡吴越传统文化的独特场域之中。

以城市地标拈花湾为例，在国家推进文化数字化战略引领下，拈花湾文旅率先投入文旅数字化发展浪潮，在推进文旅目的地数字化运营的同时，探索数智文娱新时代，打造数字科技和文旅结合的新产品新业态新场景。以数字化赋能拈花湾景区运营，形成了由服务平台、营销中台、运营中台、数据平台构建的完整数字化运营体系，将拈花湾打造为"一码畅游+数字化营销+数据治理"的智慧景区，并面向文旅市场开发数字化运营标准产品，推进文旅行业的数字化升级。拈花湾文旅将数字技术和文旅项目开发结合，运用AR、MR、人工智能、元宇宙等数字技术，打造线上线下一体、虚实结合、全景沉浸的数字文娱新产品。尤其是拈花湾文旅的众多文旅项目，超出了单纯的景区范围，承载了文化传播功能，成为城市名片、文化地标。

无锡还不断打造历史文化地标，加强历史文化街区保护利用，持续推进荡口古镇向"文旅融合休闲片区"转型，完成会通馆、电影博物馆、新当里美术馆、华君武漫画馆四大展馆活化提升，打造了荡口光影艺术节、民谣音乐节等系列品牌活动。

无锡历史上文化名人众多，近代有徐霞客，现代有经济学家孙冶方与薛暮桥等。无锡还依靠本土名人效应提升知名度。不断扩大孙冶方与薛暮桥——中国经济界的"双子星"影响力。充分利用孙冶方经济科学基金会驻无锡办事处的功能优势，吸纳社会各界力量，积极承办高端经济学术类活动，扩大城市知名度和影响力。

## 五、孕育城市精神品格

兼容了江、河、湖、海地理禀赋的无锡拥有"开拓进取、外柔内刚、敏察善纳、担当不屈、敢为天下先"的城市品格。无锡地处长三角核心位置，交通便捷，四通八达。进入新时代、迈上新征程，无锡演绎着文脉赓续、文化赋能、文明建设的生动实践。

无锡是文化江南的典型代表、富庶江南的生动缩影。从"泰伯奔吴"的江南文化起源到"四千四万"精神的传承。近年来无锡深入践行新时代人文经济学，坚持以文兴业、以文聚力、以文化经，加快推动新质生产力发展，持续壮大标志性产业影响力，焕新城市IP，生动展现出这座工商名城的人文魅力、创新动力和发展活力。无锡城市精神品格中包含了崇文重教的历史文化、诚信创新的工商文化、筚路蓝缕的创业文化。

无锡人文经济发展，着重体现无锡在人、文化、经济三者间协同推进，积蓄高质量发展强大动能，奋力实现"能级跃迁"的探索路径。无锡的人文经济有着独特的个性，呈现了各种文化基因交融的结果。作为江南文化发源地之一，无锡将经世致用的人文传统与务实惟新的实践思维融会贯通，在以文兴城的道路上书写了一份精彩的无锡答卷，展现出这座国家历史文化名城的人文魅力、创新动力和发展活力。

无锡自古以来是人文经济的重要发源地，范蠡从商、荣氏实业，均蕴含着人文经济的理念和因子，至今仍具有时代价值。无锡也是人文经济的当代实践地。无锡工商业的发达不是源于单纯的财富积累目的，而是肩负着反哺文化教育、推动社会进步的重大责任感。东林书院、无锡国专都创办于深刻的历史转型期，体现了时代精神和社会责任，这与近代无锡工商业界实业救国、以振兴民族经济为己任的精神是一脉相承的。

无锡找到了人文经济学的正确打开方式，兼顾经济的人文化和人文的经济化，以开放、创新、包容的人文精神润泽城市经济发展的土壤，以公平、共享、绿色的人文价值规范城市经济价值导向，做优做强文化产业，努力提供均衡普惠的文化事业，助推中国式现代化行稳致远。

## 第三节　人文经济学与无锡现代化建设新篇章

近年来，无锡坚定文化自信和文化自觉，勇担使命任务、积极主动作为，围绕"打造更具引领力、凝聚力、影响力的文化强市"目标，凝心聚力擦亮"太湖明珠、江南盛地"城市文化品牌，打造代表无锡人文经济的精品力作，推动无锡城市文化的创造性转化、创新性发展，持续培育无锡城市人文经济竞争能级。

### 一、擦亮"太湖明珠、江南盛地"城市文化品牌

无锡市，古称梁溪、金匮，被誉为"太湖明珠、江南盛地"。明代冯梦龙在《东周列国志》中讲述过这样一个故事：战国末年，秦始皇派大将王翦率领60万大军攻打楚国时，在锡山之麓挖得一块石碑，上面刻有"有锡兵，

天下争；无锡宁，天下清"这12个大字。当地百姓说：此山盛产铅锡，开采了近400年，如今已经难以采到了。王翦道：此碑露出，看来从此天下安宁了，今后当名此地为无锡。在《惠山寺记》《太平御览》《阳羡风土记》等书中也有以上"有锡无锡"之说。坊间"无锡"之名由来说法很多，一种说法，无锡是"神鸟安栖"的意思。"无"在古越语中是"官""首领"的尊号，"锡"在古越部落是"神鸟"的意思。从鸿山遗址出土的玉飞凤，见证了无锡古人的鸟文化图腾。另一种说法，无锡，吴墟也，公元前473年越灭吴，吴故都梅里被夷为废墟，"无锡"由"吴墟"音译而来。无论是哪种说法，都表达了当地人民对"天下太平，安居乐业"的美好愿望。

经过历代人民的辛勤耕耘，无锡文明代有辉煌，明清以降尤其是晚清民国以来声名鹊起，素有布码头、钱码头、窑码头、丝都、米市之称；是风景旅游城市、国家历史文化名城，有鼋头渚、灵山大佛、惠山古镇、东林书院、南禅寺、清名桥历史文化街区等著名景点。无锡还是中国近代民族工商业和乡镇工业的摇篮，是苏南模式的发源地。如今的无锡，是长江三角洲地区经济中心城市。水韵灵动的城市风貌、吴风悠扬的城市氛围、经济勃发的城市活力、雅致惬意的城市生活……素有"太湖明珠"之称的无锡，向世人诠释着鲜活生动的"江南气象"。这里保有江南风貌的精髓，既保留下最经典的自然风景元素，也浓缩了最具标识性的人文特质。水脉是江南的血脉。太湖跨两省、依五市，唯有无锡被誉为"太湖明珠"。"三万六千顷，千顷颇黎色""谁能胸贮三万顷，我欲身游七十峰"，诗人皮日休与文徵明相隔数百年，皆言太湖之壮阔。一曲"太湖美，美就美在太湖水"宛转悠扬，更道尽人水相依的牵绊。大运河蜿蜒3200多公里、流经35座城市，唯独在此留下"江南水弄堂、运河绝版地"。江、河、湖、荡、塘、渎、氿、溪，造就了无锡鲜明的地貌特征和城市格局。寺、塔、河、街、桥、窑、宅、坊众多空间元素有机组合，形成古镇、运河、园林、小桥、流水、人家等经典江南风貌。

江南文化的精华浓缩于古镇、园林。荡口古镇以水乡为主要特色，惠山古镇分布着108座园林祠堂，荣巷古镇是近代民族工商业的发祥地。无锡西郊惠山山麓，山水如画、古木参天的寄畅园名列江南四大名园，诞生了名曲《二泉映月》的"天下第二泉"清澈透明、不溢不涸，成为江南水韵的精致表达。

太湖、滆湖、蠡湖水量充沛，大运河无锡段千年不淤，自元代起无锡跻身江南地区漕运中心，至清末民初达到顶峰，米布丝钱四大码头冠绝一时。工业文明发轫，航道变身工业走廊。到20世纪30年代，运河水网沿线建成各类企业超300家，银行金融机构超30家，粉厂连布厂，纱厂连丝厂，积淀下了农耕文明向工业文明转型的江南风貌全景式遗产。清末民初，长江中上游地区的瓷器、木材和川滇药材等经长江运抵江阴港集散。因江而兴的江阴，在历史的发展中联运江海，直至成为亿吨大港。如今，鹅鼻嘴公园内仍矗立着一块"江尾海头"的石碑，江阴港舟船满泊、商贾满街的景象更胜往昔。

太湖边，曾经平平无奇的小岛和湖湾，成为无锡有特色、见风格、显气派的文旅地标和城市名片。"得益于对中国传统文化深厚内涵、文化心境的挖掘和发展，灵山胜境、拈花湾变身为了世界级的旅游胜地。"产业始终是经济发展的基石。无锡深入挖掘文化价值、将人文融入产业发展，进一步推动文旅产业与其他经济业态深度融合，推进旅游从"旧范式"走向"新范式"，从"传统产业体系"向"现代旅游业体系"转型。

无锡孕育出的锡商精神、"四千四万"精神，无不体现着人文与经济的融合互促，更创造着人文经济新形态。无锡始终保持经济发展的活力，坚持高水平对外开放，注重民营企业的培育，营造更加宽松的政策环境，擦亮"太湖明珠、江南盛地"城市文化品牌。

## 二、打造代表无锡人文经济的精品力作

人文是城市的灵魂，经济是城市的体格。无锡人文与经济彼此生发、相得益彰，在其赓续千年江南文脉的实践中，历史文化与经济特质一脉相承，

文化赋能经济释放生产力创造力，经济活化文化焕发时代光彩，进而凝聚起推动高质量发展、实现中国式现代化、推动构建中华文明的澎湃动能。公开数据显示，2023年无锡地区生产总值达15456.19亿元，增长率在万亿城市中居于前列，人均生产总值达20.63万元，连续四年位于全国大中城市首位。

从历史文化层面看，崇德尚文、实业传统、工商精神、务实个性等吴文化精神内核，以及纵贯南北、连通大江大河的便捷交通与资源禀赋，促成无锡商品经济率先起步、近代工商业的诞生，也带来了无锡经济社会的蓬勃发展。

在经济发展过程中，无锡逐渐形成了其独具特色的企业家文化，造就了一大批勇于承担社会责任并具有家国情怀的企业家，形成"敢创人先、坚韧刚毅、崇德厚生、实业报国"的锡商精神。以精神为传承，无锡企业家坚持通过发展实业、壮大工业，塑造经济韧性，这也成为"百年工商城，一脉烁古今"的发展密码。

千余年精神涵养，无形中提高了无锡的精神文明程度，形成社会共同遵从、企业相互信任的文化营商环境，也为无锡经济发展积累了人力资本。东林书院、安阳书院、二泉书院、蒋子书院、东坡书院、暨阳书院等一批书院保存至今；实业家捐资兴办新式学校，以实业反哺教育，1920年全国最早的国学教育机构——无锡国学专修馆开办，三十年间培养了数以千计的文化人才。2023年无锡全市A股上市企业数量位居全国前十，中国企业、中国制造业、中国服务业、中国民营企业4张"500强"榜单入围企业数保持全省前列。从"神威·太湖之光"超级计算机到"奋斗者"号载人潜水器在马里亚纳海沟成功坐底，崇文重教的人文精神所带来的产业创新，正成为无锡经济社会持续高质量发展的核心所在。

特别值得强调的是，面对"人文经济学"命题，无锡较好地处理了高质量发展进程中文化与经济、科技与人文、传承与创新的对应性与互相促进的关系。

第一，加大传统文化传承发展。人文经济学植根于历史、立足于传统，是无锡发展的人文禀赋。要研究人文经济学、续写人文经济学，首先要做好文化的传承发展，特别是要推动无锡优秀传统文化的创造性转化和创新性发展。无锡不仅成为中国文化重要的守护传承之地，更成为中华文化重要的创新发展之地。无锡持续加强大运河、长江文物和文化遗产保护，加快推进无锡地域文明探源工程。在中华文明的历史源流中，深入挖掘无锡地域文明的内在结构和文化基因。贯通江南文脉整理研究与传播，展现长江文化、大运河文化、江南文化的时代价值。高质量推进大运河、长江国家文化公园建设，努力将长江、大运河江苏段打造成文化遗产保护的典型范例、中华文明发扬光大的重要地标。无锡不仅传承保护好江南大地上的丰富文化遗产，更创新创造出属于我们这个时代的无锡城市文化高峰，不断续写人文经济学新篇章。

第二，推进文化经济双向转化。人文经济学是文化与经济的相得益彰，也是文化与经济的相互转化与互相促进。无锡具有深厚的文化资源禀赋优势，重视并突出发展的人文因素，突出人、产、文、城的深度融合。一方面，充分发挥科教资源优势，着力推动高等教育与技术赛跑。依托高校资源争取培育和落地更多有影响并对未来发展发挥作用的大科学装置、实验室等高能级平台，促进各类创新要素合理流动和高效聚集。另一方面，充分发挥人才富集优势，创新产学研合作机制，加强人才"引育用留"，引进培育高层次人才、高技能人才，提高对人才的吸引力、包容性和发展环境的黏着度，支持青年科技人才多出成果、挑起大梁。此外，发挥营商环境优势，加强人文环境建设，着眼亲商安商，大力弘扬企业家精神，营造一流创新生态，着力打通束缚新质生产力的堵点卡点，畅通教育、科技、人才的良性循环，健全要素参与收入分配机制，营造鼓励创新、包容失败的良好氛围，扩大高水平对外开放，持续建设市场化、法治化、国际化一流营商环境。

第三，坚持守正创新发展路径。人文经济学的内涵并非一成不变，人文经济学的发展形态更具有时代特征。新的经济形态、新的发展阶段，必然要求新的人文精神来支撑。无锡将人文经济学与"强富美高"新无锡现代化建设新图景紧密结合起来，做到理念上贯通、实践上联通。无锡始终坚持以人民为中心的高质量发展，以人文经济推进文化强市建设，探索中华文明建设新经验。无锡以社会主义核心价值观为引领，在同步推进物质文明和精神文明相协调的现代化进程中，突出市域不同地区间的文化认同，促进江南文化、长江文化、大运河文化等地域文化的融合发展，提升以文化人、以文兴业、以文化经的成效，不断激发全社会创新创造的活力，让基于历史文化传承的人文精神转化为推进文化创新、科技创新与制度创新的内生力量，更加有效培育发展新质生产力的新动能，共谱人文无锡现代化新气象新篇章，持续提升无锡文化软实力和整体竞争力。

纵挥凌云笔，抒写新时代。从第31届中国新闻奖到第33届中国新闻奖，无锡新闻作品接连上榜。新闻精品的背后，镌刻着锡城儿女奋斗的铿锵足迹，汇聚起新时代无锡高质量发展的磅礴力量。紧扣学习宣传贯彻党的二十大精神，改革开放40周年、新中国成立70周年、中国共产党成立100周年等重要节点，开设"奋斗百年路 启航新征程""党代表话十年"等特色媒体专题专栏，开展"寻访锡城红色地标"等8大系列网络宣传活动，以主旋律讴歌伟大新时代的生动注脚。无锡深化拓展同央视总台的战略合作，挂牌成立总台江苏总站苏南记者站，焕新上线的"无锡发布"全矩阵总粉丝量突破310万。主动"走出去"助力城市打开知名度的同时，主流媒体影响力日益扩大。在2023年世界物联网博览会、2023中国国际智能传播论坛、中国新媒体蓝皮书发布会等高规格活动中，锡城新闻工作者积极践行"四力"、躬耕一线，"报网微端"呈现出百花齐放、文图音视竞相发力的繁荣景象。

此外，无锡不断加强传承创新，文化事业产业枝繁叶茂。深入实施地域文明探源工程，考古发掘连续取得新突破：宜兴丁埝遗址出土5000年前良渚文化虎纹刻符石钺，无锡马鞍遗址发现6000年前马家浜文化墓群，中国社科院考古研究所华东基地的考古方舱中一场"开启6000年盲盒"的直播活动引发全网关注。高位推动大运河文化带和大运河长江国家文化公园建设，设立专门研究院和发展基金。

在文化事业的精品力作方面，2023年，无锡交响乐团带着首秀——2024新年音乐会，于元旦之夜在无锡大剧院正式亮相。无锡不断加强公共文化设施建设，不断提升公共文化产品供给能力，推动城市文化综合实力出新出彩。根据《无锡市文化事业高质量发展三年行动计划（2022—2024年）》，无锡文化设施不断提档升级、不断提升公共文化服务数字赋能工程，推进线上剧场、舞台、展厅建设，打造公共文化资源库群，丰富数字化供给。红色故事动画片《锡北烽火》、舞蹈《飞向春天》、小锡剧《阿发早餐店》等多部作品获得省级以上荣誉，大型原创锡剧《袁仁仪》在市人民大会堂公演，并入选江苏艺术基金2023年度资助项目；纪录片《钱伟长》等3件作品被列入2024年"五个一工程"重点打造项目。在文化产业的精品力作方面，2023—2024年度国家文化出口重点企业和重点项目名单中，无锡市共有8家企业、2个项目成功入选，数量在全省均排首位，达到了获评该项荣誉数量的历史新高。

无锡不断擦亮自身文化品牌。以"出精品、出人才"为抓手，无锡文艺精品创作百花齐放，一大批文学、书画、舞蹈、戏剧、影视等精品力作纷纷涌现。近年来，无锡有上百部作品获得省"五个一工程"奖、省文华奖等重要文艺奖项，让"无锡原创"一次次扬名。无锡连续多年举办中国上海国际艺术节无锡分会场，更在此基础上推出太湖文化艺术季，进一步打响"太湖"牌，提升了城市的知名度和影响力，提高了市民的参与度和获得感。

## 三、推动无锡城市文化的创造性转化、创新性发展

守正创新，就是要做好城市文化的创新创造。于无锡而言，吴文化、江南文化、工商文化深刻地烙印在城市深处，成为城市文化标识。

第一，通过建设新地标，创造新的历史和新的文化。对历史最好的继承，就是创造新的历史；对人类文明最大的礼敬，就是创造人类文明新形态。建设新地标、组建新乐团，无锡正努力创造属于这个时代的新历史和新

文化。无锡交响音乐厅正在紧锣密鼓施工中，预计2025年底竣工。无锡交响乐团也正式启动，受聘为无锡交响乐团艺术总监、首席指挥的著名指挥家林大叶发出感慨："交响乐团是城市不可或缺的文化符号，它将融入城市血脉当中，以乐为媒，展现无锡形象、体现无锡气质、传播无锡精神、讲好无锡故事。"无锡交响乐团正在为无锡量身定制交响乐《无锡序曲》。

无锡坚持系统谋划，加强顶层设计，注重统筹推进。无锡以项目为牵引，加快推动无锡美术馆、文化艺术中心和交响音乐厅等城市文化新地标建设，努力让城市文化焕发新的时代光彩。无锡著名书法家刘铁平慷慨捐出自己126件书法精品，希望带动更多书画家捐赠，助力无锡美术馆建设成为文化展示、交流的新高地。无锡梁溪区、无锡市文旅集团、拈花湾文化投资发展有限公司联合打造惠山古镇文旅综合开发项目。惠山古镇文旅综合开发项目，深度挖掘惠山古镇的历史文化底蕴，将龙光塔、寄畅园、映月堂、泥博馆等文化地标串珠成链，精心打造惠山浜沿线等"T台""秀场"。以"二泉映月"为文化IP，打造"国乐之城"，凸显古今融合、修旧如旧、活化利用，令具有城市记忆的诸多项目成为更多人来到无锡的理由。

第二，让传统文化连接现代生活。记住一座城，每个人都有自己的记忆法：可以是一座地标建筑、可以是一道特色美食、可以是一位文化名人，甚至可以是一句乡音……城市和人一样，也有个性，深厚的历史文化积淀，就是一座城市鲜明的个性。无锡站在新的历史起点，在传承发展地域文化的过程中，不断强化自身特点，凸显城市个性。譬如，无锡鸿山国家考古遗址公园通过让人们行走在古遗址研学路线，在体验中感知江南文明；江苏卓易信息科技股份有限公司通过数字化手段推动紫砂文化转型。无锡努力构建优秀传统文化传承发展体系，着力健全现代文化产业体系和市场体系，推动文化和科技、文化和旅游深度融合发展，让无锡文化成为更多人的记忆符号。

无锡文化符号中的诸多瑰宝也逐渐被"打捞"起来，进入当下人们的生活中。2023年出台的《无锡市"百匠千品"非物质文化遗产传承创新工程三年行动计划》，引导企业、个人对无锡的文化资源进行再包装、再宣传，将二胡、泥人、紫砂等特色历史文化资源通过创意、创新、创造，更新为与现代生活结合的文化元素，注入"食住行游购娱"每个环节，塑造年轻群体喜闻乐见的"记忆符号"，形成鲜明的文化标识。

第三，通过开辟新领域，塑造个性鲜明的城市IP。河南卫视的国风节目持续火爆出圈、淄博烧烤走红网络成为城市名片、为了一杯奶茶而奔赴烟火长沙……近年来，全国多地开辟新领域，塑造城市文化IP，引发现象级传播。城市文化IP是一座城市能够向外界传递自己个性特征的符号，这种符号的提炼必须来源于传统文化，并注入现代化的精神内涵。在数字媒体、内容平台兴起的背景下，城市文化IP的塑造必须在地方特色的基础上进行再创作。东林书院推出"书院生活"文旅融合项目、惠山古镇景区打造沉浸式国潮街区"这是无锡"、基于鸿山遗址的"吴越春秋·鸿山奇境"项目立足于建成富有无锡特色的江南文化新地标。无锡正通过对城市文化的深度挖掘，用时尚创新的表现方式塑造城市文化IP，不断激活城市文化的底蕴，突出多元融合、数字赋能，打造出具有无锡特色的文化新名片。无锡举办首届太湖原创音乐大赛，传播无锡本土音乐，商业与艺术结合，打造出全新的城市文化IP。无锡还通过上海国际艺术节无锡分会场、太湖文化艺术季、江南文脉论坛等成熟的品牌文化活动，不断创设新的城市文化品牌，扩大城市影响力，凸显城市个性，展现城市活力，助推城市高质量发展。

无锡始终坚持系统谋划，突出历史与现代交相辉映、内在与外在和谐统一、政府与市场同频共振、自立与开放协同共进，坚持纲举目张，着眼大局、系统谋划、项目牵引、深化改革，不断实现文化的创造性转化和创新性发展。

## 四、持续培育无锡城市人文经济竞争能级

无锡，具有丰富的人文资源。"第二个结合"是又一次的思想解放，让无锡能够在更广阔的文化空间中，充分运用中华优秀传统文化的宝贵资源，探索面向未来的人文经济学发展，进而培育无锡城市人文经济竞争能级。

第一，坚持以人为本，精神力量驱动经济发展。无锡对太湖湾国际文化艺术中心暨无锡市交响音乐厅、吴越文化数字科创谷、落实《推动无锡市文化高质量发展的若干政策》等文化工作作出全面部署，提出"厚植吴地文化软实力，在探索建设中华民族现代文明上率先突破、多作贡献"。打造"为理而来·桑梅说"理论课堂等品牌，利用新时代文明实践阵地开展理论宣讲，推进以社会主义核心价值观凝聚人心、汇聚民力。坚持以人民为中心的创作导向，挖掘"家门口的红色资源"，演出《蔡凤仪》《华阿金》等革命历史题材现代锡剧，文化自信自强根基进一步夯实。

第二，坚持以文化人，传统文化催生发展动能。文化的影响力厚重深远。无锡推动公共文化服务数字化、网络化、智能化，推进线上剧场、舞台、展厅建设，通过线上直播、云展览、短视频、云存储等形式，向群众提供活动直播、资源点播、全景展厅、艺术普及、志愿者服务等数字公共文化产品与服务，利用现代技术促进文化传播，促进以文化人。融入咖啡、党建、科普、创业、研学等功能，共建成多个各具特色的"钟书房"优质阅读空间，进一步织密高颜值、多功能、艺术气息浓厚的文化设施网格。无锡大鲤鱼文化科技发展有限公司基地以"专业化直播基地+精细化主播培训+品质化品牌运营"为核心，打造直播电商新模式。

第三，坚持协调共进，人文环境优化营商环境。好的环境吸引着企业、资金、人流、物流"纷至沓来"，有助于让"外地企业"更好融入"本地"，更好地协调发展。近年来，无锡连续举办中鹰黑森林交响音乐会，龙舟、皮划艇、桨板大赛，"王者荣耀"电竞嘉年华活动等。创新利用网络传播力量，邀请著名博主赵健参加阅读推广活动，抖音、微信视频直播点赞超70万，宣传视频转发点赞近10万。积极为企业争政策、争牌子、争资金。闻泰科技、邦道科技等企业入选第五批江苏省民营文化企业30强，邦道科技、江苏云工场、珍岛数字等企业入选第五批江苏省重点文化科技企业，文化企业服务扶持成效显著。夏普AR/VR高清液晶显示模组项目、58集团本地服务项目、鲨客和KONE等电竞俱乐部、西山居电竞等一批文化及相关产业项目签约落地，与索尼数字签署合作框架协议，推进索尼数字总部基地化，文化项目招商引资成果丰硕。

第四，坚持以文兴业，文化产业推动经济跃升。文化产业是朝阳产业，做成了就是看得见的软实力、"摸得着"的GDP。无锡数字文化装备制造、互联网广告、数字新媒体、网络电影和视频直播、电子竞技产业、文化旅游等六大领域齐头并进，实现又好又快发展。推进"文商体旅"深度融合，鸿山旅游度假区、梅里古镇融入城市肌理，推动"四态合一""四区融合""四业打通"，创新发展演、展、娱、秀、游、食、购、宿等业态，融合"宜居宜游宜业"等多元功能。吴越文化数字科创谷打造集影视、动漫、手游、乐园的经典文化主题度假目的地。

第五，坚持交流互鉴，文化传播呈现更加优化。创新发展文物保护和活化利用，举办2023"文化和自然遗产日"系列活动暨首届无锡鸿山国家考古遗址公园文化艺术周，启动鸿山国家考古遗址公园考古体验中心项目。开展"文明探源工程"，举办电影《泰伯》新闻发布会，新华社聚焦梅村二胡连发七篇报道。一系列全景式文化传播进一步靓化了吴地文化标识，增强无锡文化软实力。无锡通过不断打造文化地标，持续厚植文化消费土壤，培育发展"云游""夜游"等文化消费新场景新模式，鼓励引导商贸综合体、体育赛事活动和文化消费跨界发展、深度融合，不断激发城市文化活力，进而持续培育无锡城市人文经济竞争能级。

城以文兴，成就无锡的过往；以文兴城，开创无锡的明天。无锡将深入学习贯彻习近平文化思想，在加快推进新时代文化强市建设的进程中，努力建设历史文脉与现代文明交相辉映、交融赋能的文化名城，不断提升城市人文经济竞争能级，聚力打造新时代人文经济学的无锡实践样本。

## 结 语

　　人文经济，作为一种将经济繁荣与人文精神进行整体统合的发展模式，近年来受到越来越多的关注，以此为基础的人文经济学也正在成为学术界关注的热点问题。人文经济学是在传统经济学的基础上融入人文关怀与社会责任感的学科，不仅探讨经济现象背后的规律性原理，注重经济增长与资源配置，更透过这种原理探究经济活动中的人文价值，重视人的全面发展、社会的公平与正义，以及文化的传承与创新，致力于构建一个更加全面、和谐与可持续的经济发展模式，寻求社会多元发展的不同路径。在人文经济的研究视域中，经济行为不仅仅是物质利益的交换，更是价值观念、社会结构与文化认同的体现。

　　揆诸人类发展历史进程，文化与经济从来是相辅相成、相互作用的。经济发展为文化发展提供了物质基础，文化发展则赋予经济发展深厚的人文价值。习近平同志在浙江工作时就富有远见地提出："所谓文化经济是对文化经济化和经济文化化的统称，其实质是文化与经济的交融互动、融合发展。"2023年3月5日，围绕高质量发展这一全面建设社会主义现代化国家的首要任务，习近平总书记在参加十四届全国人大一次会议江苏代表团审议时强调："必须以满足人民日益增长的美好生活需要为出发点和落脚点，把发展成果不断转化为生活品质，不断增强人民群众的获得感、幸福感、安全感。"习近平总书记指出："上有天堂下有苏杭，苏杭都是在经济发展上走在前列的城市。文化很发达的地方，经济照样走在前面。可以研究一下这里面的人文经济学。"习近平总书记提出的人文经济学以及关于文化与经济融合发展的重要论述，立意高远，内涵丰富，思想深刻，为新时代经济与人文融合建章立制，提供了基本依循。

无锡市，简称"锡"，又称"梁溪""金匮""锡城""震泽"，江苏省辖地级市。地处华东地区、江苏省南部，北依长江，南濒太湖，东邻苏州市，西连常州市，南和西南与浙江省湖州市、安徽省宣城市交界，京杭大运河穿境而过。就文化层面而言，无锡是江南文明、吴文化的重要发源地，人文气息浓厚，诞生过钱锺书、秦邦宪、荣毅仁、阿炳、徐悲鸿等历史名人，拥有鼋头渚、灵山大佛、惠山古镇、东林书院、南禅寺、清名桥历史文化街区等著名人文自然景点；就经济层面而言，无锡是长江三角洲地区中心城市，上海大都市圈和苏锡常都市圈的重要组成部分，是中国近代民族工商业、乡镇企业、"苏南模式"的主要发源地，有物联网、集成电路、生物医药等地标性产业。综合各方面来看，无锡是人文经济学的绝佳实践地，更应该成为发展人文经济学的示范样板地。

无锡全面践行人文经济的核心理念，在各项工作的开展和推进中，践行以人民为中心的理念，强调经济活动应当服务于人的全面发展，尊重人的尊严与价值，而不仅仅是追求物质财富的最大化，使人民群众在经济行为中感受到人文关怀；尊重和维护文化多样性，特别是重视非物质文化遗产的保护和传承，认为不同地域、民族的文化背景对经济发展有着深刻的影响，应当在经济政策制定中予以充分考虑；促进可持续发展，反对以牺牲生态环境为代价的短期经济增长，提升经济发展的长期性与环境友好性；注重利益和资源的公平分配，倡导经济成果的合理分配，减少贫富差距，实现社会的整体福祉，推动社会稳定和谐，为经济发展营造良好氛围。具体还原到城市发展的各个领域，人文经济学则有不同的实践彰显，例如在旅游业强调保护地方文化遗产，发展文化旅游，实现经济效益与文化传承的双赢；在农业发展方面，倡导生态农业，注重农村社会的和谐与农民生活质量的提升；在城市规划上，人文经济学强调城市的历史文脉与现代功能的融合，打造宜居宜业的城市环境。此外，在教育、医疗等公共服务领域，人文经济学也提倡资源的均衡配置，确保每个人都能享受到基本的社会服务。

与此同时，随着全球化进程的加速与科技的飞速发展，全球化的深入使得不同文化的交流与碰撞更加频繁，如何在尊重文化多样性的基础上促进经济的共同发展，如何面对科技的进步在为经济发展提供新的动力的同时带来的就业结构变化、隐私保护等问题，这都成为人文经济学的重要课题。国内社会本土也面临着生产结构转型、经济高质量发展等问题，这都使得人文经济的发展既不可能一蹴而就，也不可能一劳永逸，而是需要在经济与人文、科技创新与社会伦理、绿色发展与经济效益等各种复杂关系之间找到平衡点。

《新时代人文经济学的无锡实践》以中国特色社会主义人文经济学为学理基础，聚焦无锡城市的特色经济发展模式，注重对其进行深入挖掘，考量人文因素在经济行为中的重要影响，分析人文经济学在无锡市各个方面、各个领域的广泛应用，综合阐释无锡人文经济发展范式。从无锡经济社会高质量发展的先行探索着手，以无锡文脉演进为经、以无锡标志性历史文化事件为纬，回溯与整理无锡人文底蕴不断厚植的历程，分析无锡发展人文经济的前期基础；立足城市特殊风貌，对无锡在发展和深化人文经济的担当使命进行整体把握，分析无锡独有的特殊优势；系统研析新时代以来无锡在人文方面和经济方面取得的显著成就，把握无锡的多重定位；从新质生产力理论视角切入，论证生产力的转型升级和蝶变迭代对于无锡人文经济发展的显著影响；立足中华民族伟大复兴战略全局和世界百年未有之大变局，辩证分析无锡人文经济发展的挑战和有利机遇；秉持问题意识，坚持现实导向，探讨无锡人文经济的深化路径；对无锡人文经济的实际发展作系统提炼和理论概括，阐释无锡人文经济的特有经验和实践启迪。

关于人文经济的实证研究目前正处于起步状态，有大量可资利用和研究的文献材料和调研数据，需要借助跨学科的研究方法，结合社会学、心理学、环境科学等多领域的知识，以更加综合的视角解析人文经济现象，并拓宽其研究视野，在立足中国本位的同时，努力为国际层面的全球性问题，如气候变化、贫富差距、文化冲突等矛盾冲突，构建更加公正、和谐与可持续的世界提供理论支持与实践指导。总之，人文经济学以其独特的视角与深邃的思考，为现代经济的发展注入了新的活力。在未来的发展中，它将继续发挥其不可替代的作用，引领人类社会走向更加美好的明天。

## （一）理论著作

[1]《马克思恩格斯选集》第一——四卷，人民出版社2012年版。

[2]《毛泽东选集》第一——四卷，人民出版社1991年版。

[3]《邓小平文选》第一——二卷，人民出版社1994年版。

[4]《邓小平文选》第三卷，人民出版社1993年版。

[5]《江泽民文选》第一——三卷，人民出版社2006年版。

[6]《胡锦涛文选》第一——三卷，人民出版社2016年版。

[7]《习近平谈治国理政》第一卷，外文出版社2018年版。

[8]《习近平谈治国理政》第二卷，外文出版社2017年版。

[9]《习近平谈治国理政》第三卷，外文出版社2020年版。

[10]《习近平谈治国理政》第四卷，外文出版社2022年版。

[11]《习近平著作选读》第一卷，人民出版社2023年版。

[12]《习近平著作选读》第二卷，人民出版社2023年版。

[13]习近平：《干在实处　走在前列——推进浙江新发展的思考与实践》，中共中央党校出版社2006年版。

[14]习近平：《论坚持推动构建人类命运共同体》，中央文献出版社2018年版。

[15]《习近平关于社会主义文化建设论述摘编》，中央文献出版社2017年版。

[16]《习近平关于社会主义经济建设论述摘编》，中央文献出版社2017年版。

## （二）统计年鉴

[1]无锡市档案史志馆：《无锡年鉴（2023）》，方志出版社2023年版。

[2]无锡市统计局：《无锡统计年鉴（2023）》，中国统计出版社2023年版。

[3]江苏省文化厅：《文化遗产与社会发展》，南京出版社2007年版。

[4]无锡市地方志编撰委员会办公室：《无锡年鉴（1986—1990）》，上海人民出版社1992年版。

## （三）学术著作

[1]罗荣渠：《现代化新论：中国的现代化之路》，华东师范大学出版社2013年版。

[2]蔡之冰：《区域协调发展下的空间重构模式研究》，人民出版社2021年版。

[3]韩长斌：《走向振兴的中国村庄》，人民出版社2022年版。

[4]庄申：《无锡市志》第一册，江苏人民出版社。

[5]周少川：《古籍目录学》，中州古籍出版社1996年版。

[6]长北：《江苏手工艺史》，江苏人民出版社2020年版。

[7]毛大步：《紫砂壶鉴赏与收藏》，上海科学技术出版社2013年版。

[8]徐秀棠：《紫砂工艺》，文化艺术出版社2012年版。

[9]严克勤主编：《无锡历史文化的源、脉、品》，上海三联书店2007年版。

[10]陶思炎：《江苏特色文化》，南京师范大学出版社2009年版。

[11]雷群虎：《无锡特色文化》，苏州大学出版社2006年版。

[12]徐国保：《吴文化的根基与文脉》，东南大学出版社2018年版。

[13]胡福明：《江苏省志·旅游业志》，江苏古籍出版社1996年版。

[14]无锡市史志办公室编：《荣德生文论存稿类选》，古吴轩出版社2015年版。

[15]杨杨：《乡村振兴战略下农村职业教育发展与职业农民培育研究》，天津科学技术出版社2023年版。

[16]刘菊湘、李学江：《旅游景区盈利模式》，三秦出版社2010版。

[17]洪锦炘：《无锡科技创新发展报告》，上海社会科学出版社2023年版。

[18]黄宗羲：《黄宗羲全集》第一卷，浙江古籍出版社1985年版。

[19]无锡市政协学习文史委员会编：《文化无锡》，古吴轩出版社2006年版。

[20]陈璧显：《中国大运河史》，中华书局2001年版。

[21]徐杰舜：《汉族风俗志》，云南美术出版社2022年版。

[22]庄若江：《悦行无锡》，九州出版社2020年版。

[23]江庆柏：《明清苏南望族文化研究》，南京师范大学出版社2016年版。

[24][美]兹比格纽·布热津斯基：《大棋局：美国的首要地位及其地缘战略》，中国国际问题研究所译，上海世纪出版集团2007年版。

[25][英]约翰·穆勒：《功利主义》，徐大建译，商务印书馆2019年版。

[26][美]西德尼·戴维·甘博：《中国文化史迹：甘博摄影集》，浙江人民美术出版社2021版。

[27][美]弗雷德里克·S·米什金：《货币金融学》，郑艳文、荆国勇译，中国人民大学出版社2011版。

[28][德]马克斯·韦伯：《经济与社会》，阎克文译，上海人民出版社2010版。

## （四）期刊文献

[1]杨良敏、马玉荣：《"天下第一村"的共富实践》，《中国发展观察》2019年第15期。

[2]张立勤：《大学应是理想化的所在——访南京大学校长蒋树声先生》，《南风窗》2002年第7期。

[3]唐亚林、郝文强：《人民城市的理论逻辑、历史逻辑与实践逻辑》，《城市规划》2024年第1期。

[4]梁敬国：《推进中国式现代化江苏新实践的时代内涵与价值向度》，《江苏社会科学》2024年第5期。

[5]冯鹏：《人文经济激活高质量发展新动能——读<新时代人文经济学>有感》，《江苏政协》2024年第7期。

[6]彭萌萌、王俊：《人文经济学视域下江苏全面推进乡村振兴研究》，《江南论坛》2024年第7期。

[7]丁宏：《人文经济学的"无锡样本"及其启示》，《江南论坛》2024年第7期。

[8]顾江、李凤亮等：《人文经济的高质量发展：历史内涵与实践路径》，《探索与争鸣》2024年第5期。

[9]孟菲：《无锡文化强市建设的人文经济学观察》，《江南论坛》2024年第3期。

[10]李扬、陈清华：《正确把握人文经济学的理论逻辑与实践进路》，《唯实》2024年第2期。

[11]任平：《以大历史观谱写中国式现代化苏州样本新篇章》，《江苏社会科学》2023年第5期。

[12]樊杰、李思思等：《中国式现代化与我们的使命担当——对地理学、人文与经济地理学自主知识创新的讨论》，《经济地理》2023年第1期。

[13]李昕：《第四消费时代江苏人文经济发展的思路与对策》，《江南论

坛》2024年7期。

[14]陆大道、刘彦随等：《人文与经济地理学的发展和展望》，《地理学报》2020年第12期。

[15]杨振山、龙瀛等：《大数据对人文—经济地理学研究的促进与局限》，《地理科学进展》2015年第4期。

[16]樊杰、周侃等：《人文—经济地理学在生态文明建设中的学科价值与学术创新》，《地理科学进展》2013年第2期。

[17]陈雯、张平宇等：《中国典型地区人文—经济地理研究进展与展望》，《地理科学进展》2011年第12期。

[18]樊杰、孙威：《中国人文—经济地理学科进展及展望》，《地理科学进展》2011年第12期。

[19]樊杰：《人文—经济地理学和区域发展研究基本脉络的透视——对该领域在中国科学院地理科学与资源研究所发展历程的讨论》，《地理科学进展》2011年第4期。

[20]陆大道：《人文—经济地理学的方法论及其特点》，《地理研究》2011年第3期。

[21]刘君德：《中国转型期"行政区经济"现象透视——兼论中国特色人文—经济地理学的发展》，《经济地理》2006年第6期。

[22]方创琳、刘海猛等：《中国人文地理综合区划》，《地理学报》2017年第2期。

[23]核心素养研究课题组：《中国学生发展核心素养》，《中国教育学刊》2016年第10期。

[24]陈诚、金志丰：《经济发达地区乡村聚落用地模式演变——以无锡市惠山区为例》，《地理研究》2015年第11期。

[25]蔡晓梅、刘晨：《人文地理学视角下的国外饮食文化研究进展》，《人文地理》2013年第5期。

[26]胡志丁、葛岳静：《理解新经济地理学》，《地理研究》2013年第

4期。

[27]方创琳、周尚意等：《中国人文地理学研究进展与展望》，《地理科学进展》2011年第12期。

[28]周尚意、唐顺英等：《"地方"概念对人文地理学各分支意义的辨识》，《人文地理》2011年第6期。

[29]胡莉、夏敏等：《快速城市化地区耕地数量变化的人文驱动力分析——以无锡市为例》，《江西农业学报》2011年第9期。

[30]侯赟慧、刘志彪等：《长三角区域经济一体化进程的社会网络分析》，《中国软科学》2009年第12期。

[31]顾朝林、陈璐：《人文地理学的发展历程及新趋势》，《地理学报》2004年第S1期。

[32]苗长虹：《变革中的西方经济地理学：制度、文化、关系与尺度转向》，《人文地理》2004年第4期。

[33]王波、唐志刚等：《区域土地利用动态变化及人文驱动力初步研究——以无锡马山区为例》，《土壤》2001年第2期。

[34]李剑：《无锡运河文化遗产资源的数字化保护与传播研究》，《装饰》2016年第8期。

[35]阳建强：《基于文化生态及复杂系统的城乡文化遗产保护》，《城市规划》2016年第4期。

[36]熊伟婷、杨俊宴：《1949年后无锡城市空间形态演化特征的定量研究》，《现代城市研究》2016年第2期。

[37]郭明友：《论无锡梅园的审美特征与历史价值》，《中国园林》2014年第12期。

[38]李松柏：《环太湖城市旅游竞争力与区域旅游合作研究》，《经济地理》2014年第2期。

[39]霍珺、韩荣：《历史街区功能置换中公共空间的营造——以无锡市南长街为例》，《城市问题》2014年第1期。

[40]黄震方、俞肇元等：《主题型文化旅游区的阶段性演进及其驱动机制——以无锡灵山景区为例》，《地理学报》2011年第6期。

[41]王建国、阳建强、杨俊宴：《总体城市设计的途径与方法——无锡案例的探索》，《城市规划》2011年第5期。

[42]张旭亮、宁越敏：《长三角城市群城市经济联系及国际化空间发展战略》，《经济地理》2011年第3期。

[43]张希晨、郝靖欣：《从无锡工业遗产再利用看城市文化的复兴》，《工业建筑》2010年第1期。

[44]顾朝林：《转型中的中国人文地理学》，《地理学报》2009年第10期。

[45]孟德友、陆玉麒：《基于引力模型的江苏区域经济联系强度与方向》，《地理科学进展》2009年第5期。

[46]董婷：《浅议无锡旅游文化产业的发展》，《现代经济信息》2009年第10期。

[47]张建玲、董婷：《无锡旅游文化产品策划研究》，《商场现代化》2009年第12期。

[48]胡明星、马菀艺：《无锡主城区开敞空间规划布局研究》，《规划师》2009年第1期。

[49]郭文：《受访游客参与影视旅游展演意愿倾向研究及启示——基于对无锡唐城、三国城、水浒城游客的调查》，《旅游学刊》2008年第10期。

[50]郭文、王丽：《影视型主题公园旅游开发"共生"模式研究及其产业聚落诉求——以央视无锡影视基地为例》，《旅游学刊》2008年第4期。

[51]汪芳：《用"活态博物馆"解读历史街区——以无锡古运河历史文化街区为例》，《建筑学报》2007年第12期。

[52]史志宏：《无锡、保定农村调查的历史及现存无、保资料概况》，《中国经济史研究》2007年第3期。

[53]《无锡建议——注重经济高速发展时期的工业遗产保护》，《建筑创

作》2006年第8期。

[54]王忠武：《论自然科学、社会科学、人文科学的三位一体关系》，《科学学研究》1999年第3期。

[55]王德忠、庄仁兴：《区域经济联系定量分析初探——以上海与苏锡常地区经济联系为例》，《地理科学》1996年第1期。

[56]张继焦、侯晓晨：《新时代人文经济学的理论逻辑、历史逻辑和实践逻辑》，《杭州师范大学学报（社会科学版）》2024年第5期。

[57]徐剑：《城市人文经济：以文化为支点推动城市高质量发展》，《人民论坛·学术前沿》2024年第4期。

[58]胡钰：《人文经济学的实践基础、基本假设与核心理念》，《苏州大学学报（哲学社会科学版）》2024年第2期。

[59]新华社新时代人文经济学课题组：《新时代人文经济学发展范式研究》，《苏州大学学报（哲学社会科学版）》2024年第1期。

[60]任平：《深化研究人文经济学：方向抉择、当代使命与未来前景》，《苏州大学学报（哲学社会科学版）》2024年第1期。

[61]陈忠：《人文经济学的世界文明意蕴》，《苏州大学学报（哲学社会科学版）》2023年第6期。

[62]任平、李扬等：《人文经济学：高质量发展的人文密码（笔谈）》，《探索与争鸣》2023年第9期。

[63]陈忠：《人文经济学与中国式现代化苏州样本》，《江苏社会科学》2023年第5期。

[64]王晓静、刘士林等：《人文经济的历史逻辑、理论逻辑和现实意义》，《南京社会科学》2023年第9期。

[65]陈明星、王成金等：《中国式现代化与中国区域发展新格局》，《经济地理》2023年第7期。

[66]黄秋儒、杨帆等：《基于传统"非遗"文化的互动游戏设计研究》，《包装工程》2023年第12期。

[67]郭瑞、刘富媛：《文旅融合视角下江苏无锡东林书院研学旅行发展路径研究》，《商展经济》2023年第8期。

[68]陆大道：《人文与经济地理学如何响应"中国式现代化"的要求》，《经济地理》2023年第3期。

[69]谢峰、明庆忠等：《居民感知视角下遗产地旅游空间生产研究——以江苏省无锡市南长街为例》，《地域研究与开发》2022年第4期。

[70]李永乐、肖蕾等：《大运河景观价值感知对游客遗产保护意愿的影响研究——以无锡清名桥历史文化街区为例》，《干旱区资源与环境》2022年第2期。

[71]张帆、邱冰等：《大运河沿岸普通传统民居保护的重要性分析——以无锡清名桥历史街区为例》，《现代城市研究》2021年第7期。

[72]华章、周武忠：《基于空间生产理论的乡村旅游社区空间演化与治理研究——以无锡市鸿山街道大坊桥旅游社区为例》，《江苏社会科学》2021年第2期。

[73]江伟、周敏：《文旅融合背景下的非遗主题文创产品开发策略研究——以无锡灵山小镇·拈花湾为例》，《艺术百家》2020年第5期。

[74]郭明友、张海强：《无锡近现代"山水城市"建设探索的实践与启示》，《中国园林》2020年第4期。

[75]龚瑜：《大运河无锡段的文化遗产构成及基因谱系构建》，《无锡商业职业技术学院学报》2019年第6期。

[76]金凤君、陈卓：《基于〈地理学报〉创刊85年载文的中国交通地理学传承与发展》，《地理学报》2019年第11期。

[77]蔡景庆：《"第三只手"调节经济的用力来源与力量组成探析——兼论构建中国特色社会主义宏观经济理论》，《学术探索》2019年第10期。

[78]薛权开：《乡土历史课程资源的开发与运用》，《教学与管理》2019年第25期。

[79]王颖、顾美玲等：《无锡休闲旅游研究文献综述》，《现代商贸工

业》2019年第17期。

[80]陈明星、陆大道等：《人文与经济地理学的传承与创新：青年学者的行动》，《地理研究》2018年第10期。

[81]夏添、孙久文等：《中国行政区经济与区域经济的发展述评——兼论我国区域经济学的发展方向》，《经济学家》2018年第8期。

[82]张小雷、雷军等：《近20年来新疆人文与经济地理学发展与展望》《经济地理》2018年第4期。

[83]刘卫东：《"一带一路"建设与宏观经济地理学研究》，《地域研究与开发》2018年第2期。

[84]苏勤：《关于人文地理学发展的几点认识》，《地域研究与开发》2018年第2期。

[85]马晓冬：《面向"多规合一"的人文与经济地理若干问题思考》，《域研究与开发》2018年第2期。

[86]金凤君、靳海涛：《人文—经济地理学的学科融合和创新》，《地理科学进展》2018年第3期。

[87]陈明星、周素红等：《人文与经济地理学的传承与创新：青年学者的责任》，《地理研究》2018年第3期。

[88]孙壮志：《"一带一路"合作空间拓展的着力点探究》，《新疆师范大学学报(哲学社会科学版)》，2018年第1期。

[89]陆大道：《变化发展中的中国人文与经济地理学》，《地理科学》2017年第5期。

[90]陈明星：《〈2017年政府工作报告〉分析与解读——人文与经济地理学视角》，《中国科学院院刊》2017年第4期。

[91]王甫园、王开泳等：《城市生态空间研究进展与展望》，《地理科学进展》2017年第2期。

[92]陈明星、龙花楼等：《我国人文与经济地理学发展回顾与展望——变化大背景下我国人文与经济地理学发展高层论坛综述》，《地理学报》2016

年第8期。

[93]白钦先、胡巍：《试论综合视角下的农村合作金融改革——基于哲学、历史、人文、经济与社会的综合视角》，《经济问题》2014年第9期。

[94]刘亢等：《新时代人文经济学的无锡实践》，《瞭望》2024年第28期。

## （五）报纸文献

[1]习近平：《构建高质量伙伴关系　共创全球发展新时代——在全球发展高层对话会上的讲话》，《人民日报》2022年6月25日。

[2]《坚持以人民为中心的创作导向　唱响新时代的主旋律舞出中国人的精气神》，《人民日报》2022年12月26日。

[3]《习近平在参加江苏代表团审议时强调　牢牢把握高质量发展这个首要任务》，《人民日报》2023年3月6日。

[4]《在推进中国式现代化中走在前做示范　谱写"强富美高"新江苏现代化建设新篇章》，《人民日报》2023年7月8日。

[5]何镜堂：《突出地方特色　注重文明传承》，《人民日报》2024年2月9日。

[6]《加强文化遗产保护传承　弘扬中华优秀传统文化》，《人民日报》2024年4月16日。

[7]马薇：《"芯"潮澎湃，无锡探路国家创新示范区》，《新华日报》2023年7月17日。

[8]吴雨阳：《"一针一线"织造人文经济"双面绣"》，《新华日报》2023年9月19日。

[9]苏雁、姬尊雨：《非遗传承该怎样创新》，《光明日报》2023年2月26日。

[10]《十年蝶变，用奋进之笔书写"无锡答卷"》《无锡日报》2022年10

月15日。

[11]耿沐言：《数字经济与城市数字化转型主题论坛举行》《无锡日报》2022年10月30日。

[12]《无锡市教育高质量发展大会召开》，《无锡日报》2023年11月24日。

[13]《龙年春节，无锡旅游风景好》，《无锡日报》2024年2月18日。

[14]《"数字+"助力紫砂"破圈"发展》，《无锡日报》2024年5月5日。

[15]张月、韩玲：《人文与经济如何为城市发展"插上双翼"》，《无锡日报》2024年6月7日。

[16]孙倩茹：《我市绿色建筑示范项目数量蝉联全省第一》，《无锡日报》2024年7月18日。

[17]张艾情等：《厚植乡村振兴人才沃土　释放产业发展强劲动能——无锡推进乡村产业向"新质"提速前行》，《江南时报》2024年5月17日。

## （六）网络文献

[1]中共无锡市委宣传部、无锡市文化广电和旅游局、无锡市财政局：《关于印发〈无锡市文化产业发展扶持资金管理实施细则〉的通知》，https://www.wxlx.gov.cn/doc/2019/12/11/2728975.shtml。

[2]无锡市信息化和无线电管理局：《关于加快动漫产业发展的若干意见》，https://www.wuxi.gov.cn/doc/2008/12/23/2453412.shtml。

[3]无锡市文化广电和旅游局：《无锡"非遗进校园"双向赋能美育与传承》，https://wlt.jiangsu.gov.cn/art/2024/5/29/art_695_11257078.html。

[4]无锡市科学技术局：《2023年1–12月全市高新技术产业产值情况》，https://wxkjj.wuxi.gov.cn/doc/2024/02/20/4179986.shtml。

[5]无锡高新区管委会、无锡市新吴区人民政府：《2023年无锡高新

区（新吴区）国民经济和社会发展统计公报》，https://www.wnd.gov.cn/doc/2024/04/07/4281329.shtml。

[6]无锡市统计局、国家统计局无锡调查队：《2023年无锡市国民经济和社会发展统计公报》，https://www.wuxi.gov.cn/doc/2024/03/05/4191409.shtml。

[7]无锡博物院：《无锡博物院2019年工作报告》，http://www.wxmuseum.com/News/Details/ba713d19-1b2e-43f3-97ca-669f4f3cb140。

[8]无锡市人民政府：《培育壮大市场主体政策新闻发布会》，https://www.wuxi.gov.cn/doc/2022/09/08/3748760.shtml。

[9]无锡市科学技术局：《市科技局2022年工作总结及2023年工作计划》，https://wxkjj.wuxi.gov.cn/doc/2022/01/29/3592381.shtml。

[10]章剑华：《论无锡人文经济新时空》，https://www.sohu.com/a/783109535_120596020。

　　扬帆新征程，文化是重要力量源泉。2024年5月31日，作为"新时代人文经济学无锡实践"系列活动之一，新时代人文经济学无锡研讨会在无锡召开。与会专家学者聚焦新时代人文经济学的丰富内涵与无锡生动实践，深入探讨文化在激活发展动能、提升发展品质、促进经济结构优化升级中的作用，共同探寻人文与经济共生共荣的实践逻辑，厚植中国式现代化无锡新实践的人文底色。系列研讨活动前后，围绕无锡人文经济的创新实践，结合研讨会成果发布、专家建言等一系列重要成果，形成一系列重要新闻报道。在此选取相关专家学者和媒体关于新时代人文经济学无锡实践的探讨和报道内容，供以参考。

# 太湖明珠，何以生辉

## ——无锡高质量发展中的人文经济学观察

这是一座被自然厚爱的城市，城抱湖、河抱城、滨江通海，造就了太湖明珠、运河佳处，赋予其生生不息又韵律独特的城市脉动。

这里是文化江南的起源地区，相传泰伯奔吴开启中原与南方的交流；这里是富庶江南的高光地带，古有米市、丝都、布码头，今有医药、制造、物联网；重实业、善交易的工商基因深入骨髓。

芳草佳木间，昔时斗米尺布皆为温饱，今日发展之利普惠民生；人文渊薮地，此间名士别于书斋文人，务实笃行积厚流光。

一曲吴韵风华，深藏万古江河；人文经济共舞，激荡澎湃动力。水流奔涌、勇于纳新，是自然孕育出的气派；经世致用、尚学崇教，是文化涵养出的气韵；实业兴邦、不惧挑战，是工商基因支撑起的气魄……江南何止小桥流水，亦有包孕吴越的壮阔！

时代潮流涌动，城市拔节生长。在加速奔向中国式现代化的壮阔航程中，无锡持续探寻人文经济共生共荣的发展密码，在传承中延续江南文脉，在创新中激活时代价值，明珠之光熠熠生辉。

## "有骨"江南，于斯为盛

隆冬时节，从高空俯瞰太湖，如同打开一幅立体的山水画轴：湖水蓝、水杉红、芦苇黄，色彩交织美不胜收；从西伯利亚远道而来的红嘴鸥，正在湖边嬉戏飞翔；鼋头渚的崖壁之上，一块"包孕吴越"的石碑静静矗立。

太湖古称震泽，后被称作"太"，取义比大多一点。"三万六千顷，千顷颇黎色""谁能胸贮三万顷，我欲身游七十峰"，诗人皮日休与文徵明虽相隔数百年，皆言其壮阔。如今，一曲"太湖美，美就美在太湖水"宛转悠扬，更道尽人湖相依的牵绊。

跨两省、依五市，太湖只捧出了一颗明珠；大运河蜿蜒3200多公里、流经35座城市，唯独在此处留下了"江南水弄堂、运河绝版地"的印记。

走进无锡博物院，"一弓九箭"的龟背形古城轮廓引人驻足。九箭对应的不是道路，而是水路，两岸人家枕河而居，寺、塔、河、街、桥、窑、宅、坊众多空间元素有机组合。"中国传统建城需要中轴线，无锡城的中轴线是城中直河，与其说大运河穿城而过，不如说是抱城而过。"无锡博物院副院长陶冶说。

太湖、滆湖、蠡湖水量充沛，古运河无锡段千年不淤，自元代起无锡跻身江南地区漕运中心，至清末民初达到顶峰，米布丝钱四大码头冠绝一时。

码头便利贸易，也孕育文化。望虞河穿鹅湖而过，北接长江，南贯太湖，这里的荡口古镇距今已有3000多年，现存7万余平方米明清古建筑，华蘅芳、钱穆以及华君武故居点缀其中。今天的人们到访钱穆故居，目光先会被"几百年人家无非积善，第一等好事还是读书"的楹联捕捉，随后就会被钱家"一门六院士"的传奇震撼。太湖西岸的宜兴更是人杰地灵，这里先后走出32位两院院士、100多位大学校长、上万名教授学者，有着"院士之乡""教授之乡"美誉。

工业文明发轫，航道变身工业走廊。到20世纪30年代，运河水网沿线建成各类企业超300家，银行金融机构超30家，粉厂连布厂，纱厂连丝厂，积淀下了农耕文明向现代工业文明转型的江南风貌全景式遗产。

昔日工业遗产，化作条条"水弄堂"。入夜，清名桥历史文化街区迎来一天中最动人的时刻。人们乘坐画舫穿梭在桨声灯影里，两岸的丝厂、茶楼、书场、戏台等古迹勾勒出迷人的水乡景致；岸上，前店后坊人头攒动，人们品尝着美食、香茗，陶醉于夜色下的江南风情。

走出龟背古城，登上江阴城市记忆馆的楼顶露台，眼前又豁然开朗。江上船只来往忙碌，沿江岸线风光秀丽，不远处江阴长江大桥飞跨南北、气势雄伟。清末民初，长江中上游地区的瓷器、木材和川滇药材等物资经长江运抵江阴港集散，轮船招商局及日本太古、怡和等轮船公司也在此设立机构。如今，鹅鼻嘴公园内仍矗立着一块"江尾海头"的石碑，江阴港舟船满泊、商贾满街的景象更胜往昔。

千百年来，穿城而过的运河、奔腾入海的长江、山温水软的太湖，赋予无锡生生不息又韵律独特的城市脉动。

"江河湖海的汇聚与碰撞，串联起众多的河湖荡氿，无锡的水文化在运河城市中颇为特殊，不绵软更有力量。"江南大学副教授连冬花说。著名作家肖复兴则感慨，一句"包孕吴越"点出了无锡不仅有结实的骨架，更有包容的胸襟。

走进刚落成的无锡梅里遗址博物馆，"镇馆之宝"陶鬲与鸭形壶吸引着参观者们驻足。前者多见于黄河流域，后者来自长江流域。2002年，同样形制的陶鬲在陕西岐山大量出土。河南二里头遗址博物馆则藏有类似的鸭形壶。三千年前，"泰伯奔吴"开启黄河文化与长江文化交流与流动的传说，在相隔千里、不同博物馆间完成了互证。

相传，泰伯初到梅里只见一片荒蛮，他把中原地区的先进文化和耕种技术传授给当地人，带领人们兴修水利，开挖了中国历史上第一条人工运河——伯渎河，江南文化由此兴盛。

"一曲吴歌酒半酣，声声字字是江南。"千年之后，伯渎河依然延绵。走在无锡高新区的梅村街道，漫步于新旧交替的时光，逛一场烟火气十足的江南集，吴风雅韵历久弥新。

## 实业为要，根深叶茂

在珠海的隧道中，一台盾构机正在施工开掘，传感器每秒钟采集上千次数据。基于雪浪云工业互联网平台将感知数据汇总、协同，再"翻译"成施工人员看得懂的语言，掘进效率能够提升5%，设备故障率降低10%。

汹涌澎湃，白浪飞花，浩浩荡荡如千军万马——这幅景象让刘伯温有感而发，为太湖第一峰取名雪浪山。如今，以此命名的雪浪小镇只有3.5平方公里，雪浪云工业互联网平台却已深入工程机械、航空航天等22个行业，辐射全国。

制造业如同浪，猛烈奔涌潮头；互联网恰似雪，轻盈覆盖万物。中国工程院院士王坚着迷于"雪浪"的制造基因，在他看来，不是制造业需要互联网、云计算、人工智能来拯救，而是"没有制造业的互联网就没有未来"。

淬火、钻孔、磨削、清洗……江阴恒润传动公司生产车间内，一个个环形的变桨轴承相继下线，订单来自几公里外的远景能源。作为全球第四大风电整机制造商，远景能源看中的也是"制造"：需要原料，兴澄特钢出品的连铸大圆坯可直接供货；需要加工，恒润环锻公司可将连铸坯制作成锻件；制造风机轮毂的吉鑫科技、提供风机塔筒的振江新能源等配套企业散布周边。

压力越大，越见韧性。作为中国制造业第一县级市，江阴拥有规上工业企业超过2400家，全市61家上市公司大多分布在高端制造业。

时钟拨回百年前，茂新面粉厂曾拥有最先进的生产线。今天，由此改造而来的无锡中国民族工商业博物馆，收藏着"何以无锡"的基因库。展厅醒目处可见"工商之业不振，则中国终不可以富、不可以强"，曾担任清政府驻英法意比四国公使的薛福成在游历欧洲后写下这句话，并从英国购买新式纺机100部用以织布局扩大生产规模。数据、图表更加直观，"上海滩上的无锡实业家"超过百名，到1937年，无锡的工业产值紧随上海、广州之后，居全国第三位。

前身是轧钢厂，如今是梦工厂。无锡华莱坞通过数字科技赋能产业革新，加速朝着电影工业4.0迈进。墨境天合、倍视传媒等800余家影视文化企业落户，推出《中国机长》《人世间》《流浪地球2》等一批影视佳作。

"无锡人为什么着迷于实业，甚至兼营商业的目的也是为了进一步拓展实业？"无锡市委党校副教授孟祥丰认为，一个地方选择什么样的发展方式，脱离不了其历史与文化。

位于龟背城内的东林书院始建于北宋、重建于明代。"风声雨声读书声，声声入耳；家事国事天下事，事事关心"闻名于世，"黜浮靡，崇实学"东林学风影响深远。

同样是明代，徐霞客从家乡出发，历时三十年考察大半个中国，纠正"岷山导江"，论证金沙江才是长江源头，把"读万卷书，行万里路"实践到了极致。

如果将时间线进一步拉长，这里的人们总是以己之人生与壮阔时代紧密结合，传承着事事关心、务实奋进的担当基因。"九一八"事变爆发，考入清华时国文历史满分、物理只有5分的钱伟长毅然弃文从理，终成中国近代力学之父；经济改革先驱孙冶方少时立志，要让沉沉的黑夜闪动起熠熠的火光，为中国经济发展绘制蓝图；从荡口出发，王莘在天安门广场前为祖国欣欣向荣的情景打动，一曲《歌唱祖国》传唱至今；信知暮寒已轻浅，盛放东风第一枝，胡福明勇开思想先河，写下《实践是检验真理的唯一标准》……

一座座地标、一个个名人串联起的精神图谱，勾勒着一座城市知所来、明所往的发展轨迹。

历史学家许倬云比较家乡无锡与苏州、常州时这样说，"和苏州的富商大贾、庭园诗酒不同；和常州的状元宰相之家，收集文物、书籍的风气，也颇为不同。""无锡的读书人家，不只是读八股文考取功名……其选择的项目，通常以实用为主。以今日的分类而言，就是数、理、化，以及与数学、哲学有关的音韵、乐律。此外，则是与民生有关的社会经济。"

今天，无锡这曲"江南调"的主旋律依旧是"工业风"，企业家们更专注、打深井，诞生了大量细分领域的隐形冠军。

无锡入围中国企业、中国制造业、中国服务业、中国民营企业四张500强榜单的企业总数，多年稳居全省第一。2023年，规上工业总产值超2.5万亿元，规模超2000亿元的产业集群达6个，比2022年增加4个。

深厚人文贯通历史，前沿产业塑造未来。无锡市长赵建军说，将继续厚植实业之基，推动物联网、集成电路、生物医药、软件与信息技术服务等4大产业加快发展，形成6个优势产业和5个未来产业为支撑的"465"现代产业集群。

## 斗米尺布，政在养民

不久前，一条"江南水乡·斗米尺布"文物主题游径新鲜出炉。40多处文物点，串联起"苏湖一熟天下足""贻谷高义传千秋""农桑锡纺工商兴"等六大文物主题。

"一斗米、一尺布，奠定了江南文化的物质基础，塑造了江南水乡的人文景观，更承载中华农耕文明运转的生命线，可谓一把理解江南的钥匙。"东南大学建筑学院教授沈旸说。

昔日"斗米尺布"攸关民生，如今鱼米之乡"民为贵"的内涵更加丰富，但细"治"入微的理念一脉相承。

滨湖区稻香片区最能体现锡式生活的"烟火气"，也是"完整社区"规划的试验田。"怎么改，应当由居民说了算。"71岁的王荣庆成立"老娘舅工作室"，收集了上百条意见，雪片似的飞到了专家案头。同济大学现代化研究院城市更新中心专家陈文杰走街串巷，收集道路POI数据、通过GIS绘制居民出行热力图、运用VR设备模拟老街新颜。

冬日暖阳下的稻香广场，居民们闲坐聊天，不远处可见整治一新的东新河；1公里内有口袋公园、商业街区、儿童游乐场；出门15分钟可娱乐、学习、就医；周边菜场、小吃成为网红打卡点，方便本地人也吸引外地人……

"全龄友好"理念贯穿改造全过程，"老破小"焕发年轻态。

"那些在寻常巷陌的所闻所见，日常生活中无处不在的细节，才是一座城市'俘获人心'的魅力所在。"陈文杰说。

巷陌间有烟火气，还藏着无锡人的精气神。走进梁溪区后西溪社区的钟书房，一股书卷气息扑面而来，人们可以在这里聆听钱钟书经典文学作品片段、免费借阅著作，也可以点杯咖啡消磨时光。一街之隔，就是钱钟书故居。据统计，造型各异、功能不同的钟书房已经超过了100所，遍布城市角落。

"城，所以盛民也"。连续四年捧回"中国最具幸福感城市"奖杯的背后，是无锡始终把增进人民福祉、促进人的全面发展作为出发点和落脚点。

民有所呼，必有速应。脏乱的"夹花地带"翻新成为农趣园，迎来华丽转身；荒芜的桥下空间被盘活，成为运动空间；路边可见公共休息座椅，机动车可免费停车30分钟，地铁上的夏日纳凉区、冬日加热座椅，妥帖照顾着人们的生活细节。无锡用显微镜体察民生细节，用绣花功夫推进城市管理，2021年以来已滚动实施"微幸福"民生事项5718件、下发62批重点督办事项清单，群众满意率100%。

民有所需，必有所为。以实现更高水平的"民生七有"为目标，聚焦劳有所得，2023年城镇新增就业16.4万人，新增就业困难人员再就业2.4万人，发放失业保险稳岗返还资金6.22亿元；实现幼有所教，新建义务教育学校、幼儿园31所，启动建设市盲聋学校；推动老有所养，新建及提升改建街道综合性养老服务中心11家，实现街道全覆盖，新建及改建提升助餐点80个，累计建成区域性助餐中心133家，助餐点近600个；开工建设无锡市文化艺术中心、无锡交响音乐厅、无锡美术馆三个重大文化设施，公共文化水平再上新台阶；太湖首次被生态环境部评为良好湖泊，无锡水域总氮、总磷浓度和富营养化指数达2007年以来最好水平，全市空气质量优良天数比率改善幅度位列全省第一……

一丝一缕织就多姿多彩、令人向往的幸福之城，不断满足普通人的向往，更在精细雕琢中"升温"城市人才吸引力，作答"未来发展依靠谁"的时代命题。

坚持把人作为推动高质量发展中最具活力、最具创造性、最具能动性的要素，无锡集聚起16.64万高层次人才、2.16万留学归国人才、51.12万高技能人才的高质量人才队伍。

有人奔赴"风口"。2023年，锚定物联网产业，全国首批、江苏唯一的海归小镇落户经开区。从以"五个一"（即一个主导产业、一个公共平台、一套专项政策、一个招商专班和一个产业基金）为引领的一站式政务服务、高品质住房保障，到医疗、教育，保姆式服务贯穿始末。

有人徜徉山水。滨湖区一半以上的面积是水，剩下的面积三分之一是山林。自然山水中坐落着12家省部属科研院所、7个省级以上重点实验室，拥有8名中国工程院院士，获国家科技进步奖、技术发明奖22项，省级科学技术奖104项，高新技术产值占规模以上工业总产值比重76%。

有人收获甜蜜。阳山镇以盛产水蜜桃出名，院士小镇落户于此。去年5月，中科院院士、华中科技大学无锡研究院院长丁汉在这里认领了一棵"士林"桃树，盛夏即收获了甜蜜。2021年以来，已有73名院士结下了"甜蜜之约"。

功以才成，业由才广。"这里有创新创业的沃土，愿与您一同收获；这里有时代前沿的风口，愿与您一起腾飞；这里有诗意栖居的生活，愿与您一道分享。"无锡市委书记杜小刚在2023太湖人才峰会上说。在连续四年捧回"中国年度最佳引才城市"称号之后，他又接连抛出了无锡引才三个新目标：海归第一站、双创首选地、营创最优城。

## 锡韵悠扬，声动未来

城以文兴，成就无锡的过往；以文兴城，开创无锡的明天。

伯渎河畔的泰伯庙，始建于东汉永兴二年。千百年来，这里的泰伯庙会盛况延绵。随着国学堂、大夏堂、隔凡楼等文化空间拓展，看展、听课者络绎不绝。

不远处的二胡广场吴歌台上，曲韵婉转、琴声悠扬。历史上，华彦钧（阿炳）、刘天华、蒋风之领民乐风气之先，《二泉映月》《光明行》等名满天下。如今，建二胡文化园、产业园，办高规格乐器展、演奏会，"二胡之乡"名片越擦越亮。

汲古润今，与古为新。传承、守护好江南文脉，传统文化与现代文明交相辉映。无锡拈花湾尽展唯美禅意空间，金陵小城再现六朝风雅，尼山圣境打造儒家文化世界级"窗口"……拈花湾文旅探索传统文化的现代生成，让大众沉浸其中，个个皆为"爆款"，在新时代文化画卷里留下地标。董事长吴国平说，精准提炼文化原动力，对传统文化予以可观可感的形象化再造，实现以文彰旅、文以载道。

推动江南文脉创造性转化、创新性发展，在无锡已成共识、化作行动。出台文物保护工作、"百宅百院"活化利用等三年行动计划，累计投入近4亿元；高位推动大运河、长江两个国家文化公园建设，举办江南文脉论坛；实施地域文明探源工程……无锡正成为世界读懂江南的重要窗口。

"在守护中开掘新深度，在创新中拓展新境界，让江南文脉更好地奔流向前。"无锡市委常委、宣传部长李秋峰说。

以文培元、以文立心。知所来、识所在、明所往，激活求实拓新的人文能量。

提跳腾挪行云流水，举手投足飒爽利落——江阴推进"锡剧进校园"工程，20所小学组建"小锡班"、6000多学生加入。南闸中心小学学生瑜锴楦说："每部戏都是一个历史故事，我们学习锡剧，就是要把其中的文化和精神传下去。"

一座城市的独特性，在于文物古迹等物化文明印记，更在于历史积淀下的人文精神。历经岁月洗练，"经世致用""义利双行""尚德务实"等人文精神已融入无锡的城市血脉；当下的无锡，正以人文经济学新实践，凝聚中国式现代化的内在动力。

经世济民，古今一揆，用明天的科技锻造后天的产业。第19届亚运会上，云深处科技公司研发的四足机器人绝影X20，承担在地下8米电力管廊深处守护亚运村供电安全重任；"头戴"激光雷达的自动驾驶小巴载着乘客缓缓驶过，成为城市新风景……传承百年的工商文化、"敢创人先、坚韧刚毅、崇德厚生、实业报国"的"锡商精神"，至今激励无锡企业家在最尖端、最前沿领域向高端攀升，构筑未来发展新优势。

坚守实业是底色，开拓创新是境界，面向世界是格局。改革开放之初，红豆成为无锡第一个亿元乡镇企业；进入新时代，首创中国特色现代企业制度；为响应"一带一路"倡议，又联合中柬两国企业打造柬埔寨西哈努克港经济特区，成为新样板……一颗红豆的成长之旅，成为锡商精神的最新注脚。

山海不远，同心则和。交往交流交融，持续涵养城市兼收并蓄的胸怀气魄。

访问友城、城市推介、招才引智……2023年8月，无锡经贸代表团奔赴中东和英国，分别促成38.61亿美元的34个项目、超22亿美元的20个项目签约，向国际展现了江南工商名城的经济活力、城市魅力和投资潜力。

月悬当空，余音缭绕。新年第一天，"无锡交响·世界听见"新年音乐会上，无锡交响乐团首次整建制亮相，66名海内外青年演奏员通过全球招聘加盟而来。一曲最新创作的《无锡序曲》与传统江南小调不同，恢弘大气、豪迈澎湃，正如这座城市的发展，走向世界，声动未来。

古往今来，南北交融、古今熔铸、人文经济相生相融的淬炼，造就了这里的独特气韵。昔日，学贯中西的宜兴人吴冠中，把油画与传统艺术审美融合绘就水墨江南；当下，青砖白墙、小河流淌的古镇与纵横交错的现代桥梁、地铁、空港处于同一时空。

千载未变，每一代人生生不息的奋斗，永远是这片土地最鲜活的注脚。

不久前，京杭大运河和无锡环城古运河交汇处，一座运河艺术公园整体开园，"往来千载——徐悲鸿无锡艺术特展"回到故乡，其中包括家喻户晓的《群奔》。开园当天，锡绣传承人赵红育的锡绣作品《群奔》正式起针，以非遗技艺重现传奇名画。

　　神采飞扬的六匹奔马和自强不息、勇猛精进的精神姿态，恰似中国现代美术史上著名写实主义倡导者徐悲鸿对家乡的最佳"写实"。

（记者刘亢、蒋芳、陈刚，

本文原载于《新华每日电讯》2024年1月19日第4版）

初升的太阳照耀在太湖之滨的鼋头渚景区（资料图片），本报记者杨磊摄

# 新时代人文经济学的无锡实践

"文化很发达的地方，经济照样走在前面。可以研究一下这里面的人文经济学。"2023年全国两会期间，习近平总书记在参加江苏代表团审议时，专门提出一个课题。

无锡地处江南腹地、太湖之滨，大运河穿城流淌千年，长江经此奔流入海。自然与先民的选择，造就如今城抱湖、河抱城的太湖明珠、运河佳处；南北文化的交流碰撞，熔铸这里鼎盛的江南文脉，相传"泰伯奔吴"于此开启文化江南的序章；古今一揆的经世济民，赋予历代名士务实笃行之风，成就富庶江南的高光地带。

人文经济共生，激荡澎湃动力。立足深厚人文底蕴和发达经济基础，新时代的无锡坚定文化自信，秉持开放包容，坚持守正创新，在加速奔向中国式现代化的壮阔航程中，持续探寻人文经济共生共荣的发展密码。

"建设人文与经济、历史文脉与现代文明交融赋能的文化名城，打造新时代人文经济学的无锡实践样本"，无锡将此写入2024年政府工作报告，旨在于传承中延续江南文脉，在创新中激活时代价值，更好回答发展为了谁、依靠谁、发展成果由谁共享的时代命题。

## 太湖明珠，诠释"何为江南"

千百年来，"江南"成为一种意象，承载国人对美好生活的向往。水韵灵动的城市风貌、吴风悠扬的城市氛围、经济勃发的城市活力、雅致惬意的城市生活……素有"太湖明珠"之称的无锡，向世人诠释着鲜活生动的"江南气象"。

这里保有江南风貌的精髓。既保留下最经典的自然风景元素，也浓缩了最具标识性的人文特质。

水脉是江南的血脉。太湖跨两省、依五市，唯有无锡被誉为"太湖明珠"。"三万六千顷，千顷颇黎色""谁能胸贮三万顷，我欲身游七十峰"，诗人皮日休与文徵明相隔数百年，皆言太湖之壮阔。如今，一曲"太湖美，美就美在太湖水"宛转悠扬，更道尽人水相依的牵绊。

大运河蜿蜒3200多公里、流经35座城市，唯独在此留下"江南水弄堂、运河绝版地"。南长街至清名桥一带，白墙黑瓦，屋檐错落，河道窄长，尽显运河古韵风情。入夜，人们乘坐画舫穿梭在桨声灯影，两岸的丝厂、茶楼、书场、戏台等古迹勾勒出迷人的水乡景致。

江、河、湖、荡、塘、浜、汊、溪，造就了无锡鲜明的地貌特征和城市格局。寺、塔、河、街、桥、窑、宅、坊众多空间元素有机组合，形成古镇、运河、园林、小桥、流水、人家等经典江南风貌。

江南文化的精华浓缩于古镇、园林。荡口古镇以水乡为主要特色，惠山古镇分布着108座园林祠堂，荣巷古镇是近代民族工商业的发祥地。无锡西郊惠山山麓，山水如画、古木参天的寄畅园，名列江南四大名园，诞生了名曲《二泉映月》的"天下第二泉"清澈透明、不溢不涸，成为江南水韵的精致表达。

这里蕴藏江南文脉的源流。《史记·吴太伯世家》载，太王欲立季历以及昌，于是太伯、仲雍二人乃奔荆蛮。相传，3200年前，泰伯来到梅里，把中原地区的先进文化和耕种技术传授给当地人，带领人们开挖了中国历史上第一条人工运河——伯渎河。

时光流转，伯渎河依然延绵。走在无锡高新区的梅村街道，漫步于新旧交替的时光，逛一场烟火气十足的江南集，吴风雅韵历久弥新。

从梅里古镇出发，沿泰伯大道行驶十余公里，北接长江、南贯太湖的望虞河畔，已有3000多年历史的荡口古镇，现存7万余平方米明清古建筑，华蘅芳、钱穆以及华君武故居点缀其中。太湖西岸的宜兴，更先后走出32位两院院士、100多位大学校长、上万名教授学者，有着"院士之乡""教授之乡"美誉。

自古以来，穿城而过的运河、奔腾入海的长江、山温水软的太湖，赋予无锡独特的城市脉动。江河湖海汇聚碰撞，串联起众多河湖荡汊，让无锡的水文化在运河城市中颇为特殊，不绵软更有力量。

"黄田港北水如天，万里风樯看贾船。"宋代王安石笔下的匆匆一瞥，让一个港、一座城的历史呼之欲出。登上临江的江阴城市记忆馆楼顶露台，眼前豁然开朗。大江之上船只来往忙碌，沿江岸线一派秀美风光，不远处江阴长江大桥飞跨南北、气势雄伟。

这里点亮富庶江南的高光。太湖、漏湖、蠡湖水量充沛，大运河无锡段千年不淤，自元代起无锡跻身江南地区漕运中心，至清末民初达到顶峰，米布丝钱四大码头冠绝一时。

工业文明发轫，航道变身工业走廊。到20世纪30年代，运河水网沿线建成各类企业超300家，银行金融机构超30家，粉厂连布厂，纱厂连丝厂，积淀下了农耕文明向工业文明转型的江南风貌全景式遗产。

清末民初，长江中上游地区的瓷器、木材和川滇药材等经长江运抵江阴港集散。因江而兴的江阴，在历史的发展中联运江海，直至成为亿吨大港。如今，鹅鼻嘴公园内仍矗立着一块"江尾海头"的石碑，江阴港舟船满泊、商贾满街的景象更胜往昔。

古有米市、丝都、布码头，今有医药、制造、物联网。无锡规模超2000亿元的产业集群达6个，入围中国企业、中国制造业、中国服务业、中国民营企业四张500强榜单的企业总数，多年稳居江苏第一。

2023年，无锡市实现地区生产总值15456.19亿元，同比增长6%、在万亿城市中居于前列，人均GDP达20.63万元、连续四年位于全国大中城市前列。

# 人文经济，激荡发展强音

人文是城市的灵魂，经济是城市的体格。多姿多彩的江南文化、百年积淀工商文明，铺就无锡经济底色。

伯渎河畔的泰伯庙，始建于东汉永兴二年。"泰伯庙会"于2014年被国务院列入国家级非物质文化遗产名录。2024年春节期间，这里举办的泰伯庙会吸引10万余市民及海内外游客"轧闹猛"、品年味。

古城新韵，近悦远来，织就无锡文商旅高质量融合发展的现实模样。将文化遗产和可持续市场化方式有机结合，无锡围绕古运河、崇安寺、小娄巷等传统古迹的复兴项目，实现文化事业和文化产业"双轮驱动"。

千年古韵与现代文旅共生共荣，工商文化与当代产业同脉相连。始建于1900年的无锡茂新面粉厂，是民族工商业发祥地的缩影，在此基础上筹建的无锡中国民族工商业博物馆，收藏着"何以无锡"的基因库。展厅醒目处的"工商之业不振，则中国终不可以富、不可以强"，成为这座城市发展的鲜明写照。

一百多年前，担任清政府驻英法意比四国公使的无锡人薛福成，在游历欧洲后写下这句话。彼时，薛福成从英国购买新式纺机100部，用以织布局扩大生产规模。1896年的冬天，机器轰鸣声打破了小城宁静，纺织、缫丝、面粉加工等百余家现代工厂如雨后春笋。

今天，无锡这曲"江南调"的主旋律依旧是"工业风"。以机械制造、高端纺织、集成电路、物联网、生物医药、人工智能等实体经济为代表，"产业森林"辽阔丰茂，2023年规上工业总产值超2.5万亿元。

文化赋能经济，惟实励新的价值追求薪火相传，持续释放生产力创造力。1607年，22岁的徐霞客从家乡江阴出发，历时三十年考察大半个中国，纠正"岷山导江"，论证金沙江才是长江源头，把"读万卷书，行万里路"实践到了极致。上世纪70年代，"踏遍千山万水，吃尽千辛万苦，说尽千言万语，历尽千难万险"的"四千四万"精神，诞生在无锡改革开放初代创业者的血脉里。

霞客故里提出"跳出江阴看江阴，面向世界看江阴，放眼未来看江阴"的口号，成就如今的"中国制造业第一县"，拥有规上工业企业超过2400家，61家上市公司大多分布在高端制造业。

从徐霞客"长江探源第一人"、近代先人一步的民族工商业振兴，到白天当老板、晚上睡地板开创乡镇企业的"苏南模式"，再到如今中国船舶七〇二所研制的"奋斗者"号探秘地球"第四极"……时空变换，无锡人敢于创新、敢于争先、敢于攻坚、敢于担当精神始终如一。

站在地区生产总值超1.5万亿元新起点，无锡在高质量发展上挑起大梁。2023年，无锡战略性新兴产业、高新技术产业产值占规上工业比重分别达41.4%、52.3%，科技进步贡献率有望实现江苏省"十一连冠"。

推动文化与其他经济业态深度融合，无锡华莱坞在物联网、人工智能、VR等技术的赋能下焕发新机，加速迈进电影工业4.0。墨境天合、倍视传媒等800余家影视文化企业落户，推出《中国机长》《人世间》《流浪地球2》等一批影视佳作。当地还启动"华莱坞元宇宙世界"项目，打开"元宇宙+数字影视"创新发展的全新局面。

经济活化文化，焕发传统文化生机，铸塑新时代人文精神。历史上，华彦钧（阿炳）、刘天华、蒋风之领民乐风气之先，《二泉映月》《光明行》等名满天下。如今，建二胡文化园、产业园，办高规格乐器展、演奏会，"二胡之乡"的名片越擦越亮。

深挖历史文化资源，在回应年轻消费者需求中弘扬传统文化。惠山古镇文旅综合开发项目将龙光塔、寄畅园、映月堂、惠山泥人博物馆等文化地标串珠成链。无锡拈花湾文化投资发展有限公司董事长吴国平介绍，立足"二泉映月"IP，这里生发出"二泉奖""映月堂""国乐之城"等新的精神、物质标签，打造城市新名片。

文化与经济的交融互动、融合发展，重新构建文化环境。2023年11月，《无锡国专》纪录片开机，旨在弘扬坚守民族文化自信、坚守国学教育、敦品励节、学行合一的"国专精神"。

1920年，全国最早的国学教育机构——无锡国学专修馆开办，三十年间培养了数以千计的文化人才，走出王蘧常、唐兰、吴其昌、蒋天枢、钱仲联等一批文史大家，成为国内各大学中文、历史等学系的顶梁柱。

彼时，一批新式学校、文博场馆大多由实业家捐资兴办，崇文重教之风兴起，科学家、教育家、经济学家、文学家、音乐家、画家、外交家在无锡青蓝相继，"教授之乡""院士之乡"扬名天下。

经济发展促进文化兴盛，文化兴盛铸塑时代精神。2020年11月，我国自主研发的"奋斗者"号载人潜水器在马里亚纳海沟成功坐底，深度10909米，创造中国载人深潜的新纪录。

2023年底，无锡原创舞剧《10909》成功首演，用艺术诠释大国重器与奋斗精神，再现"奋斗者"号研发和下潜至万米海底的场景，勾勒科研工作者为中国载人深潜奋斗的壮丽历程，点燃观众的文化热情与奋斗激情。

## 斗米尺布，垒筑幸福之城

出炉不久的"江南水乡·斗米尺布"文物主题游径，40多处文物点串联起"农桑锡纺工商兴"等六大文物主题。一斗米、一尺布，奠定了江南文化的物质基础，塑造了江南水乡的人文景观，更承载着人民对美好生活的向往。

"城，所以盛民也"。连续四年捧回"中国最具幸福感城市""中国最佳促进就业城市"奖杯，无锡始终把增进人民福祉、促进人的全面发展作为出发点和落脚点，一丝一缕织就多姿多彩的幸福之城。

明发展旨归，在直面关切中增进民生福祉。脏乱的"夹花地带"翻新为农趣园，迎来华丽转身；荒芜的桥下空间被盘活，变身运动空间；路边可见公共休息座椅，机动车可免费停车30分钟，地铁上的夏日纳凉区、冬日加热座椅等，妥帖照顾着生活细节——

寻常巷陌的所闻所见，日常生活的微末细节，最能体现一座城市的温度。无锡用显微镜体察民生细节，用绣花功夫推进城市管理，2021年以来已滚动实施"微幸福"民生事项5718件、下发62批重点督办事项清单，群众满意率100%。

聚焦更高水平"民生七有"，促进劳有所得，2023年城镇新增就业16.4万人，新增就业困难人员再就业2.4万人，发放失业保险稳岗返还资金6.22亿元；实现幼有所教，新建义务教育学校、幼儿园31所，启动建设市盲聋学校；推动老有所养，新建及提升改建街道综合性养老服务中心11家，实现街道全覆盖，新建及改建提升助餐点80个，累计建成区域性助餐中心133家，助餐点近600个……

无锡市2024年政府工作报告提出，多元拓宽富民渠道，扎实推进低收入人口动态监测和精准帮扶"3610行动"，扎实推动农民工纳入城镇住房保障……一项项民生新承诺，托举起更加充实、更有保障、更可持续的获得感幸福感安全感。

聚天下英才，以全生命周期营造发展生态。锚定物联网产业，全国首批、江苏唯一的海归小镇落户无锡经开区，从一站式政务服务、高品质住房保障，到医疗、教育，保姆式服务贯穿始末。

以城市之名共启创新创业征途。近年，无锡连续举办"太湖人才峰会"，持续优化升级"太湖人才计划"，打造人才发展全生命周期立体化支撑，集聚起16.64万高层次人才、2.16万留学归国人才、51.12万高技能人才的高质量人才队伍。

如今，从诺奖得主到中外院士，从优秀大学生到技能型人才，各类人才来无锡都能找到相应的政策支持。

毕业于英国帝国理工学院的黄阳之而立之年回到无锡，创办科技公司致力于AR创新应用，从初创时的6人小组到目前50多人的研发团队，企业估值已破亿元。

持续开掘人文资源，不断升温城市吸引力。阳山镇以盛产水蜜桃出名，院士小镇落户于此。2023年5月，中国科学院院士、华中科技大学无锡研究院院长丁汉在这里认领一棵"士林"桃树，盛夏即收获甜蜜。2021年以来，已有73名院士结下了"甜蜜之约"。

功以才成，业由才广。在连续五年入选"中国年度最佳引才城市"称号后，无锡又接连抛出引才三个新目标：海归第一站、双创首选地、营创最优城，吸引更多人才前来追逐人生理想、开启美好生活。

促和谐共生，从人与自然关系高度谋划发展。蓝藻防控是"美容养颜"，河道清淤是"畅通血管"，涉磷企业整治是"肿瘤切除"，生态修复是"调理气血"，结构调轻是"改变生产生活方式"……翻看治太工程清单，如同打开一张精准药方。

面对太湖治理这一"国之大者"，无锡遵循治湖规律，持续强化外源减量、内源减负和生态修复、应急防控、能力提升，2007年至今累计实施7278个治太重点工程，市本级投入达1252亿元，太湖一级保护区建成"无化区"。太湖无锡水域湖心区近年首次实现年度Ⅲ类水质，水质、藻情均创16年来最好水平。

"把整个无锡当作太湖一样来呵护。"无锡市委提出，要把建设美丽无锡摆在现代化建设的突出位置，更大力度协同推进降碳减污扩绿增长。

主城区重污染企业"清零"，积极研发零碳技术、建设低碳企业、打造近零碳园区，新增省特色田园乡村13个、建成美丽幸福河湖680条，锡东新城获评江苏省首批城乡建设碳达峰碳中和先导区，宜兴获评国家"绿水青山就是金山银山"实践创新基地，新吴区创成国家生态文明建设示范区……

自然生态之美、绿色生产之美、人居环境之美在太湖之滨交相辉映，无锡正努力走出一条生态环境"高颜值"、经济发展"高素质"的绿色转型之路。

## 履践致远，谱写时代华章

"求木之长者，必固其根本；欲流之远者，必浚其泉源"。

在奔赴中国式现代化的壮阔实践中，无锡高举旗帜，更好担负起新的文化使命，传承人文基因，弘扬传统文化，铸塑人文精神，蓄力谱写人文经济时代华章。

传承、守护好江南文脉，让传统文化与现代文明交相辉映。近年，无锡连续举办江南文脉论坛，打造江南文化品牌重要窗口，延续文化根脉、留住无锡记忆，擦亮"太湖明珠江南盛地"城市文化品牌。

出台文物保护工作、"百宅百院"活化利用等三年行动计划，累计投入近4亿元；高位推动大运河、长江两个国家文化公园建设，设立专门研究院和发展基金；实施地域文明探源工程，启动编撰《无锡史》，锡剧、紫砂、泥人、二胡等文化标识影响力日益扩大……无锡努力让江南文脉绵延不绝、奔流向前，成为世界读懂江南的重要窗口。

最好的保护和传承，就是抓住优秀传统文化的"灵魂"，坚持古为今用、吐故纳新、推陈出新，活化为人们喜闻乐见的生活方式。

唐风木作，宋制飞梁，让人梦回古代；香月花街一步一景，拈花塔下风铃叮咚……从一张白纸到一路风景，从隐于乡野到闻名于世，无锡拈花湾开创了中国文旅小镇建设"无中生有"的创新模式。

拈花湾尽展唯美禅意空间，金陵小城再现六朝风雅，尼山圣境打造儒家文化世界级"窗口"……近年，拈花湾文旅探索传统文化的现代生成，对传统文化予以可观可感的形象化再造，"爆款"频出。

"我们要按照'让收藏在博物馆里的文物、陈列在广阔大地上的遗产、书写在古籍里的文字都活起来'的标准，精准提炼文化原动力，打造新时代的人文地标。"吴国平说。

以文培元，以文聚力，激活奋进不息的人文能量。巷陌烟火，既满足精神文化需求，也蕴育城市的精气神。与钱钟书故居一街之隔的后西溪社区钟书房，人们在这里聆听钱钟书经典文学作品片段、免费借阅著作，也可以点杯咖啡消磨时光。在无锡，造型各异、功能不同的钟书房已超过100所、遍布城市各个角落。

一座城市的独特性，在于文物古迹等物化文明印记，更在于历史积淀下的人文精神：无锡东林书院领袖顾宪成所撰"风声雨声读书声声声入耳，家事国事天下事事事关心"的名联，尽展家国责任；"九一八"事变爆发，考入清华时国文历史满分、物理只有5分的钱伟长毅然弃文从理，终成中国近代力学之父；从荡口出发，王莘在天安门广场前为祖国欣欣向荣的情景打动，一曲《歌唱祖国》传唱至今……

历经岁月洗练，"敢创人先、坚韧刚毅、崇德厚生、实业报国"的"锡商精神"，至今激励无锡企业家在最尖端、最前沿领域向高端攀升。

2024年3月10日，无锡丁蜀低空经济产业园在宜兴奠基，低空旅游航线、空客直升机等总投资超50亿元的一批重大项目集中签约入园；一天后，江苏省首条无人驾驶低空航线和首个低空运营管理平台分别在无锡梁溪区和经开区立项启动……万亿级低空经济新赛道上，无锡先行启航。

百年工商名城，迸发勃勃生机。无锡在全市"465"现代产业集群中提前布局人工智能、量子科技、第三代半导体、氢能和储能、深海装备等5个重点赛道，持续扩展人形机器人、商业航天、合成生物、高端膜材料等新领域，系统构建面向长远的"5+X"未来产业发展体系。

交往交流交融，涵养城市兼收并蓄的胸怀气度。改革开放之初，红豆成为无锡第一个亿元乡镇企业；进入新时代，首创中国特色现代企业制度；为响应"一带一路"倡议，又联合中柬两国企业打造柬埔寨西哈努克港经济特区，成为新样板……一颗红豆的成长之旅，成为锡商精神的鲜明写照。

访问友城、城市推介、招才引智……无锡经贸代表团多次奔赴欧洲与中东等地，向国际展现江南工商名城的经济活力、城市魅力和投资潜力。

开放创新的经济形态，持续培育城市竞争能级、扩大城市影响力；开放交融的文化生态，不断丰富城市文化色彩、提升城市美誉度。歌剧《二泉》

登上国家大剧院；锡剧《孟丽君》首次在香港公演赢得满堂喝彩；"一带一路"题材舞剧《南国红豆》赴柬埔寨、泰国巡演；中加合作原创舞剧《寻》北美巡演，探索中西方文化艺术融合……

诗意与繁华相融，人文与经济共舞。昔日，学贯中西的宜兴人吴冠中，把油画与传统艺术审美融合绘就水墨江南；当下，青砖白墙、小河流淌的古镇与纵横交错的现代桥梁、地铁、空港交汇于同一时空。

一代代人生生不息的奋斗，永远是这片土地最鲜活的注脚，创造历史，也必将筑梦未来。

（记者刘亢、陈刚、蒋芳，本文原载于《瞭望》2024年第28期）

游客在大运河江苏无锡段的清名桥历史文化街区游览
（2024年5月21日摄），周社根摄

# 新时代人文经济学的无锡实践

新华社江苏分社课题组

# 引言

"文化很发达的地方，经济照样走在前面。可以研究一下这里面的人文经济学。"2023年全国两会期间，习近平总书记在参加江苏代表团审议时，专门提出一个课题。

人文是城市的灵魂，经济是城市的体格。人文与经济交融互生的城市实践，持续为实现中国式现代化、推动构建中华民族现代文明，提供雄厚物质基础和磅礴精神动力。

无锡地处江南腹地、太湖之滨，大运河穿城流淌千年，长江经此奔流入海。自然与先民的选择，造就如今城抱湖、河抱城的太湖明珠、运河佳处，赋予生生不息又韵律独特的城市脉动；南北文化的交流碰撞，熔铸这里鼎盛的江南文脉，相传泰伯奔吴于此、开启文化江南的序章；古今一揆的经世济民，赋予历代名士务实笃行之风，成就当下富庶江南的高光地带，更以发展之利普惠民生。

立足深厚人文底蕴和发达经济基础，新时代的无锡坚定文化自信，秉持开放包容，坚持守正创新，深入践行新时代人文经济学，在加速奔向中国式现代化的壮阔航程中，持续探寻人文经济共生共荣的发展密码，成为观察中国式现代化蕴含的独特世界观、价值观、历史观、文明观、生态观的一个窗口。

人文经济共生，激荡澎湃动力。水流奔涌、勇于纳新，是自然孕育出的气派；经世致用、尚学崇教，是文化涵养出的气韵；实业兴邦、不惧挑战，是工商基因支撑起的气魄……

"建设人文与经济、历史文脉与现代文明交融赋能的文化名城，打造新时代人文经济学的无锡实践样本。"无锡将此写入2024年政府工作报告，旨在于传承中延续江南文脉，在创新中激活时代价值，更好回答发展是为了谁、依靠谁、发展成果由谁共享的时代命题。

# 第一节　太湖明珠，诠释"何为江南"

千百年来，"江南"成为一种意象，承载国人对美好生活的向往。江南是自然的造化，是青山碧水、烟雨诗画；是人文的渊薮，是文化昌盛、人才辈出；是富庶与繁华，是产业鼎盛、安居乐业。水韵灵动的城市风貌、吴风悠扬的城市氛围、经济勃发的城市活力、雅致惬意的城市生活……素有"太湖明珠"之称的无锡，正向世人诠释着鲜活生动的"江南气象"。

## 一、保有江南风貌的精髓

江南是地理概念也是文化概念，江南风貌既是山、水、城、镇等自然风景，也是不断被人们审美化、人文化之后的人文风貌。无锡的江南风貌具有典型性，既保留下最经典的自然风景元素，也浓缩了最具标识性的人文特质。

水脉是江南的血脉，其中最重要的是长江、大运河、太湖，无锡均占据了举足轻重的地位。

太湖跨两省、依五市，唯有无锡被誉为"太湖明珠"。"三万六千顷，千顷颇黎色""谁能胸贮三万顷，我欲身游七十峰"，诗人皮日休与文徵明虽相隔数百年，皆言太湖之壮阔。如今，一曲"太湖美，美就美在太湖水"宛转悠扬，更道尽江南人水相依的牵绊。从空中俯瞰太湖，如同打开一幅立体的山水画轴：碧波万顷，湖鸥成群，湖水蓝、芦苇青、水杉红，色彩交织美不胜收；鼋头渚的崖壁之上，一块"包孕吴越"的石碑静静矗立。

大运河蜿蜒3200多公里、流经35座城市，唯独在此处留下了"江南水弄堂、运河绝版地"的印记。运河之畔的清名桥一带，被誉为"最无锡"的风景。南长街至清名桥一带，白墙黑瓦，屋檐错落，河道窄长，尽显运河古韵风情。入夜，清名桥历史文化街区迎来一天中最动人的时刻。人们乘坐画舫穿梭在桨声灯影里，两岸的丝厂、茶楼、书场、戏台等古迹勾勒出迷人的水乡景致；岸上，前店后坊人头攒动，人们品尝着美食、香茗，陶醉于夜色下的江南风情。

江、河、湖、荡、塘、浜、汊、溪，不仅造就了无锡鲜明的地貌特征，更直接塑造了无锡城市的格局。无锡古城轮廓被称作"一弓九箭"，九箭对应的不是道路，而是水路。两岸人家枕河而居，寺、塔、河、街、桥、窑、宅、坊众多空间元素有机组合，形成古镇、运河、园林、小桥、流水、人家等经典江南风貌。

江南文化的精华浓缩于古镇、园林。无锡的古镇各具特色，荡口古镇以水乡为主要特色；惠山古镇，以108座园林祠堂为特色；荣巷古镇，是近代民族工商业的发祥地。无锡园林也不乏名作，西郊惠山山麓山水如画、古木参天的寄畅园，名列江南四大名园，诞生了名曲《二泉映月》的"天下第二泉"清澈透明、不溢不涸，成为江南水韵的精致表达。

## 二、蕴藏江南文脉的源流

《史记吴太伯世家》载："太王欲立季历以及昌，于是太伯、仲雍二人乃奔荆蛮。"东汉《吴越春秋》记载，"泰伯祖卒葬于梅里平墟"，唐《史记正义》也有记述："泰伯居梅里平墟，在无锡东南三十里是也"。"泰伯奔吴"带动长江流域与中原地带的交集，成为探源江南文化、长江文明不能绕过的重要起点，也是勾陈梳理无锡历史文脉，必须把握的一条干流。

相传，3200年前，泰伯初到梅里只见一片荒蛮，他把中原地区的先进文化和耕种技术传授给当地人，带领人们兴修水利，开挖了中国历史上第一条人工运河——伯渎河，江南文化由此兴盛。

"一曲吴歌酒半酣，声声字字是江南。"时光流转，伯渎河依然延绵。走在无锡高新区的梅村街道，漫步于新旧交替的时光，逛一场烟火气十足的江南集，吴风雅韵历久弥新。

三千年前，"泰伯奔吴"开启黄河文化与长江文化交流与流动的传说，在相隔千里、不同博物馆间也能找到鲜明的证据。走进刚落成的无锡梅里遗址博物馆，"镇馆之宝"陶鬲与鸭形壶吸引着参观者们驻足。前者多见于黄河流域，后者来自长江流域。2002年，同样形制的陶鬲在陕西岐山大量出土。河南二里头遗址博物馆则藏有类似的鸭形壶。

一曲吴韵风华，深藏万古江河。从梅里古镇出发，沿泰伯大道行驶十余公里，北接长江、南贯太湖的望虞河畔，荡口古镇距今已有3000多年历史，现存7万余平方米明清古建筑，　　华蘅芳、钱穆以及华君武故居点缀其中。

今天的人们到访钱穆故居，目光先会被"几百年人家无非积善，第一等好事还是读书"的楹联捕捉，随后就会被钱家"一门六院士"的传奇震撼。太湖西岸的宜兴更是人杰地灵，这里先后走出32位两院院士、100多位大学校长、上万名教授学者，有着"院士之乡""教授之乡"美誉。

自古以来，穿城而过的运河、奔腾入海的长江、山温水软的太湖，赋予无锡生生不息又韵律独特的城市脉动。研究者认为，江河湖海的汇聚与碰撞，串联起众多河湖荡氿，让无锡的水文化在运河城市中颇为特殊，不绵软更有力量。

"黄田港北水如天，万里风樯看贾船。"宋代王安石笔下的匆匆一瞥，让一个港、一座城的历史呼之欲出。登上江阴城市记忆馆的楼顶露台，眼前豁然开朗。大江之上船只来往忙碌，沿江岸线一派秀美风光，不远处江阴长江大桥飞跨南北、气势雄伟。

## 三、点亮富庶江南的高光

中国历史上的三次衣冠南渡，都是遭受北方游牧民族侵扰的无奈之举。伴随着大规模的人口南迁尤其是精英阶层的南迁，催生了江南经济文化的发展，逐步让荆蛮之地变成富庶的江南。可见，江南之所以富庶千年，不仅在于资源禀赋，更印证了中华文明生生不息的顽强生命力，而无锡就是代表性城市之一。

太湖、漏湖、蠡湖水量充沛，大运河无锡段千年不淤，自元代起无锡跻身江南地区漕运中心，至清末民初达到顶峰，米布丝钱四大码头冠绝一时。

工业文明发轫，航道变身工业走廊。到20世纪30年代，运河水网沿线建成各类企业超300家，银行金融机构超30家，粉厂连布厂，纱厂连丝厂，积淀下了农耕文明向现代工业文明转型的江南风貌全景式遗产。

清末民初，长江中上游地区的瓷器、木材和川滇药材等物资经长江运抵江阴港集散，轮船招商局及日本太古、怡和等轮船公司也在此设立机构。因江而兴的江阴，作为古代航运中心，在历史的发展中联运江海，直至成为亿吨大港，承载着历史的荣光和时代的担当。如今，鹅鼻嘴公园内仍矗立着一块"江尾海头"的石碑，江阴港舟船满泊、商贾满街的景象更胜往昔。

古有米市、丝都、布码头，今有医药、制造、物联网。无锡规模超2000亿元的产业集群达6个，入围中国企业、中国制造业、中国服务业、中国民营企业四张500强榜单的企业总数，多年稳居江苏第一。

根据《2023年无锡市国民经济和社会发展统计公报》，无锡市实现地区生产总值15456.19亿元，按可比价格计算，同比增长6%、在万亿城市中居于前列，人均GDP达20.63万元，连续四年位于全国大中城市首位。

# 第二节　人文经济，激荡发展强音

人文是城市的灵魂，经济是城市的体格。文化和经济正如人类社会发展的两个车轮，经济奠定发展的物质基础，文化提供发展的动力和价值导向。在无锡，人文与经济彼此生发、交融共生、相得益彰，在赓续千年江南文脉的实践中，人文因经济加持而焕发生机，经济因注入人文而更具活力，凝聚起推动高质量发展、实现中国式现代化、推动构建中华民族现代文明的澎湃动能。

## 一、历史文化与经济特质一脉相承

独特的历史文脉塑造了一方水土独特的经济形态，赋予适应自身的经济特质。多姿多彩的江南文化、百年积淀工商文明，铺就无锡经济的底色。

——**千年古韵与现代文旅共生共荣**。"参天之树，必有其根；怀山之水，必有其源"。文化遗产印刻着人类活动的历史印记，对其积淀的人文价值的挖掘和呈现，是城市重要的旅游资源。工业化的兴起，使得现代社会人们日常生活空间与传统文化和民俗活动渐呈分离状态，而政府与民间的再组织，加入大量新元素、新内容、新形式，其传统的精神性与商业性、娱乐性得以不断融合。

伯渎河畔的泰伯庙，始建于东汉永兴二年。"泰伯庙会"于2014年被国务院列入国家级非物质文化遗产名录，生动展示了绚丽多彩的江南民俗风情。2024年春节期间，这里举办的泰伯庙会吸引无锡及周边地区10万余名市民及海内外游客一起"轧闹猛"、品年味，由400余人组成的富有地域特色的22支民俗巡游队伍游走在梅里古镇。

古城新韵，近悦远来，织就无锡文商旅高质量融合发展的现实模样。将文化遗产和可持续的市场化方式有机结合，无锡市梁溪区围绕古运河、崇安寺、小娄巷等传统古迹的复兴项目，坚持文化事业和文化产业"双轮驱动"，"文化、时尚、友好"三大定位，正契合人文、经济和"共同发展"之义。

其中，小娄巷是无锡书香文化的标识地，九百多年来，短短小巷走出一位状元、十三位进士、十五位举人和近八十位秀才，书香绵延，世家沿袭。小娄巷如今是江南历史文化体验街区，集合古韵、潮品、艺术、文创四大圈层，正在对标成都太古里、上海新天地，打造中心城区社交度假场所和城市文化生活聚集地。

**——工商文化与当代产业同脉相连。**无锡中国民族工商业博物馆，收藏着"何以无锡"的基因库。始建于1900年的无锡茂新面粉厂，是中国民族工商业最早的企业之一，也成为民族工商业发祥地的缩影，在此基础上筹建的无锡中国民族工商业博物馆，具有独特的历史意义和价值。展厅醒目处可见"工商之业不振，则中国终不可以富、不可以强"，成为这座城市发展基调的鲜明写照。

一百多年前，担任清政府驻英法意比四国公使的无锡人薛福成，在游历欧洲后写下这句话。彼时，薛福成从英国购买新式纺机100部用以织布局扩大生产规模。1896年的冬天，机器轰鸣声打破了小城宁静，纺织、缫丝、面粉加工等百余家现代工厂如雨后春笋，遍布全城。

今天，无锡这曲"江南调"的主旋律依旧是"工业风"。以机械制造、高端纺织、集成电路、物联网、生物医药、人工智能等实体经济为代表，"产业森林"辽阔丰茂。2023年，无锡规上工业总产值超2.5万亿元。

## 二、文化赋能经济，释放生产力创造力

推动高质量发展，文化是重要支点。在新时代人文经济学的实践中，文化不断提升经济活动的附加值，激活创造力、促进经济结构优化升级。中华优秀传统文化提供的精神养分，更成为提升经济社会发展质量的不竭动力、战胜前进道路上各种风险挑战的重要力量源泉。

——激发精神动能，惟实励新的价值追求薪火相传。文化作为一种独立的精神现象，是影响经济发展的重要力量。文化遗产可以唤起人们对特定历史的集体记忆，往往成为地域认同、文化认同的载体，成为形成社会凝聚力的重要资源。从文化遗产传承的生产经验，到人文理念积蓄的发展效能；从民族精神迸发的前进动力，到价值体系引领的发展方向，文化凝聚起了奔赴中国式现代化的强大向心力，汇聚成全面推进中华民族伟大复兴的澎湃动力。

1607年，22岁的徐霞客从家乡江阴出发，历时三十年考察大半个中国，纠正"岷山导江"，论证金沙江才是长江源头，把"读万卷书，行万里路"实践到了极致。上世纪七十年代，"踏遍千山万水，吃尽千辛万苦，说尽千言万语，历尽千难万险"的"四千四万"精神，诞生在无锡改革开放初代创业者的血脉里。霞客故里从走出家门、跋山涉水、锲而不舍、追求真知的文化积淀出发，提出"跳出江阴看江阴，面向世界看江阴，放眼未来看江阴"的口号，成就如今的"中国制造业第一县"，拥有规上工业企业超过2400家，61家上市公司大多分布在高端制造业。

从徐霞客"长江探源第一人"、近代先人一步的民族工商业振兴，到白天当老板、晚上睡地板开创乡镇企业的"苏南模式"，再到如今中国船舶七〇二所研制的"奋斗者"号探秘地球"第四极"……时空变换，无锡人敢于创新、敢于争先、敢于攻坚、敢于担当精神始终如一。

无论是"四千四万"精神还是"四敢精神"，敢为人先的鲜明气质为经济发展提供精神支撑。从实业报国到高质量发展，为国担当的人文基因为经济提供价值引领。

站在地区生产总值超1.5万亿元新起点，无锡从经济大市的地位和使命出发，在高质量发展上挑起大梁，既在经济增量上做出贡献，更在产业科技创新和先进制造业发展上提供更强支撑。

坚定实施产业强市主导战略，全面构筑自主可控、安全高效的现代产业体系。2023年，无锡在实战实效中推动创新驱动发展，战略性新兴产业、高新技术产业产值占规上工业比重分别达41.4%、52.3%，科技进步贡献率有望实现江苏省"十一连冠"。

——**赋能创新创造，增加经济价值、促进业态融合**。无锡早期的民族工商企业以棉纺织业、面粉业、缫丝业为主，为便于物资运输，大多沿运河布局。而今，随着工业遗产的活化利用，运河两岸的经济结构也在发生着变化。其中，以茂新面粉厂为代表的4家单位成了工业类博物馆，以开源机器厂为代表的6家单位改造为文化创意产业园，还有的成为景点、研学实践基地以及办公载体。有入驻运河文化创意产业园的企业负责人说，在运河边时时能与自然对话，更能激发创意与活力。

深入挖掘文化价值、创新文化表现形态、推动文化与其他经济业态深度融合，无锡梁溪区等运河沿线区域正在积极引导新兴产业、新型业态沿河集聚，使工业"锈"带变身为产业"秀"带。

当下，文化正从艺术、影视、出版等传统领域迈向创新赛道。前身是轧钢厂，如今是梦工厂。无锡华莱坞通过数字科技赋能产业革新，在物联网、人工智能、VR等技术的赋能下焕发新机，加速朝着电影工业4.0迈进。墨境天合、倍视传媒等800余家影视文化企业落户，推出《中国机长》《人世间》《流浪地球2》等一批影视佳作。

在此基础上，无锡又启动"华莱坞元宇宙世界"项目，落地7大主题馆（项目），涉及旅游、展览、演出、直播、购物以及剧本杀等多种应用场景，打开了"元宇宙+数字影视"创新发展的全新局面。

## 三、经济活化文化，焕发时代光彩

在新时代人文经济学的视域下，经济发展创造文化价值、构建文化环境、塑造文化精神，不断丰富文化内涵。

——**传统文化因经济加持焕发新的生机**。文化让经济拥有更深厚的底蕴，经济让文化创造更多元的价值。无论现代经济活动的内容，还是现代经济的演变，其间文化元素无处不在、文化内涵日渐丰富、文化现象层出不穷，这充分体现出经济发展的人文追求，激发传统文化的生机活力。

梅里古镇二胡广场吴歌台上，曲韵婉转、琴声悠扬。历史上，华彦钧（阿炳）、刘天华、蒋风之领民乐风气之先，《二泉映月》《光明行》等名满天下。如今，建二胡文化园、产业园，办高规格乐器展、演奏会，这里"二胡之乡"的名片越擦越亮。

深挖历史文化资源，在回应年轻消费者需求中弘扬传统文化。惠山古镇文旅综合项目将龙光塔、寄畅园、映月堂、惠山泥人博物馆等文化地标串珠成链，突出国乐主题，引领国潮风尚，让市民游客从山、泉、镇、乐中体会无锡风貌和传统文化。

无锡拈花湾文化投资发展有限公司董事长吴国平介绍，惠山古镇文旅综合项目立足于享誉世界的二胡曲"二泉映月"IP，生发出"二泉奖""映月堂"和"国乐之城"等新的精神、物质标签，从场景、情景和意境出发，为无锡创造新颖的时代名片。

在无锡，非遗传承保护利用持续加强，2023年泥人、精微绣、留青竹刻等销售增长69%。当下，无锡正进一步开发烟火、书香和山水为代表的"人文资产"。

一边是观众沉浸式欣赏锡剧《珍珠塔》、越剧《红楼梦》等经典剧目，一边是上百台无人机凌空表演——坐落于锡山区的九里仓轻文旅街区"以现代诠释传统"，以古典穿插现代的手法营造开放型城市购物公园和商业街区。"时尚街区、露天舞台"让市民和游客在品味美食、购物的同时，也能领略传统文化之美。

——**营造优良人文环境，铸塑新时代人文精神**。经济发展依托人文环境，人文环境促进经济发展。文化与经济的交融互动、融合发展重新构建文化环境，又成为经济发展的新环境，从而推动了经济的发展、文化的传承、历史的进步。

2023年11月，《无锡国专》纪录片开机仪式在梁溪区第二届发展大会上正式举行，旨在以无锡国专的非凡三十年历程，弘扬坚守民族文化自信、坚守国学教育、敦品励节、学行合一的"国专精神"

1920年，全国最早的国学教育机构——无锡国学专修馆开办，唐文治为馆长。三十年间，这里培养了数以千计的文化人才，走出了王蘧常、唐兰、吴其昌、蒋天枢、钱仲联、魏建猷、马茂元、周振甫、冯其庸、汤志钧、朱星、王绍曾……一批文史大家成为国内各大学中文、历史等各学系的顶梁柱。

除了创办无锡国专，彼时一批新式学校、文博场馆大多由实业家捐资兴办。崇文重教之风兴起，科学家、教育家、经济学家、文学家、音乐家、画家、外交家在无锡青蓝相继，"教授之乡""院士之乡"扬名天下。

经济发展促进文化兴盛，文化兴盛铸塑时代精神。2020年11月10日8时12分，我国自主研发的"奋斗者"号载人潜水器在马里亚纳海沟成功坐底，深度10909米，创造了中国载人深潜的新纪录。无锡原创舞剧《10909》2023年底成功首演，用艺术诠释大国重器与奋斗精神，再现"奋斗者"号研发和下潜至万米海底的场景，以丰富的舞蹈语汇，勾勒出中国船舶七〇二所三代科研工作者为中国载人深潜奋斗的壮丽历程，点燃无锡观众的文化热情与奋斗激情。

## 第三节　斗米尺布，垒筑幸福之城

"城，所以盛民也"。新时代人文经济学充分吸收了中华优秀传统文化中源远流长的民本思想，将"以人民为中心"贯穿中国式现代化道路的发展全过程。富民为始、政在养民；功以才成，业由才广；天人合一，和合共生……连续四年捧回"中国最具幸福感城市""中国最佳促进就业城市"奖杯，彰显无锡始终把增进人民福祉、促进人的全面发展作为出发点和落脚点，一丝一缕织就多姿多彩、令人向往的幸福之城。

## 一、明发展旨归，实现人民对美好生活的向往

城市是推动高质量发展、创造高品质生活、全面建设社会主义现代化国家的重要载体。在经济发展中惠及民生，在文化传承中造福百姓，把高质量发展成果转化为人民高品质生活，是一座城市部署工作、制定政策、推动发展的"原点"。出炉不久的"江南水乡·斗米尺布"文物主题游径，40多处文物点串联起"农桑锡纺工商兴"等六大文物主题。一斗米、一尺布，奠定了江南文化的物质基础，塑造了江南水乡的人文景观，更承载着人民对美好生活的向往。

**——在直面关切中改善民生，勠力增进民生福祉**。以人民为中心的发展思想，要体现在经济社会发展各个环节，需要坚持人民主体地位，顺应人民群众对美好生活的向往，不断实现好、维护好、发展好最广大人民根本利益，做到发展为了人民、发展依靠人民、发展成果由人民共享。

脏乱的"夹花地带"翻新成为农趣园，迎来华丽转身；荒芜的桥下空间被盘活，成为运动空间；路边可见公共休息座椅，机动车可免费停车30分钟，地铁上的夏日纳凉区、冬日加热座椅，妥帖照顾着人们的生活细节——无锡用显微镜体察民生细节，用绣花功夫推进城市管理，2021年以来已滚动实施"微幸福"民生事项5718件、下发62批重点督办事项清单，群众满意率100%。

滨湖区稻香片区，是锡式生活的"烟火气"的代表之一，也是"完整社区"规划的试验田。"怎么改，应当由居民说了算。"71岁的王荣庆成立"老娘舅工作室"，收集了上百条意见，雪片似的飞到了专家案头。同济大学现代化研究院城市更新中心专家陈文杰走街串巷，收集道路POI数据、通过GIS绘制居民出行热力图、运用VR设备模拟老街新颜。

寻常巷陌的所闻所见，日常生活的微末细节，最能体现一座城市的温度。冬日暖阳下的稻香广场，居民们闲坐聊天，不远处可见整治一新的东新河；1公里内有口袋公园、商业街区、儿童游乐场；出门15分钟可娱乐、学

习、就医；周边菜场、小吃成为网红打卡点，方便本地人也吸引外地人……"全龄友好"理念贯穿改造全过程，"老破小"焕发年轻态。

**——聚焦更高水平"民生七有"，促进人的全面发展。**"民生七有"，指的是"幼有所育、学有所教、劳有所得、病有所医、老有所养、住有所居、弱有所扶"。无锡的目标，是聚焦人民群众的获得感、幸福感、安全感，形成更多惠民生、暖民心、解民忧的务实举措，推动实现更高水平"民生七有"，让生活在无锡的每一个人感受到"稳稳的幸福"。

聚焦劳有所得，2023年城镇新增就业16.4万人，新增就业困难人员再就业2.4万人，发放失业保险稳岗返还资金6.22亿元；实现幼有所教，新建义务教育学校、幼儿园31所，启动建设市盲聋学校；推动老有所养，新建及提升改建街道综合性养老服务中心11家，实现街道全覆盖，新建及改建提升助餐点80个，累计建成区域性助餐中心133家，助餐点近600个；开工建设无锡市文化艺术中心、无锡交响音乐厅、无锡美术馆三个重大文化设施，从东林书院、荡口古镇等景区，到社区、医院、地铁站，小而美的文化空间让市民"触手可及"。

接续推进民生服务，无锡集中力量抓好办成一批群众可感可及的身边实事。无锡市2024年政府工作报告提出，将多元拓宽富民渠道，制定出台提高城乡居民收入政策措施；扎实推进低收入人口动态监测和精准帮扶、全民参保扩面专项提升行动；扎实推动农民工纳入城镇住房保障，让新市民更好融入城市生活；更大力实施托育服务扩容提质行动，新增普惠托育机构20家，确保镇街覆盖率提升至85%以上、每千人口婴幼儿托位数达4.5个，建设儿童友好试点社区30个……一项项民生新承诺，托举起更加充实、更有保障、更可持续的获得感幸福感安全感。

## 二、聚天下英才，以人才强市为发展的动力源

科技是第一生产力、人才是第一资源、创新是第一动力。城市的发展，

离不开各类人才的积极性、主动性、创造性。无锡坚持把人作为推动高质量发展中最具活力、最具创造性、最具能动性的要素，集聚起16.64万高层次人才、2.16万留学归国人才、51.12万高技能人才的高质量人才队伍，不断激发高质量发展的强劲动能。

——**立体施策赋能，打造爱才"金招牌"**。将惜才、爱才融进城市脉动，让人才与城市彼此成就、共同成长、双向奔赴，无锡打造对人才发展全生命周期的立体化支撑。

近年来，连续举办"太湖人才峰会"，持续优化升级"太湖人才计划"，为人才提供一个走进无锡、认识无锡、爱上无锡的窗口，以城市之名共启创新创业征途。2023年，无锡又发布了机制创新提效、人才队伍提档、平台载体提级、资源配置提优、营创环境提质等"强智聚才"工程五大行动，"无比爱才，锡望您来"金字招牌越擦越亮。

锚定物联网产业，全国首批、江苏唯一的海归小镇落户无锡经开区，从一站式政务服务、高品质住房保障，到医疗、教育，保姆式服务贯穿始末。连续两年举办"人才服务季"，围绕安居、健康、金融、就业、出行、婚恋、乐游等七大主题，推出各类人才活动超百场。其中"人才房"优惠购，累计让利超4亿元。

如今，从诺奖得主到中外院士，从优秀大学生到技能型人才，各类人才来无锡都能找到相应的政策支持。

——**营造发展生态，增强人才获得感**。人才来不来，取决于创业就业生态。无锡坚持以产才融合为导向，不断在更高层次、更大范围汇聚优质创新资源，日益壮大的新兴产业，更持续吸引有志之士奔赴"风口"而来。

毕业于英国帝国理工学院的黄阳之而立之年回到无锡，正是看到了家乡倾力打造未来产业"生态圈"的前景。他创办的科技公司致力于AR创新应用，从初创时的6人小组到目前50多人的研发团队，企业估值已经破亿元。

无锡先后设立太湖人才系列基金，总规模超12亿元。其中，太湖人才成长一期基金设立3年多来，围绕无锡现代产业集群，在集成电路、生物医药、新能源、新材料等行业重点布局，完成了16个重点项目投资，人才项目覆盖率100%。

    ——**开掘人文资源，升温城市吸引力**。城市人文资源既包括自然资源和精神资源。对人文资源的开掘，关系一座城市的个性与品质，其包含的荣誉感与归属感，使市民与人才对城市产生心理沉淀，使城市产生强大的磁性效应，形成了巨大的向心力、凝聚力，成为提升城市吸引力与竞争力的源泉。

    阳山镇以盛产水蜜桃出名，院士小镇落户于此。2023年5月，中科院院士、华中科技大学无锡研究院院长丁汉在这里认领了一棵"士林"桃树，盛夏即收获了甜蜜。2021年以来，已有73名院士结下了"甜蜜之约"。

    在无锡滨湖区，一半以上的面积是水，剩下的面积四分之一是山，自然山水中坐落着12家省部属科研院所、7个省级以上重点实验室，拥有7名中国工程院院士，获国家科技进步奖、技术发明奖22项，省级科学技术奖104项，高新技术产值占规模以上工业总产值比重76.35%。

    在连续五年入选"中国年度最佳引才城市"称号之后，无锡又接连抛出了引才三个新目标：海归第一站、双创首选地、营创最优城，以吸引更多人才前来追逐人生理想、开启美好生活。

## 三、促和谐共生，从人与自然关系高度谋划发展

    纵观人类文明发展史，生态兴则文明兴，生态衰则文明衰。工业化进程创造了前所未有的物质财富，也产生了难以弥补的生态创伤。无锡正努力走出一条生态环境"高颜值"、经济发展"高素质"的绿色转型之路，奋力描绘人与自然和谐共生的美好画卷。

    ——**遵循治湖规律，唱响新时代"太湖美"**。面对太湖治理这一"国之大者"，无锡科学施策、久久为功，坚持把太湖治理作为系统性标志性工程，持续强化外源减量、内源减负和生态修复、应急防控、能力提升，2007年至今累计实施7278个治太重点工程，市本级投入达1252亿元，太湖一级保

护区建成"无化区"。

蓝藻防控是"美容养颜",河道清淤是"畅通血管",涉磷企业整治是"肿瘤切除",生态修复是"调理气血",结构调轻是"改变生活方式"……翻看治太工程清单,就如同打开了一张给太湖"疗伤"的精准药方。

过去一年,治太成效取得"四个首次":太湖无锡水域湖心区近年来首次实现年度Ⅲ类水质、2007年以来首次全年未出现异常水体、综合营养状态指数首次低于55、生态环境部首次将太湖水质评为"良好"等级,水质、藻情均创16年来最好水平。

**——全域生态治理,全方位提升"含绿量"。**"把整个无锡当作太湖一样来呵护。"无锡市委十四届五次全会指出,要把建设美丽无锡摆在现代化建设的突出位置,更大力度协同推进降碳、减污、扩绿、增长。

锡东新城获评全省首批城乡建设碳达峰碳中和先导区,宜兴获评国家"绿水青山就是金山银山"实践基地,新吴区创成国家生态文明建设示范区(市),13个绿色工厂、5家绿色供应链管理企业、1个绿色园区入围国家级绿色制造示范名单……

让城市山更青、水更绿,无锡坚定聚力绿色低碳转型,厚植高质量发展的生态底色。近年来累计压减钢铁产能655万吨、水泥产能900万吨,淘汰印染产能4.45亿米,关停化工企业3000余家,产业结构及空间布局不断优化,主城区重污染企业"清零"。同时积极研发零碳技术、建设低碳企业、打造近零碳园区,加强风电光伏、氢能储能、节能环保等绿色产业发展,全面推进工业、建筑、交通等领域清洁低碳转型。

自然生态之美、绿色生产之美、人居环境之美在太湖之滨交相辉映、美美与共。2023年,无锡开展"三清三治"农村环境卫生专项整治,新增省特色田园乡村13个,建成美丽幸福河湖680条,第二轮中央生态环境保护督察反馈问题、国家长江经济带警示片披露问题完成年度整改任务……全市PM2.5平均浓度、空气质量优良天数比率改善幅度位列江苏省第一。

# 第四节　履践致远，谱写时代华章

城以文兴，成就无锡的过往；以文兴城，开创无锡的明天。在奔赴中国式现代化的壮阔实践中，无锡高举新时代党的文化旗帜，更好担负起新的文化使命，传承人文基因，弘扬传统文化，铸塑人文精神，蓄力谱写新征程的人文经济时代华章。

## 一、传承、守护好江南文脉，让传统文化与现代文明交相辉映

"求木之长者，必固其根本；欲流之远者，必浚其泉源"。推动文化传承赓续出新、文化事业普惠出彩、文化产业硬核出圈，成为一座城市传承文脉、弘扬优秀传统文化的题中之意。汲古润今，与古为新，无锡努力让江南文脉绵延不绝、奔流向前。

**——创造性转化、创新性发展，赓续江南千年文脉。**从文脉传承的历史视角、国家战略的宏阔视野，审视和探讨江南文化的深厚底蕴和当代价值，提炼和展示江南文化的精神标识和文化精髓——近年来，无锡连续举办江南文脉论坛，倾力打造江南文化品牌的重要窗口，延续文化根脉、留住无锡记忆，擦亮"太湖明珠 江南盛地"城市文化品牌。

钱钟书故居的第三、四进已升级改造成为"钟书客厅"，不仅复原了钱钟书创作的情景，还包含了数字化、沉浸式、"阅读+"等新型文化产品。唐诗三百首编撰者孙洙和世界语学者孙国璋的故居，如今成了一家品牌书店，依然是充满活力的文化场所……

推动江南文脉创造性转化、创新性发展，在无锡已成共识、化作行动。出台文物保护工作、"百宅百院"活化利用等三年行动计划，累计投入近4亿元；高位推动大运河、长江两个国家文化公园建设，设立专门研究院和发展基金；实施地域文明探源工程，启动编撰《无锡史》，锡剧、紫砂、泥人、

二胡等文化标识影响力日益扩大……在守护中开掘新深度，在创新中拓展新境界，无锡正成为世界读懂江南的重要窗口。

**——精准提炼文化原动力，打造新时代人文地标**。文化是流动的、变化的、可塑的，中华5000年文明之所以可以流传下来，是因为适应了不同时代的需要，不断被注入属于不同时代的活力，最好的保护和传承，就是抓住优秀传统文化的"灵魂"，坚持古为今用、吐故纳新、推陈出新，活化为人们喜闻乐见的生活方式，走进现代人的生活里。

唐风木作，宋制飞梁，让人梦回古代；香月花街一步一景，拈花塔下风铃叮咚……龙年春节的无锡拈花湾，一面是年味花灯流光溢彩、非遗国潮扑面，一面是人流如织、12.4万人次的大流量创造了门票、住宿、餐饮等文旅综合收入近3000万元，成为观察人文经济学实践的一扇窗口。从一张白纸到一路风景，从隐于乡野到闻名于世，这里开创了中国文旅小镇建设"无中生有"的创新模式。

"我们要按照'让收藏在博物馆里的文物、陈列在广阔大地上的遗产、书写在古籍里的文字都活起来'的标准，打造能代表无锡人文经济的精品力作。"拈花湾文旅董事长吴国平说。

拈花湾尽展唯美禅意空间，金陵小城再现六朝风雅，尼山圣境打造儒家文化世界级"窗口"……近年来，拈花湾文旅探索传统文化的现代生成，对传统文化予以可观可感的形象化再造，让大众沉浸其中，打造的文旅项目个个皆为"爆款"，实现以文彰旅，在新时代文化画卷里留下地标。

## 二、以文培元，以文聚力，激活奋进不息的人文能量

历史发其源，文化铸其魂。守住我们的根和魂，需要物质上的继承保护，更需要精神上的积淀与升华。江南文化，既是无锡人杰地灵的精神源泉，也是促进无锡蓬勃发展的不竭动力。

**——以文化人，蕴育城市精气神**。中国式现代化是物质文明和精神文明

相协调的现代化，需要满足人民精神需求、开阔人民精神空间、增进人民精神力量。

巷陌烟火，既满足了精神文化需求，也蕴育着城市的精气神。在与钱钟书故居一街之隔的后西溪社区钟书房，人们可以在这里聆听钱钟书经典文学作品片段、免费借阅著作，也可以点杯咖啡消磨时光。在无锡，造型各异、功能不同的钟书房已超过100所、遍布城市角落。

一座城市的独特性，在于文物古迹等物化文明印记，更在于历史积淀下的人文精神：无锡东林书院领袖顾宪成所撰"风声雨声读书声声声入耳，家事国事天下事事事关心"的名联，尽展家国责任；"九一八"事变爆发，考入清华时国文历史满分、物理只有5分的钱伟长毅然弃文从理，终成中国近代力学之父；从荡口出发，王莘在天安门广场前为祖国欣欣向荣的情景打动，一曲《歌唱祖国》传唱至今；信知暮寒已轻浅，盛放东风第一枝，胡福明勇开思想先河，写下《实践是检验真理的唯一标准》……

提跳腾挪行云流水，举手投足飒爽利落——江阴推进"锡剧进校园"工程，20所小学组建"小锡班"、6000多学生加入。参与的小学生说，"每部戏都是一个历史故事，我们学习锡剧，就是要把其中的文化和精神传下去。"

**——以文兴业，培育新质生产力**。近代以来，锡商群体打拼出无锡产业的深厚基底，造就了无锡经济的持续繁荣。历经岁月洗练，"经世致用""义利双行""尚德务实"等人文精神已融入无锡的城市血脉；当下的无锡，正发扬工商文化中开拓务实的精神，凝聚中国式现代化的内在动力。

2024年3月10日，无锡丁蜀低空经济产业园在宜兴奠基，低空旅游航线、空客直升机、物流无人机研发制造等总投资超50亿元的一批重大项目集中签约入园；一天后，江苏省首条无人驾驶低空航线和全省首个低空运营管理平台分别在无锡梁溪区和经开区立项启动。万亿级低空经济新赛道上，无锡先行启航……

直面新一轮科技与产业变革浪潮，"敢创人先、坚韧刚毅、崇德厚生、实业报国"的"锡商精神"，至今激励无锡企业家在最尖端、最前沿领域向高端攀升，大力培育发展新质生产力。

百年工商名城，迸发勃勃生机。未来产业是重塑全球创新版图与经济格局的关键力量。无锡对此高度重视，在全市"465"现代产业集群中提前布局人工智能、量子科技、第三代半导体、氢能和储能、深海装备等5个重点赛道，并持续扩展人形机器人、商业航天、合成生物、高端膜材料等新领域，系统构建面向长远的"5+X"未来产业发展体系。

### 三、交往交流交融，涵养城市兼收并蓄的胸怀气度

今天的江南，是世界经济、文化版图中最具创新活力的区域之一。经济的全球合作紧密、人文的国际互动频繁，持续扩大无锡在海内外的影响力和美誉度。

——**开放创新的经济形态，持续培育城市竞争能级、扩大城市影响力。**改革开放之初，红豆成为无锡第一个亿元乡镇企业；进入新时代，首创中国特色现代企业制度；为响应"一带一路"倡议，又联合中柬两国企业打造柬埔寨西哈努克港经济特区，成为新样板……一颗红豆的成长之旅，成为锡商精神的鲜活注脚。

坚守实业是底色，开拓创新是境界，面向世界是格局。2023年2月，在德国法兰克福举办的国际全品类消费品展览会上，江苏凤凰画材公司的系列高级颜料新品和画框画板，凭借新颖外观和优异性能，获得国际采购商青睐。

这只锚定艺术产业赛道的"金凤凰"，创业之初仅有8名员工。从一开始就对标国际标准，不断改进油画工艺和品质，如今凤凰画材已成为国内最大画布生产出口企业、世界第二大画布生产商，实现了从生产采购到品牌市场全链条式的国际化。

访问友城、城市推介、招才引智……2023年8月，无锡经贸代表团奔赴中东和英国，分别促成38.61亿美元的34个项目、超22亿美元的20个项目签约，

向国际展现了江南工商名城的经济活力、城市魅力和投资潜力。

**——开放交融的文化生态，不断丰富城市文化色彩、提升城市美誉度。**中华文明经历五千多年历史变迁，始终一脉相承，并不断地通过文化交往与融合，积淀起中华文明最深层次的智慧与追求，为中华民族生生不息、发展壮大提供了丰厚滋养。一座城市优良的文化生态，同样离不开不忘本来、吸收外来的开放包容与兼收并蓄。

歌剧《二泉》登上中国最高艺术殿堂国家大剧院，将阿炳的传奇一生娓娓道来；经典锡剧《孟丽君》首次在香港公演赢得满堂喝彩；"一带一路"现实题材舞剧《南国红豆》赴柬埔寨、泰国巡演5场，令当地观众感动落泪；中加合作原创舞剧《寻》开启北美巡演，探索中西方文化艺术融合。

提升城市气质，扩大无锡文化在海内外的影响力和美誉度。正如耶鲁大学学者托马斯·博格所言，江南文化海纳百川，江南人的文化自信也是世界需要的一种自信，江南文化的崛起为世界提供了另一种成功的路径。

月悬当空，余音缭绕。新年第一天，"无锡交响·世界听见"新年音乐会上，无锡交响乐团首次整建制亮相，乐团66名海内外青年演奏员通过全球招聘加盟而来，并计划今年推动"四大名著"原创交响计划，还要前往日、韩、新加坡等地巡演，不断扩大国际"朋友圈"。一曲最新创作的《无锡序曲》与传统江南小调不同，恢弘大气、豪迈澎湃，正如这座城市的发展之音，让世界听见。

# 结语

诗意与繁华相融，人文与经济共舞。

南北交融、古今熔铸、人文经济相生相融的淬炼，造就了这里的独特气韵。昔日，学贯中西的宜兴人吴冠中，把油画与传统艺术审美融合绘就水墨江南；当下，青砖白墙、小河流淌的古镇与纵横交错的现代桥梁、地铁、空港交汇于同一时空。

承载千年江南文脉，在时代潮流中不断焕发新彩。无锡秉承新时代人文经济学提供的启示，结合本地区发展实际，从优秀传统文化中汲取人文养分，实现文化与经济的交融互动、相互激荡。

京杭大运河和无锡环城古运河交汇处，一座集米市文化、运河文化、体育文化、娱乐文化、生态绿化、旅游休闲为一体的运河艺术公园已整体开园。"往来千载——徐悲鸿无锡艺术特展"回到故乡，其中包括家喻户晓的《群奔》，神采飞扬的六匹奔马和自强不息、勇猛精进的精神姿态，恰似中国现代美术史上著名写实主义倡导者徐悲鸿对家乡的最佳"写实"。

文化为魂，点亮城市。一代代人生生不息的奋斗，永远是这片土地最鲜活的注脚，创造历史，也必将筑梦未来。

（此智库报告在"新时代人文经济学无锡研讨会"上正式发布。

会后，在新华网客户端、新华网全文发布）

江苏无锡太湖鼋头渚景区景色（2024 年 3 月 21 日摄），新华社记者季春鹏摄

# 经济和人文共同繁荣：人文经济学的真谛

洪银兴

2023年全国两会期间，习近平总书记在参加江苏代表团审议时指出："上有天堂下有苏杭，苏杭都是在经济发展上走在前列的城市。文化很发达的地方，经济照样走在前面。可以研究一下这里面的人文经济学。"人文经济学说的是文化与经济的相互交融相互促进、相得益彰。现实中不是所有地方都能做到人文与经济完美结合的。有的地方文化发达但经济未必发达，有的地方经济发达但文化并不繁荣。以苏杭为代表的江南地区，经济发达且文化繁荣，可以说是人文经济学的一个实践样本，对推进物质文明和精神文明相协调的中国式现代化具有重要的样板价值。

## 物质文明与精神文明相协调是中国式现代化的重要特征

与西方式现代化单纯追求物质层面的现代化不同，中国式现代化是物质文明与精神文明相协调、不断促进人的全面发展的现代化。党的二十大报告指出："物质富足、精神富有是社会主义现代化的根本要求。物质贫困不是社会主义，精神贫乏也不是社会主义。"对照建成富强民主文明和谐美丽的社会主义现代化强国目标，中国式现代化就是要"促进物的全面丰富和人的全面发展"。人的全面发展就是人的现代化，人的现代化关键是实现以文化人。

丰富人民精神世界是中国式现代化的重要方面。人的精神文明程度的提升，即人的思想素质、观念和思维的现代化，它既是现代化的目标，也是现代化的手段。中国式现代化需要发展社会主义先进文化,增加先进文化的供给。难以设想一个国家和地区经济上达到现代化后还是文化的沙漠,也难以设想人在物质上富有但精神上空虚会成为现代人。中国式现代化不只是表现在经济上进入世界强国之列,还表现在建成文化强国。

文化现代化与经济现代化是有区别的。经济现代化存在追赶西方发达国家的问题,文化现代化不排斥对世界优秀文化的学习和交流,不完全是追赶西方发达国家,也不是文化的西化,而要体现文化自信。中国有五千年的文化底蕴和积淀,有条件在保持传统文化优势的基础上,高起点发展体现时代和科技特征的社会主义现代文化,推动中华优秀传统文化创造性转化、创新性发展,实现党的二十大报告提出的"发展面向现代化、面向世界、面向未来的,民族的科学的大众的社会主义文化"。这说明马克思主义基本原理同中华优秀传统文化相结合,可以产生强大的精神力量。

## 经济发展的文化支持

文化的作用在于以文化人。文化实际上是一种道德观、价值观的体现。从苏杭地区的传统和实践来看,人文与经济融合就体现在价值观道德观的长期涵养上,通过"以文化人"实现"以文化经"。

人文精神的涵养在于解决人的价值观和道德观问题。经济学中一直有"经济人"假设,最为典型的是亚当·斯密在其发表的《国富论》中提出的"看不见的手"的假说:每个人都只关心自己的利益,在一只看不见的手的指引下,最终实现社会的利益。于是就有市场经济就是追求自身经济利益之说。殊不知亚当·斯密同时又发表了《道德情操论》,弥补了单纯追求私人利益的市场导向的价值观的缺陷。诺贝尔经济学奖得主诺思在解释制度变迁时指出,将什么都解释为人们按自我利益行事的理论,不能解释问题的另一面,即社会利益的实现并不都是在大家追求自身利益中实现的。诺思所推崇的企业不应仅追求自身的利润目标,还应有主动实现社会目标的意识形态。

"其基本目的在于促进一些群体不再按有关成本与收益的简单的、享乐主义的和个人的计算来行事。"这种意识形态主要是指社会强有力的道德和伦理法则。

在中国式现代化进程中以文化人的作用在于对各个市场主体经济行为进行人文精神的引导。这对推进中国式现代化有十分重要的意义。中国式现代化所要促进的人的现代化就是要以社会主义核心价值观为引领，用社会主义核心价值观铸魂育人。要建设具有强大凝聚力和引领力的社会主义意识形态，巩固和壮大奋进新时代的主流思想舆论，坚定推进中国式现代化的理想和信念。

首先，弘扬承担社会责任的企业家文化。企业文化是企业家道德观、价值观的体现。企业竞争力一定意义上说是企业文化的竞争力。企业不只是赚钱的机器，企业活动所要实现的价值不仅是物质的价值，还要实现企业的文化价值。企业唯利是图是一种文化，企业承担社会责任也是一种文化。习近平总书记考察南通博物苑时对企业家文化给予充分肯定，并指出，"张謇在兴办实业的同时，积极兴办教育和社会公益事业，造福乡梓，帮助群众，影响深远，是中国民营企业家的先贤和楷模"。近代以来苏杭地区依托人文精神涵养的企业家文化可以概括为三种文化：一是家国情怀，就是如张謇那样在本地办实业，积极兴办教育和社会公益事业，造福乡梓，承担社会责任的文化；二是企业家的创新文化；三是集体富裕的文化，改革开放初期被誉为苏南模式精髓的集体富裕，就是这一地区人文精神的延续和体现。显然，苏杭地区长期的人文精神涵养以及世代传承的企业家文化，造就了这一地区经济和文化的共同繁荣。在人文与经济融合中推进中国式现代化，就需要培育这种企业文化，造就勇于承担社会责任、具有家国情怀的中国式企业家。

其次，注重中华传统美德的涵养。中华传统美德是反映中华文明的重要方面。苏杭地区，无论是发展乡镇企业，还是引进外资，或是发展创新型经济都能走在前面，其中的一个重要原因就是这里的人力资本雄厚。其背后的人文精神就是崇文尊师重教的文化传统。古代的状元、现代的院士出自这一地区居多。基础教育水准一直领先全国。这种文化传统不仅促进了经济发展所需要的人力资本积累，而且提高了人的精神文明程度，这也是高科技企业较多落户于此地的主要原因。公民道德可以说是人的现代化之本。党的二十大报告指出，要提高全社会文明程度，实施公民道德建设工程。其内容就是加强家庭家教家风建设，推动明大德、守公德、严私德，提高人民道德水准和文明素养，由此形成中国式现代化坚实根基和力量。

再次，构建相互信任的营商环境。现代化的营商环境不仅指法治化环境，还涉及诚信文化环境。在制度经济学中属于非正式制度安排。市场经济是契约经济，相互信任的社会关系网络是不可多得的社会资本。讲诚信守信用的营商环境能形成外资蜂拥、客商云集的效应。诚信文化所形成的互惠性的社会关系网络会使实施合同、规范和维持市场秩序成为共识，从而降低交易成本和制度性摩擦。这种诚信作为一种文化，不是一朝一夕形成的，而是长期的文化积淀所形成的社会共同遵从的道德规范。

最后，促进人的观念达到现代水准。现代人文精神，就是要"既传承历史文化、又融合现代文明"。现代人是具有现代知识、现代观念、现代思维方式和现代行为方式的人。就如诺贝尔经济学奖得主缪达尔指出的："现代技术跟随现代思想而出现。你不能以古代的思想去掌握现代工具。"理念、观念就是一种文化。人的观念现代化是指人的心理态度和价值观念从传统向现代的转化。中华文明之所以能绵延不断就在于其文化的不断创新，即创造性转化、创新性发展。这就如《共产党宣言》所指明的，"它在自己的发展进程中要同传统的观念实行最彻底的决裂"。推进中国式现代化需要冲破传统思想观念的障碍和束缚，对中国式现代化形成共识和认同。进入新发展阶段，需要突破在低收入发展阶段的发展理念，从而克服发展范式上的路径依赖。其中包括：由固步自封不思进取的观念转向勇于改革创新的理念；改变过去的单纯追求高速度的增长理念，转向高质量发展理念；从掠夺自然资源、支配自然的观念转向保护自然并与自然和谐共生的绿色发展理念；从追求一部分人富裕转向全体人民共同富裕的理念。

# 文化繁荣的经济支撑

2023年7月，习近平总书记在苏州考察时指出："苏州在传统与现代的结合上做得很好，不仅有历史文化传承，而且有高科技创新和高质量发展，代表未来的发展方向。"促进经济发展的人文精神基于深厚的文化积淀，以及优秀传统文化的承继和创新性发展。推进中国式现代化，把马克思主义基本原理同中华优秀传统文化相结合，不仅有历史文化传承，而且有高科技创新和高质量发展。这就需要在保持传统文化优势的基础上，高起点发展体现时代和科技特征的现代文化，满足人民群众日益增长的精神生活需要。在这方面经济对文化的支撑是不可或缺的。

第一，文化繁荣需要在经济发展的同时增加文化供给。其中包括群众参与并享用的文化设施的现代化，健全现代公共文化服务体系。满足各种文化消费层次需求的各级各类作品丰富多彩，坚持以人民为中心的创作导向，推出更多增强人民精神力量的优秀作品，从而形成消费者对自己文化的认同和自信。为此，除了增加文化投入外，文化繁荣也需要采取有效的经济方式。

第二，文化产业成为主导产业。党的二十大提出繁荣发展文化事业和文化产业。文化产业的现代化要在明确方向和主流价值观的前提下，靠创意传承、创新发展和创造转化，靠科技支撑文化产业发展。中国文化的现代化需要利用各种现代技术手段，依靠高科技和创意把影视作品、体育品牌、书刊等通过各种文化载体将自己的优秀传统文化和现代文化向国人和世界传播，展示自身软实力。

第三，科技赋能，让教育和技术"赛跑"。既然是赛跑，就有谁先谁后的问题。马克思基于生产力发展规定的未来社会特征是："创造可以自由支配的时间，也就是创造产生科学、艺术等等的时间。"自由时间是衡量未来社会财富的重要尺度。自由时间是每个人分享历史上遗留下来的科学、艺术、交际方式等文化成果，从而发展自由个性的保证。这种状况正是中国式现代化所要求的提高人的精神文明程度。科技赋能不仅是以科技创新促进技术进步，同时也能促进文化的传承和创新。教育与技术赛跑要求教育走在技术进步的前面。教育的功能不仅在于传播人文方面的知识，也在于传播科学方面的新知识。现代产业的基础是革命性的，尤其是数字经济条件下，大数据、算力和算法以全新的科技推动发展，人工智能不仅从根本上改变了生产方式，而且带来了深刻的社会变革。这也就是习近平总书记所强调的"新质生产力"。面对日新月异的知识创新和技术进步。教育应该与之赛跑，走在技术进步的前面。各个层次的教育体系和教学内容以足够快的速度跟上数字经济和人工智能科技进步步伐。同时要在劳动者终身教育机制建设中克服"数字鸿沟"，促使劳动者终身学习，不断更新自己的知识结构，成为全面发展的人，增强现代化条件下的就业能力。

总的来说，现代化不能只见物质不见人，只讲经济不讲人文，而是一个精神变物质、物质变精神的过程。教育、科技、人才是全面建设社会主义现代化国家的基础性、战略性支撑。文化与经济相互支持和共同繁荣，就能高质量推进中国式现代化。

*（作者系南京大学原党委书记，*
*此文系作者在新时代人文经济学无锡研讨会上的主旨演讲）*

# 文脉·城脉·智脉

## ——长三角人文经济版图中的无锡担当

金伟忻

人文的边界很宽，包含着人类社会的各种文化现象———它是绵延千年的历史，是鲜活不朽的传说，是文学中传递的醒世理念，是诗词歌赋中的文采意象，是音乐舞蹈艺术中的旋律审美，是用刚柔线条勾勒中的书画天地，是粉墙黛瓦背景下的临水人家，是叠山理水独具匠心的园林意趣，也是能工巧匠手中精美器物的别样塑形……

让经济融入人文，让人文浸润经济，推进人文与经济的双向赋能，是长三角始终走在中国发展前列的内在动能之一，也是高质量发展的必然需求。

## 文脉：江南文化中的"无锡基因"图谱

审视中国人文经济版图可以发现一个现象：传统文化厚重的地区，未必是经济发达地区，但经济发达的地区往往是文化多元传承的地区。只有我们以"当代"的视角去回溯"古代"的历史事件与文化细节，才会深刻感知到人文的"一脉相承"。无锡是江南文化的源头之地，追溯无锡千年岁月中的历史事件和文化细节，可以打开对人文经济互动关系的理解思路。

3200多年前创建勾吴国。泰伯仲雍从北方南迁，落脚梅里，筑建三里二百步城堡。这里是历史性变革的现场，拥有独特文化堆积层的颜色。一是礼让。泰伯和仲雍站在了道德制高点。孔子说：泰伯可谓至德矣，三以天下让，民无得而称焉。二是殷富。这是江南经济发展最早的根基，殷富了才有文化的影响力和感召力，也是勾吴国崛起并传承600年的重要条件。

江南最早的水系治理——一河九泾的水系格局。泰伯开挖了江南最早的人工河——伯渎河，早于大运河700年。梅里有四条泾：香泾、洋泾、龙泾、梅泾；鸿声境内有四条：跨长泾、鸭沙泾、啸傲泾、毛家泾；荡口境内有一条：界泾。目前，除了龙泾淹没外，其他的依然在流淌。一条河决定一方水土的百世昌盛。伯渎河开启了苏南"水城时代"的基本格局——城市沿河而建，民居沿河而立。

吴国城市迁移：公元前515年，"阖闾立，始迁都姑苏"。从泰伯、仲雍，到寿梦、夫差，25代君王传承，结束了梅里600多年的吴国历史，承担了引领江南文化发展的"上半场使命"。从长三角城市发展史的角度看，阖闾大城的兴起，是长三角文化板块的第一次崛起，为江南文化根植了绵延千年的文化基因。

书院文化与家族义庄人才群落。创建于公元1111年的东林书院是无锡历史上令人瞩目的文化现象，明代万历三十二年由东林学者顾宪成和高攀龙重修，倡导"读书、讲学、爱国"精神，有"言天下书院者，首东林"之誉。范仲淹"先天下之忧而忧，后天下之乐而乐"的忧乐观与东林书院"风声雨声读书声声声入耳，家事国事天下事事事关心"的铮铮傲骨，建构起士大夫和知识分子家国情怀的核心价值。此外，无锡华氏义庄、胡氏义庄、钱氏义庄等也具有很大影响力，是江南人文经济学的重要组成部分。以钱氏义庄为例：走出了国学大师钱穆和共和国五位院士：钱伟长、钱易、钱俊瑞、钱临照、钱令希。

"以古人之规矩，开自己之生面。"厘清地域的人文基因图谱意义在于：一是有利于从地域深厚的历史积淀向人文资源增值开掘转化；二是有利于从地域性文化记忆向现代性融合转化。

## 城脉：长三角人文经济版图的地域人文品格

每个城市都有其独特的成长和发展历史，其中绵延着生生不息的城脉。长三角城市群之间，不只是产业集群链接，区域经济链接，更是人文要素的多元链接。正是在这种持续的认同与链接中，才形成了丰厚绵延的江南文化。人文经济学的视野需要跳出习惯的行政地域思维，确立其更为宽广的地域时空观，看区域性人文经济版图，看人文与经济的多元互动，看地域人文资源的定位与转化。

历史维度——在一脉相承的底蕴中感知城市品格。在江南文化历经千年的演进历程中，人们看到了从农耕时代的礼让文化、盐业文化、工商文化，到江海文化、工业文化，再到网络文化与智能文化的迭代历程。在长三角城市群的人文版图中，每个城市既是一脉相承的，又都有其独特的人文品格。无锡拥有"开拓进取、外柔内刚、敏察善纳、担当不屈、敢为天下先"的城市品格。从泰伯仲雍奔吴时"文身断发，示不可用"的义无反顾，到东林书院"纵然伐尽林间木，一片平芜也号林"的铮铮傲骨，这背后是无锡人敢为天下先的家国情怀。

地域维度——在江湖河海地域区位中呈现"江南诗画"。长三角是横枕在江海河湖之上的，这里兼容了江、河、湖、海的地理禀赋。这里有太湖之水的烟波浩渺，有长江之水的奔腾不息，有运河之水的蜿蜒灵动，还有黄海和东海之水的博大辽阔。将地理资源赋予其人文色彩，就构成了唐诗宋词等历代诗词歌赋中风韵无限的"江南诗画"。"孤帆远影碧空尽，唯见长江天际流"，这是长江的壮阔；"夜市桥边火，春风寺外船"这是大运河的繁忙；"烟渚云帆处处通，飘然舟似入虚空。"这是太湖的浩渺。"襟江抱湖、运河串城"。无锡拥有山水城市风貌体系——"秋满梁溪伯渎川，尽人游处独悠然，平墟境里寻吴事，梅里河边载酒船。"这是赵孟頫《夜泊伯渎》中的诗情。

交通维度——从交通畅达的同城效应中品味人间烟火。这是一个高铁高速纵横奔赴的时代。交通的便捷和快捷，一方面放大了同城效应，另一方面也加快了人文与经济的互动互融。人间烟火气，最抚凡人心。城市的烟火气是衣食住行，是市井百态，是古村、古镇、古城和园林中的凝固建筑，是舌尖上的风味美食，是能工巧匠手中的匠心制作，它凝聚着一座城市的灵魂。无锡人均生产总值多年来一直保持全国大中城市首位，多年蝉联"中国最佳促进就业城市""中国最具幸福感城市"，幸福感的背后，无不是满满的"人间烟火气"。在同城效应中，活化人文底蕴，传承千年文脉，需要不断强化"舌尖上的记忆"，彰显"乡愁中的记忆"，活化"传统经典里的审美记忆"。这些都是生生不息的活态文化，也是最能浸润人心的力量。

## 智脉：打造现代化先行区的无锡使命

江苏的光荣使命之一，就是"在率先实现社会主义现代化上走在前列"。在苏南和长三角城市群中，无锡已经创造出丰厚的物质财富，积累了发展新质生产力的深厚基础，在人文与经济的融合创新中极具引领者的底蕴与潜力。

在人文与创新精神的交融中争当先行者。秉承"泰伯奔吴"绵延千年的人文传统，无锡把开拓和创新融进城市的灵魂。正是源于这种人文品格和精神，无锡在近代成为百年工商文化的淬炼地，曾经有"小上海"之誉；改革开放以后，无锡的乡镇企业异军突起，县域经济发展持续位居全国前列，成为"苏南模式"的发源地之一；党的十八大以来，在实现全面小康和开启全面建设社会主义现代化国家新征程中，无锡肩负着实现中国式现代化先行区的光荣使命。无锡有底气成为创新发展的先行者。

在人文与新质生产力的融合中勇当探索者。无锡是现代产业集群的富集区，是高新企业和高层次人才的集聚区，是新质生产力的活力区。从发展新质生产力的层面看，无锡全社会研发经费投入占生产总值比重达3.4%；科技进步贡献率自2013年起连续十年位居全省第一。无锡创新型科技文化形态也在迅速"生长成林",拥有国家数字电影产业园、无锡（国家）工业设计园、无锡软件园等一批载体，形成了影视文化制作交易、网络文化传播、文化产业与文化贸易等层面快速发展的新格局。伴随AI时代的来临，人文创新与技术创新彼此照亮的空间正在全方位打开。如何顺应网络化、数字化和人工智能化时代新需求，在跨界融合转化中激发其创造力和想象力？这既是一个宏大的理论命题，更是一个深广的实践课题。

在人文创意转化实践中争当引领者。无锡文化资源丰厚，是一座人文富矿。现有文化企业总数超过2万家，规模以上文化单位1000余家，传统文化资源的创新转化空间巨大。无锡的拈花湾小镇，作为"心灵度假目的地"已经成为文旅创新的典型案例，它是在"无中生有"中，创造了一种全新的生活样态。伯渎河在这片土地上默默地流淌了3200多年，承载泰伯创建的勾吴国之地如今生长出了集聚高新技术企业集群的无锡新区。显而易见，无锡需要高科技的"芯片"，也需要高层次的"文艺大片"；需要坚守一流的科技高地、科创中心，也呼唤着一流的文艺创作高地和文化高峰。

无锡如何对这些"历史传奇"进行全方位梳理，赋予其独特的文化解读力、审美力和市场领悟力，将其转化成最具魅力和影响力的人文产品与文化IP，进而开拓出人文经济转化发展的新空间？

你追求什么，最终就会成为什么。无锡有智慧成为人文经济赛道上的引领者。

（作者系新华日报社原党委委员、副总编辑，

此文系作者在新时代人文经济学无锡研讨会上的致辞）

　　《新时代人文经济学的无锡实践》一书是在深入学习贯彻习近平经济思想的基础上，积极探索人文经济学理论与实践相结合的成果。本书立足于无锡这片热土，深入挖掘无锡在人文经济学领域的实践成果，旨在为我国人文经济学研究提供有益的借鉴和启示。

　　无锡坚持以人民为中心的发展思想，积极探索人文经济学的发展路径，取得了显著成效。本书通过对无锡实践的研究，力求展现人文经济学在推动经济社会发展、改善民生、弘扬优秀传统文化等方面的积极作用。本书在编写过程中，始终坚持以下原则：一是以习近平新时代中国特色社会主义思想为指导，确保研究方向正确；二是紧密结合无锡实际，确保研究成果具有针对性；三是以问题为导向，着力解决人文经济学实践中的难题。

　　本书为中共无锡市委宣传部委托立项研究成果。全书由刘焕明教授撰写了导论、结语和后记，负责统稿。具体承担各章编写任务的是：第一章，黎子琳；第二章，陈爱萍、陈功；第三章，周晨缘；第四章，林之豪；第五章，刘晓彤；第六章，羊文兴；第七章，巩建青。本书的编撰与出版，得益于人民日报出版社的高度重视和大力支持。在此过程中，郑立平、罗安斌、姚忠伟三位专家为本书的顺利出版付出了辛勤努力。在此，我们向所有关心、支持并参与本书调研、编写、审稿和校阅的领导、专家和同仁表示最衷心的感谢！

　　展望未来，无锡将继续深化人文经济学实践，为实现全面建设社会主义现代化国家的宏伟目标，推动高质量发展，创造高品质生活，贡献无锡智慧和力量。希望本书的出版，能为新时代人文经济学的研究和实践提供参考，为我国经济社会发展贡献力量。由于时间仓促，能力有限，书中难免存在不足之处，恳请读者朋友们批评指正。您的宝贵意见将是我们进步的阶梯，谢谢！在撰写过程中，本书借鉴了众多文献和学术成果，未能全部详细列出，在此，我们向所有业界同仁致以诚挚的谢意。

《新时代人文经济学的无锡实践》编写组

2024年11月28日